锦天城法律实务丛书

LIVESTREAM MARKETING
LEGAL, REGULATORY, AND COMPLIANCE GUIDE

网络直播营销
法律监管与合规指南

王 良 著

法律出版社 LAW PRESS·CHINA
北京

图书在版编目（CIP）数据

网络直播营销法律监管与合规指南 / 王良著.
北京：法律出版社，2025. -- （锦天城法律实务丛书 /
顾功耘主编）. -- ISBN 978 - 7 - 5244 - 0320 - 3

Ⅰ. D922.294.5

中国国家版本馆 CIP 数据核字第 2025771P78 号

| 锦天城法律实务丛书 | 网络直播营销法律监管与合规指南
WANGLUO ZHIBO YINGXIAO FALÜ
JIANGUAN YU HEGUI ZHINAN | 王 良 著 | 策划编辑 田　浩
责任编辑 田　浩
装帧设计 臧晓飞 |

出版发行	法律出版社	开本	710 毫米 × 1000 毫米　1/16
编辑统筹	法商出版分社	印张	16　字数 256 千
责任校对	张翼羽	版本	2025 年 7 月第 1 版
责任印制	胡晓雅	印次	2025 年 7 月第 1 次印刷
经　　销	新华书店	印刷	三河市兴达印务有限公司

地址:北京市丰台区莲花池西里 7 号(100073)
网址:www.lawpress.com.cn　　　　　　　销售电话:010 - 83938349
投稿邮箱:info@ lawpress.com.cn　　　　　客服电话:010 - 83938350
举报盗版邮箱:jbwq@ lawpress.com.cn　　　咨询电话:010 - 63939796
版权所有·侵权必究

书号:ISBN 978 - 7 - 5244 - 0320 - 3　　　　　定价:68.00 元
凡购买本社图书,如有印装错误,我社负责退换。电话:010 - 83938349

评《网络直播营销法律监管与合规指南》

王良律师撰写的《网络直播营销法律监管与合规指南》一书的出版值得祝贺。在数字经济蓬勃发展的今天，网络直播营销已成为中国电子商务领域最具活力的增长点之一。此书的出版，恰逢其时地为这一新兴领域的法律规制提供了兼具实务价值与理论意义的思考框架。本书不仅清晰梳理了我国网络直播营销市场监管的演进逻辑，还通过多维度的观察与实际案例分析，为直播营销行业的合规建设与监管创新提供了有价值的思路与可操作的方案。

本书最大的贡献在于为读者展示了一个层次分明的网络直播营销市场监管体系。作者首先以时间为轴，清晰勾勒出了我国网络直播营销从"野蛮生长"到"规范发展"的发展路径。接着，以《电子商务法》《反不正当竞争法》《网络交易监督管理办法》等相关法律法规为基础，将分散的规制网络直播营销市场的监管制度，按照"主体准入—行为规范—责任追究"的框架整理出完整的监管链条。这种体系性的法律梳理不仅可以帮助从业者理解网络直播营销市场监管的法治背景，更揭示了"被动应对"到"主动治理"的监管思路演进过程，为后续政策的进一步迭代完善提供了路径与坐标。中国网络直播行业正面临监管与创新的双重挑战，在保障市场活力与防范系统性风险之间如何求得动态平衡是监管部门面临的最关键问题。《直播电商监督管理办法》的制定，足以说明监管部门为实现"打击直播乱象"与"促进行业发展"的双重目标所付出的努力。作者所构建的监管框架和案例分析，从一个法律实务工作者的视角，提供了维护网络直播营销市场监管的思路，值得赞赏。

本书最具亮色的内容是对网络直播主体责任的界定。作者采用"角色—行为

—责任"三维分析框架，将直播营销行为所涉复杂多元的主体，如平台、主播、MCN机构等的法律身份置于动态场景中加以分析。例如，主播在带货时可能同时承担广告代言人、销售者、表演者等多重角色，其法律责任随行为性质变化而发生切换。作者通过典型案例的推演，为直播平台划分权限边界、为机构设计合作协议、为主播防范职业风险等提供了清晰的指引。这种"场景化拆解"的方法，对有效破解新兴业态中责任认定模糊难题具有十分积极的意义。

本书最具实用价值的是作者将抽象的法律条文转化为可落地的企业合规工具。作者系统梳理了网络直播营销涉及的21类资质许可清单，并针对不同主体（平台、MCN机构、主播）列明申领条件与合规要点。通过精选的典型案例，覆盖了包括虚假宣传、平台责任、直播打赏、税收合规等高频风险领域，并通过"案情简介—争议焦点—裁判要旨—启示建议"的标准化解析，帮助企业将司法裁判规则转化为企业内部的管理标准，从而实现从"事后补救"到"事前预防"的转变。一项监管制度的成功，最终取决于经营者自觉接受后形成的生产力，企业合规管理的意义就在于此。此书把网络直播营销的市场监管规则，以滋养企业文化的方式推向社会，通过指导企业识别、评估合规风险或解决潜在违法问题，春风化雨，把法律风险降到最低。合规不是束缚创新的枷锁，而是企业行稳致远的基石。期待本书的出版，有助于从业者们运用书中提供的合规工具，将合规的刚性要求转化为企业的管理优势。

纵观当今世界，科技发展带动的经济活动日新月异，市场监管制度的创新完善迫在眉睫。我们也期待作者能够持续追踪国际与行业发展趋势，在虚拟主播、跨境直播、数据保护等更为广泛的领域，做出更多实务的提炼和总结，为读者带来更多前瞻性的研究成果。

徐士英
华东政法大学教授

序　言

　　网络直播营销是互联网时代电子商务的新模式，通过直播进行商品的销售或者"直播带货"是数字化背景下电商与直播双向融合的成果。网络直播可以高效地为消费者提供丰富的商品展示，具有较强的互动性与娱乐性，能够实现较高的用户转化率与商品成交率，比传统营销方式更具有传播力与获客优势。但随着直播电商、"网红"经济的爆发，直播行业乱象频发，过度营销、低价倾销、虚假宣传、假冒伪劣等违法行为泛滥，急需加强法律规制。

　　经历了"萌芽—探索—成长—爆发"四个发展阶段的直播电商，如今开始迈入规范调整期。从2016年"网络直播元年"开始，国家有关部委陆续对直播电商行业进行治理，制定和发布了一系列文件规范。《互联网直播服务管理规定》、国家市场监督管理总局《关于加强网络直播营销活动监管的指导意见》、《网络直播营销管理办法（试行）》、《网络主播行为规范》、《互联网广告管理办法》、《直播电子商务平台管理与服务规范》等相继出台。进入2023年，国务院印发的《质量强国建设纲要》也首次在国家政策层面提出"规范发展网上销售、直播电商等新业态新模式"等要求。2023年国务院印发的《数字中国建设整体布局规划》更是要求建设公平规范的数字治理生态。通过完善法律法规体系，加强立法统筹协调，研究制定数字领域立法规划，及时按程序调整不适应数字化发展的法律制度。

　　上述政策和法律文件，对规范直播行业与电子商务市场起到了积极的作用。从国家对于网络直播营销进行立法调整的主导思想来看，当前仍存在两种不同的思路。根据北京大学电子商务法研究中心主任、法学院教授薛军的著作所述，一种是将网络直播作为新型的电商模式，以《电子商务法》为依据，把网络直播平台视为电子商务平台，用电商监管的逻辑落实平台责任，借助平台的技术能力，实现对直播电商的有效监管和治理。这种治理思路强调把直播平台作为治理的主要抓手，借助平台的技术能力，实现分类化、常态化的治理。另一种是聚焦直播行为的法律定性，将直播营销与传统的广告规制联系起来，用广告监管的逻辑、公平竞争的理念，围绕消费者权益保护的核心价值，建立对直播营销规制的基础法律框架。新近施行的《互联网广告管理办法》《互联网广告可识别性执法指南》等规定延续了《网络直播营销管理办法（试行）》中关于直播带货活动的规范路径。但在实践中如何防止对一般性的直播营销和内容产业过度监管和规制，我国在调整不适应数字化发展的法律制度之时应当作出权衡和回应。

我们同时注意到，电商和网络直播的崛起对传统实体经济产生巨大冲击并衍生出新的社会问题。实体经济是国家经济的重要支撑，保护实体经济有助于实现经济的结构平衡，促进各类产业的共同繁荣。为此，我国需要通过立法和政策调整，规范和限制过度发展的直播营销，在实现直播营销行业可持续发展和维护传统零售业、服务业等实体经济之间寻求平衡，以此来推动数字经济和实体经济的协调发展。本书也将从实证角度出发，分析中国网络直播领域政策和立法的演进过程，研究网络直播参与主体复杂的法律关系，介绍近年来直播行业的典型案例和事件，对比海外国家对直播电商的立法框架，勾勒出中国网络直播营销法律规制的发展趋势。基于此，本书具体分为六章。

第一章介绍了我国网络直播行业发展状况。主要对网络直播、网络直播营销的概念进行辨析，并简要介绍了直播电商的发展简史、商业模式的嬗变、盈利模式。网络直播营销的参与主体，包括商家、网络主播、MCN机构、直播公会、网络直播平台等，分别充当产业链的供应端、平台端和用户端，形成了我国直播行业的产业链。自2016年"网络直播元年"，我国的电子商务竞争格局得以重塑，网络直播便成为中国数字经济的重要载体和经济增长的重要驱动力。

第二章对我国在网络直播领域的立法与监管现状进行研究。从网络信息内容生态治理、网络直播营销管理、网络直播监管与市场准入三方面梳理了我国的网络直播政策、法律与监管规定。首先，在网络信息内容生态治理方面，我国从垂直监管转变为综合性协同治理，形成了由国家互联网信息办公室牵头的统筹协调管理机制，建立了维护国家网络主权与网络安全的顶层架构。其次，在网络直播

序　言

营销管理方面，我国从严格规范直播营销中的商业广告活动入手，到设置"互联网专条""网络直播专条"来规制网络不正当竞争行为，再到出台第一部电子商务领域的法律——《电子商务法》，最终确立了网络直播营销行业的综合治理体系，并逐步实施对网络直播平台和主播的"双重监管"机制。最后，在网络直播监管与市场准入方面，我国确立了对网络直播采取事前审查与事后监管相结合的监管方式，各个网络直播监管机构的职责相对明确。

第三章主要对网络直播参与主体的法律定位、法律关系与法律责任进行分析。网络直播营销属于直播与电子商务两大领域的交叉行业，兼具直播、电子商务、广告多重属性。参与直播带货的主体在不同的直播模式、不同的商业场景中扮演不同的角色。该章重点对网络主播与 MCN 机构的法律关系进行解析，并通过一系列案例阐释网络主播与 MCN 机构之间构成综合性合同关系的司法认定实践。在法律责任方面，重点分析了网络主播、MCN 机构、网络直播营销平台在广告经营、商品销售等方面所应当履行的合规义务和应当承担的法律责任。

第四章介绍了网络直播营销活动中常见的纠纷类型。在直播营销参与主体间的合同纠纷中，对合同性质的认定、合同是否应当解除、违约金是否需要调整、账号归属于谁、竞业限制是否有效，以及销售业绩承诺未能兑现，商家支付的款项如何退还等都是纠纷争议焦点问题。直播营销中有两种主要侵权与不正当竞争类型：一种是与"直播"活动相关，另一种是与"带货"相关。该章结合案例，重点介绍了商业混淆、虚假宣传等几种传统不正当竞争行为在互联网下的新表现形式，以及九种新型网络不正当竞争行为。

第五章对近年来我国网络直播行业中的典型司法案例与行业事件进行归纳和总结。包括："中国高空极限运动第一人"吴某宁坠亡案——花某直播平台发布危险性视频存在过错，熊某公司诉知名主播李某追索"巨额保证金"案，违反公序良俗向主播打赏被判令返还案，网络直播带货主播商业诋毁第一案——好某牌婴儿纸尿裤遭恶意贬低构成商业诋毁，全国首例认定直播带货场景下的直播平台为电商平台的侵害商标权案——赛某公司与弘某公司、微某公司商标权纠纷案，知名主播薇某逃税行政处罚案，电商头部主播李某琦与海氏"底价协议"事件，"秦某"作业本遗失事件——网络谣言传播的法律边界与责任，直播巨头三某羊公司因虚假宣传行政处罚案。

第六章主要介绍了欧美直播电商的立法发展趋势与展望。美国对直播电商的治理体系延续了其对数字经济"轻触式"治理理念，以"强硬"的事后监管、"完善"的行业自律为主要特征，涉及直播电商的相应法律规则散见于消费者保护、隐私与数据治理、公民权利等主要领域之中。与美国法律体系相似，欧盟也缺乏一部系统且直接对直播电商进行规制的法律或法律机制，但形成了以消费者保护为核心的打击不公平商业实践的体系、以《通用数据保护条例》为核心的数据保护和个人隐私保护体系、以《数字市场法》为核心的平台反垄断与公平竞争法律体系。该章进行的比较研究，对我国在网络直播营销领域的立法路径选择会起到一定的借鉴意义。

囿于作者的学识水平，疏漏之处在所难免，恳请行业专家批评指正。

目 录

第一章 网络直播行业发展状况

第一节　网络直播概述 | 001

第二节　网络直播电商的商业发展历程 | 008

第二章 网络直播领域的立法与监管

第一节　网络直播政策法律：信息内容生态治理 | 013

第二节　网络直播政策法律：直播营销管理 | 024

第三节　网络直播政策法律：监管与市场准入 | 036

第三章 网络直播参与主体法律关系

第一节　网络直播参与主体的法律定位 | 054

第二节　网络主播与 MCN 机构的法律关系 | 061

第三节　网络直播参与主体的法律责任 | 067

第四章 网络直播营销常见纠纷类型

第一节　网络直播营销中的合同纠纷 | 093

第二节　直播营销中的侵权与不正当竞争纠纷 | 107

第五章 网络直播领域经典案例解析

案例一　"中国高空极限运动第一人"吴某宁坠亡案
　　——花某直播平台发布危险性视频存在过错 | 130

案例二　熊某公司诉知名主播李某追索"巨额保证金"案 | 136

案例三　违反公序良俗向主播打赏被判令返还案 | 142

案例四　网络直播带货主播商业诋毁第一案
　　——好某牌婴儿纸尿裤遭恶意贬低构成商业诋毁 | 149

案例五　全国首例认定直播带货场景下的直播平台为电商平台的侵害商标权案
　　——赛某公司与弘某公司、微某公司商标权纠纷案 | 156

案例六　知名主播薇某逃税行政处罚案 | 162

案例七　电商头部主播李某琦与海氏"底价协议"事件 | 170

案例八　"秦某"作业本遗失事件
　　——网络谣言传播的法律边界与责任 | 176

目 录

案例九　直播巨头三某羊公司因虚假宣传行政处罚案 | 182

第六章　欧美直播电商立法发展趋势与展望

第一节　美国直播电商立法趋势与展望 | 190

第二节　欧盟直播电商立法趋势与展望 | 203

附录1　网络直播营销涉及重要法律、法规、规章等目录 | 217

附录2　网络直播营销涉及重要法律、法规、规章等摘录 | 219

附录3　各省市直播营销相关规范性文件（部分） | 237

后记 | 242

网络直播行业发展状况

第一章

第一节 网络直播概述

一、网络直播的概念

网络直播是一种基于互联网,有动态的音视频、图文等多元化的呈现方式,可以实现参与者之间即时互动的新型信息传播方式。官方规范性文件将网络直播解释为基于互联网络,以视频、音频、图文等形式向公众持续发布实时信息的活动。[①] 网络直播的应用场景十分广泛,包括教育培训、旅游购物、商业营销、生活社交、游戏娱乐等。网络直播按照直播方式可以分为网络互动直播和网络现场直播,按照节目的形式可以分为图文直播、语音直播和视频直播,按照直播平台的内容呈现方式可以分为秀场类直播、游戏类直播、体育类直播、电商直播等,按照网络主播的类型又可以分为素人直播、网红直播、明星直播、数字人直播等。随着技术的进步,网络直播将继续创新发展,进而成为未来信息传播的重要方式之一。

---

① 《互联网直播服务管理规定》第 2 条第 2 款规定:"本规定所称互联网直播,是指基于互联网,以视频、音频、图文等形式向公众持续发布实时信息的活动……"

直播电商是网络直播的一种特定应用形式，它利用了网络直播的技术和平台，将商品展示、销售与实时互动相结合，创造了一种新的营销方式与服务方式。直播电商（在本书中又称"直播带货""直播营销"）是指利用即时视频、音频通信技术同步对商品或者服务进行介绍、展示、说明、推销，并与消费者进行沟通互动，以达成交易为目的的商业活动。[①] 与传统营销相比，直播电商可以为消费者提供高效、实时、直观的产品展示，具有较强的互动性、专业性和较高的精准性，容易促成交易，实现流量变现。各大互联网平台竞相利用网络直播技术提供直播服务，并通过打赏抽成、直播带货、广告收费等盈利模式开展商业运营，逐渐演变为直播营销平台。

作为国内首个针对电商直播的自律性文件，中国广告协会2020年6月发布的《网络直播营销行为规范》是对网络直播营销活动的专门规范，适用于商家、主播服务机构〔如MCN（Multi-Channel Network，多频道网络）机构〕等参与者在电商平台、内容平台、社交平台等网络平台上以直播形式向用户销售商品或提供服务的网络直播营销活动。国家市场监督管理总局在2020年11月发布的《关于加强网络直播营销活动监管的指导意见》（国市监广〔2020〕175号）中，对直播电商也采用了"直播营销"的概念，并基于直播营销的概念，从网络平台、商品经营者及网络直播者的法律责任入手，提出对网络直播营销行为进行严格规范，对营销范围、广告审查发布、消费者知情权和选择权保障的相关法律适用进行了明确，规定了相应的行政执法措施。2021年5月1日起施行的《网络交易监督管理办法》主要是通过适用网络交易活动相关规定对"网络直播营销"进行调整。[②] 2021年5月施行的《网络直播营销管理办法（试行）》进而在部门规章的层面，对直播营销进行定义并明确其商业属性，即通过互联网站、应用程序、小程序等，以视频直播、音频直播、图文直播或多种直播相结合等形式开展营销的商业活动。

本书所称的"网络直播营销"，是以网络直播营销平台、应用程序、小程序

---

① 浙江省网商协会《直播电子商务管理规范》（T/ZJWS 001—2020）。
② 《网络交易监督管理办法》第2条规定："在中华人民共和国境内，通过互联网等信息网络（以下简称通过网络）销售商品或者提供服务的经营活动以及市场监督管理部门对其进行监督管理，适用本办法。在网络社交、网络直播等信息网络活动中销售商品或者提供服务的经营活动，适用本办法。"

第一章
网络直播行业发展状况

为媒介，通过音视频直播、图文直播或多种数字营销方式相结合，对营销对象进行多方位展示与双向互动，以推销商品或服务为目的的商业活动。网络直播营销活动具有社交属性、广告属性、电商属性、交易属性的特点，其本质在于促进消费升级，是在互联网信息技术高速发展的时代背景下所形成的一种社会化营销与消费方式，有着很强的数字经济特征。

二、网络直播营销参与主体

网络直播的产业链由供应端、平台端和用户端组成。上游供应端主要为品牌商、经销商或生产制造商，这些上游企业提供直播营销所需的产品与服务；中游平台端主要为主播、MCN 机构以及直播营销平台，主播通过直播为产品进行推广和宣传，MCN 机构为主播提供管理和服务，作为产业链核心的直播营销平台提供了直播基础设施；下游用户端为消费者和其他直播服务商。直播电子商务活动主要包括直播营销、交易及售后三个环节。其中，直播营销环节是直播间运营者采用直播方式介绍或推广产品或服务等的相关活动；交易及售后环节是商家（平台内经营者）和用户（消费者）之间完成产品或服务的交易，该交易需提供必要的物流配送和售后服务。[1]

我国《网络直播营销管理办法（试行）》将直播营销活动中的参与主体划分为直播营销平台、直播间运营者、直播营销人员及直播营销人员服务机构等四类。其中，直播营销平台，是指在网络直播营销中提供直播服务的各类平台，包括互联网直播服务平台、互联网音视频服务平台、电子商务平台等。直播间运营者，是指在直播营销平台上注册账号或者通过自建网站等其他网络服务，开设直播间从事网络直播营销活动的个人、法人和其他组织。直播营销人员，是指在网络直播营销中直接向社会公众开展营销的个人。直播营销人员服务机构，是指为直播营销人员从事网络直播营销活动提供策划、运营、经纪、培训等的专门机构。[2] 商家、网络主播、MCN 机构、直播公会、网络直播平台等几种网络直播营销活动参与主体的基本特征如下。

---

[1] 商务部《直播电子商务平台管理与服务规范》（SB/T 11240—2023）。
[2] 参见《网络直播营销管理办法（试行）》第 2 条第 2 款、第 3 款、第 4 款、第 5 款。

1. 商家

商家，作为网络直播营销中产品与服务的提供者，又称品牌商，可以是商品的生产商、代理商或经销商。商家开展网络直播可以提高渠道效率和销售转化率，树立品牌形象，维护与消费者的关系。商家可以通过自播方式开展网络直播营销活动。商家开展自播的，需要自行培养主播（一般是企业内部员工）、管理用户，完成直播策划、购买流量、对接平台等工作。商家也可以与MCN机构进行合作，利用MCN机构的专业服务完成商品的推广与销售任务。

商家需要对商品的质量和包装进行审核，对商品或服务承担质量保证责任，不得销售禁止通过网络销售的商品或服务。同时，还应对自身的资质进行完善，确保在开展网络直播营销之前取得相应经营主体资质及行政许可，例如工业产品生产许可证、食品生产许可证、食品经营许可证、保健食品经营卫生许可证、化妆品生产许可证、出版物经营许可证等。商家入驻直播营销平台的，还应遵守平台发布的相应规则。

2. 网络主播

网络主播，是指基于互联网，以直播、实时交流互动、上传音视频节目等形式发声、出镜，提供网络表演、视听信息服务的人员。[①] 在一些新媒介平台上，还有KOL（Key Opinion Leader）即"关键意见领袖"、自媒体人、网红、大V、达人等不同叫法，他们在某个领域具备一定的知名度和影响力，并且有一批忠实的跟随者。

直播带货主播具备一定的营销技能和商品专业知识，以推广或销售产品为目的，通过网络直播的方式向消费者传递产品信息。直播带货主播是传统商业导购人员的升级版，是营销推广活动中的重要角色。主播（直播销售员）作为"互联网营销师"的四个工种之一（选品员、直播销售员、视频创推员与平台管理

[①] 参考人力资源社会保障部办公厅、市场监管总局办公厅、国家统计局办公室《关于发布〈生物工程技术人员等职业信息〉的通知》，网络主播主要的工作任务有六个方面，分别为：进行网络表演、视听需求分析，协助确定直播或拍摄脚本内容；编写网络表演、视听内容发播稿或直播脚本文案，并进行备稿；设计基于节目定位、直播主题和主播个人特点的出镜、声音、妆造形象；制作传播符合社会主义核心价值观的内容，控制网络表演、交流互动、视听节目等制作进程，引导话题方向和内容；有序组织实施线上互动活动等，管理连麦、弹幕、评论等互动内容，处置同步或异步传播中用户互动突发情况；参与网络表演、视听内容等传播中的数据统计、分析和优化等。

第一章
网络直播行业发展状况

员),在 2020 年正式纳入《国家职业分类大典》,此后成为官方认证、国家认可的正式职业。

主播的直播内容和直播风格不同,在直播营销中的角色和定位也有差异。按照主播的隶属身份不同,可以将主播分为平台主播、机构主播和商家自播主播。按照主播的传播力或影响力不同,可以将主播分为头部主播、腰部主播和新主播。从主播与直播营销平台的合作关系与收益方式的角度出发,可以将主播分为三种:①主播在直播营销平台上注册,取得在平台上的直播权限进行直播表演,并获取一定收益,但不受直播平台规定的直播时间、劳动总量等管理约束,也不从事直播平台安排的其他劳动任务;②主播与直播营销平台签约成为直播平台的签约艺人,接受平台的管理和约束,在获取经济收入的同时需要承担相应的职责任务,接受直播时长、内容质量、粉丝数量、直播活跃度等多重标准的考核;③主播与直播营销平台或者 MCN 机构、直播公会签订经纪协议,由 MCN 机构或直播公会对主播进行培养和孵化,并由其负责与各家直播营销平台洽谈合作。

我国对主播账号实行分类分级管理,对主播也有法定年龄的限制,对一些主播还有专业资质的要求。其中,自然人主播应年满 16 周岁,16 周岁以上但不满 18 周岁的自然人申请成为主播的,应经过监护人同意。外籍自然人主播来中国境内开展网络直播营销活动的,应依法取得就业许可等相关许可。主播从事医疗卫生、财经金融、法律、教育类等需要较高专业水平的网络直播营销活动的,还应取得相应的执业资质,并按相关部门或直播营销平台的要求进行报备、审查。

3. MCN 机构

MCN 机构是服务和管理一定规模账号资源的机构,也是一种利用网络渠道运营业务的网红经纪运作模式。早期的 MCN 机构以经纪模式为主,又称为"网红孵化机构"。历经多年的发展,MCN 机构从单一平台账号孵化到多账号共同孵化,不但可以提供主播的筛选、孵化,也可以提供内容创作、策划、宣传推广、粉丝管理、签约代理、对接平台资源、活动运营、商业运作等内容。目前已经产生电商型、泛内容型、营销型、知识型等多种类型的 MCN 机构,其可以依托于网络直播平台,也可以专注于某一行业做垂直属性的内容生产者。

MCN 机构通过多元化的内容创造、内容聚合和分发实现主播价值和商业变现,以"主播"和"品牌"为核心,通过与主播或品牌合作获取收益,目前 MCN 机构最主要的变现方式为广告收入和商业推广费用。MCN 机构大致可以分为电商直播、视频内容产出及娱乐直播三种模式：①电商直播类 MCN 机构。其通常入驻电商类直播平台，主要业务模式为通过挖掘或培养带货主播及团队，并与品牌商建立合作关系或孵化自有品牌及生产商品进行网络直播带货活动，从产品销售中获得带货分成或售货利润。②视频内容产出类 MCN 机构。其通常入驻视频发布类平台，作为经纪人进行商务接洽或广告承接，或者通过孵化、培养自有 IP 及账号或签约已有一定粉丝基础的内容产出者作为主播，对外承接广告并提供广告发布服务，获取广告收入。③娱乐直播类 MCN 机构。其入驻平台主要为网络娱乐直播平台，业务模式为与平台中已有一定粉丝量的主播签约或培养自有主播，通过活动策划、观众打赏以及承接外部商务合作获取收入。

如上所述，MCN 机构在不同业务模式下的商业运作与盈利来源不同，所受到的监管也会有所差异。MCN 机构在网络直播带货、发布视频、网络表演的策划、发布过程中，需要根据所从事的业务情况取得所需许可和资质。例如，电商直播类 MCN 机构通常需要取得所涉及行业的许可，包括食品经营许可证、互联网药品信息服务资格证（经营性）等；视频内容产出类 MCN 机构通常需要取得营业性演出许可证、网络文化经营许可证等；娱乐直播类 MCN 机构通常需要取得信息网络传播视听节目许可证、广播电视节目制作经营许可证等。

4. 直播公会

直播公会是指依托网络直播平台，通过与平台合作获取资源，或接受平台的委托为平台招募、培养主播，为入驻主播提供培训、活动策划、直播管理和指导的主播经纪组织。作为介于平台和主播之间的第三方机构，直播公会与平台合作紧密，充当平台的辅助运营管理者，旨在为直播平台提供优质的主播资源，吸引更多的平台流量。此外，直播公会通常也能够为主播争取到更多的平台资源，如推荐位、首页展示等，增加主播的曝光率，甚至还可以为主播提供直播设备与直播间等支持，帮助主播在直播领域内取得商业发展。

直播公会与 MCN 机构在业务上有一定的类似性，是一些大型 MCN 机构的业务模式之一，但其与 MCN 机构也有诸多不同的地方。直播公会一般会招募大量的主播，与主播之间形成松散的"挂靠关系"，对主播的收入和工作条件通常不提供保障。而 MCN 机构招募和管理的主播数量不多，以孵化、培养、商业变现为目的，与主播之间形成经纪关系或者具有雇佣性质的合作关系，对主播的收入和工作条件提供一定的投入和保障；对一些特别有前景的主播，MCN 机构还

第一章
网络直播行业发展状况

会建立商务合作关系，按协议约定投入成本、分享收益。此外，直播公会通常以直播打赏和礼物收入为主要盈利方式，通过与平台分成实现收益，与MCN机构的盈利方式存在很大区别。

直播公会与其招募的主播入驻网络直播平台需要符合一定的条件，具备相关的资质，同样也需要遵守平台发布的直播政策规则。与网络直播平台合作的直播公会需要拥有一定的直播业务运营经验和专业的运营能力，以及优质主播、内容资源等。网络直播营销平台通过考核公会活跃主播的人数、优质短视频的数量、主播每月直播天数、有效直播时长等任务指标，对直播公会及其所属主播进行管理和激励。通过网络演出、视听节目等网络节目提供网络直播服务的直播公会，还应当依法取得营业性演出许可证、信息网络传播视听节目许可证等法律、法规规定的有关资格和许可。

5. 网络直播平台

网络直播平台为各类主体开展直播活动提供基础设施和虚拟场所，处于网络直播产业链的核心地位。商家可以入驻直播平台，MCN机构和主播可以通过直播平台进行直播内容的生产和输出，主播可以通过直播平台向消费者推荐产品，消费者则可以通过直播平台观看直播、关注主播、参与互动、完成交易。网络直播平台根据其功能可以分为电商类平台、内容类平台、社交类平台等。按照平台的复杂程度，可以把网络直播平台划分为单一平台和综合平台：单一平台仅提供网络信息传输或仅提供网络交易等较为单一的服务，而综合平台则集网络信息发布平台、网络视频服务平台、电子商务平台等于一体。按照向用户提供的服务是有偿还是无偿，可以把网络直播平台划分为经营性互联网信息服务平台和非经营性互联网信息服务平台。按照从事经营的业务主体，则可以把网络直播平台划分为从事自营业务的平台和从事"混业"经营的平台。

电商类的网络直播营销平台，一般会被认定为"电子商务平台经营者"，需要履行电商平台的责任和义务；内容类与社交类的网络直播平台，一般会被认定为"网络服务提供者"，需要根据其在直播营销活动中的运营、分佣、控制力等因素，承担网络服务提供者的相应法律责任。网络直播平台在直播营销活动中为商家或者主播提供付费导流服务，构成商业广告的，依法履行广告发布者或者广告经营者责任。此外，直播营销平台应根据业务情况，依法履行平台管理责任，办理增值电信业务经营许可证、网络文化经营许可证、信息网络传播视听节目许可证,以及法律法规要求的其他行政许可或备案。

第二节 网络直播电商的商业发展历程

网络直播始于 2005 年的视频网站,借助传播技术的发展于 2016 年实现了大爆发,这一年又被业界称为"网络直播元年"。2016 年 3 月,伴随着淘宝购物平台正式上线直播售卖服务,"网络直播+电商购物"这一新兴的电子商务交易模式开始孕育。在 2020 年新冠疫情的加持下,直播带货的消费模式更是以"井喷之势"掀起了一股行业热潮,直接重塑了电子商务竞争格局。

一、网络直播电商的发展简史

2016 年,具有网红资源早期积累的蘑菇街率先上线视频直播功能,将直播引入了电商带货系统,利用直播的方式展示商品、促进销售,并开始扶持旗下网红直播艺人的孵化和经纪业务。随后,淘宝上线"淘宝直播",京东推出"京东直播",至此直播大潮正式开启。当年,国内接连涌现出了 300 多家各类网络直播平台。

2017 年,直播电商开始进行行业细分,MCN 机构等新兴参与主体纷纷出现。2018 年,直播电商逐渐成熟,开始出现专门的直播带货主播,越来越多的商家、MCN 机构开始进入这一领域。商家纷纷开设直播间,通过直播形式展示和销售商品;网络主播则利用自己的影响力和专业知识,吸引了大量粉丝,将流量变现转化为购买力;MCN 机构则为商家和主播提供培训、运营和推广等服务;直播营销平台开始加强技术投入,优化直播功能,提升用户体验。同年,快手和抖音等短视频平台也开辟了直播电商业务,使得直播电商的竞争更加多元化。2019 年,新冠疫情暴发,人们减少外出,直播电商成为重要的购物渠道之一。2020 年以后,随着 5G、VR、人工智能等技术的应用和普及,直播电商行业迎来了爆发式的增长。众多媒体、明星纷纷投身直播行业,全民热议直播,直播电商与实体

第一章
网络直播行业发展状况

经济深度融合。中国互联网络信息中心（CNNIC）第54次《中国互联网络发展状况统计报告》显示，截至2024年6月，我国网络直播用户规模达7.77亿人，较2023年12月减少3912万人，占网民整体的70.6%。更多互联网企业将直播作为巩固核心业务优势、拓展业务领域的重要手段，新兴技术进一步深度赋能直播行业，促使直播形式更加丰富，直播效率进一步提升。

二、网络直播营销平台商业模式的嬗变

网络直播营销是近年来兴起的一种营销方式，无论是传统电商平台还是新兴的内容平台、社交平台等，纷纷引入直播营销模式。当前，网络直播行业形成了以淘宝、拼多多、京东为代表的"直播+传统电商"营销模式；以抖音、快手、B站为代表的"直播+内容电商"营销模式；以小红书、微博为代表的"直播+社交电商"营销模式。以上三种主流营销模式的主要特征分别介绍如下。

一是网络直播与传统电商的结合，它以原有的电子商务交易功能为基础，通过在平台上开设直播间增加直播功能，形成"直播+传统电商"的营销模式。这种模式通过直播或短视频更加生动、形象地展示和介绍商品的性能和特点，让消费者更全面地了解产品或服务，促进购买决策的达成。

二是网络直播与内容平台的结合，内容平台加上商品销售功能，形成"直播+内容电商"的营销模式。这种模式通常涉及以内容为核心的营销手段，包括文章、图片、视频、音频等形式的内容创作和发布，用于引导消费者进行商品购买。同时，平台通过精准的数据分析和用户画像，将内容和商品匹配，为消费者提供个性化的购物体验。

三是网络直播与社交平台的结合，形成"直播+社交电商"的营销模式。这种模式借助网络社交平台、社交媒介等传播途径，通过社交互动、用户自生内容等工具，将关注、分享、沟通、讨论等社交化元素应用到电子商务经营活动中，进行流量转化。

随着网络直播营销模式不断发展与升级，网络直播的盈利模式也在不断创新。直播的盈利模式通常有以下几种：①打赏收入。打赏本质上是对主播提供娱乐服务的付费。用户在网络直播平台上付费充值可以在平台上购买"礼物"（虚拟道具）赠送给主播，平台将礼物转化成对应价值的虚拟货币，并在平台和主播之间按约定比例进行分成。②广告收入。直播广告具有高度的互动性和灵活性，

以及相对较低的传播成本。网络直播平台依托其大规模的用户基础和流量与广告投放者合作，传递广告信息，对商品或服务进行营销和推广。目前，主流的网络广告的定价模式包括按投放次数计价、按点击次数计价和按交易次数计价等三种方式。③电商收入。包括提取销售佣金和销售收入两种方式。主播为商家代销产品，按照直播间商品销量或销售额，向商家收取一定比例的佣金；直播营销平台则收取服务费或开展自营业务，与传统的电商交易一样赚取销售提成。④会员增值服务收入。基于对注册会员身份的管理，根据用户不同消费等级区分用户体验，向会员提供差异化服务获取收益。增值服务让不同等级的会员享有不同特权和折扣，以吸引用户进行充值或消费。

三、网络直播营销商业模式分类

结合直播带货中"货"的归属和有无 MCN 机构的参与，直播营销商业模式大致可以分为商家自播模式、主播直播模式、MCN 机构介入模式等三种类型。

1. 商家自播模式。是指商家在直播营销平台自行注册并开设直播间，利用自有账号进行商品展示和直播带货活动。在商家自播模式下，商家可以自行管理和控制直播的内容和品牌形象，更直接地与消费者进行互动和交流，快速响应消费者的需求。但此种模式对商家的资源整合和运营能力有着较高的要求，包括主播培训、内容策划、用户管理、技术支持等，且需要投入较多的资源和时间来吸引和维护观众。从法律关系上看，商家选聘的主播通常是与商家存在雇佣关系的内部员工，其直播行为被视为职务行为。所以在司法实践上，一般由商家对外承担法律责任。

2. 主播直播模式。是指具有一定粉丝基础和影响力的专业主播，通过与商家签订合作协议，利用直播营销平台对商品或服务进行推广和销售的一种营销方式。专业主播可以通过 MCN 机构对接商家获取服务费，直接对接平台获得销售分成。这种模式下，主播凭借专业的知识和行业背景帮助品牌扩大客群覆盖范围，商家借助主播个人魅力和影响力，以及拥有的粉丝群体快速引流，实现精准营销。这种模式的挑战在于，商家需要与主播建立良好的合作关系，且主播的形象和风格需要与品牌相匹配。司法实践中通常认为，在主播直播模式下，主播和商家之间构成综合性合同关系，这种合作以委托关系为基础，包含中介、劳务、经纪等内容。

3. MCN 机构介入模式。是指商家委托 MCN 机构进行商品或者服务的推广和销售，并由 MCN 机构结合已有资源选派主播为商家提供推广服务从而获取服务费或销售分成的一种直播营销模式。在 MCN 机构介入模式中，MCN 机构凭借专业和渠道资源优势，对接上游商家提供带货服务，对接主播提供选品、组织内容产出，对接平台提供内容，甚至承担退换货等售后服务。这些综合性服务使得 MCN 机构成为流量变现中的关键参与者，为商家和主播搭建起合作桥梁。从法律关系上看，在 MCN 机构介入模式下 MCN 机构与商家之间可以形成委托、服务或合作关系，MCN 机构与旗下主播一般会形成雇佣或综合性合同关系。

四、网络直播营销发展趋势

我国网络直播行业正处于突飞猛进的发展阶段，市场规模持续扩大、增长速度持续提升，成为数字经济增长的重要驱动力量。直播行业的发展不仅得益于网络技术的进步，还得益于其独特的商业模式提升了信息传递和信息匹配的效率，降低了交易成本。网络直播不但能够满足消费者对购物的便利性需求，也能够通过主播与观众的实时互动建立信任，提升用户体验，让网络直播成为流量变现与销售转化的重要工具。

随着网络科技、人工智能与大数据技术的进一步发展，通过技术创新提升用户体验和互动性将成为未来直播行业发展的重要方向。直播行业的内容生态将不断丰富，行业规范与主播职业化程度将不断提高，竞争将更加剧烈，市场格局将出现多元化发展。与此同时，我国政府将继续出台相关政策法律，提升网络治理水平，加强监管，规范直播行业市场秩序，打击虚假宣传、侵犯知识产权等违法行为，维护公平竞争的市场环境，保障直播行业的持续与健康发展。

第二章 网络直播领域的立法与监管

我国目前尚未在网络直播领域出台法律层级的专门立法。对网络直播活动主要适用《网络安全法》《电子商务法》《反不正当竞争法》《广告法》《税收征收管理法》等相关法律规定以及《互联网广告管理办法》《网络直播营销管理办法（试行）》《网络交易监督管理办法》等相关行政法规、规章及其他规范性文件。我国对网络直播领域的立法与监管体系大致可以划分为网络信息内容生态治理、网络直播营销管理、网络直播监管与市场准入三大模块。

在网络信息内容生态治理方面，我国形成了以《网络安全法》为基础，《信息网络传播权保护条例》《互联网信息服务管理办法》等行政法规为支撑，《网络信息内容生态治理规定》《互联网新闻信息服务管理规定》等行政规章为支柱，细分领域管理规定为补充的网络信息内容生态治理法律体系。在网络直播营销管理方面，我国形成了以《电子商务法》《广告法》为基础，《互联网广告管理办法》《网络直播营销管理办法（试行）》《网络交易监督管理办法》《网络表演经营活动管理办法》等十多部部门规章及规范性文件为配套的网络直播营销管理规范体系。此外，还包括最高人民法院《关于审理侵害知识产权民事案件适用惩罚性赔偿的解释》、《关于审理网络消费纠纷案件适用法律若干问题的规定（一）》等多部司法解释文件。在网络直播监管与市场准入方面，我国形成了以国家互联网信息办公室为主导，多部门多元主体协同治理的网络直播生态监管格局，并确立了对网络直播采取事前审查与事后监管相结合的监管方式。通过网络直播服务许可、备案管理与网络直播服务的基础管理相结合，网络直播平台、主播等服务提供者各自履行主体责任，形成我国目前在网络直播领域的治理、管

第二章
网络直播领域的立法与监管

理、监管与准入的法律体系。

第一节 网络直播政策法律：信息内容生态治理

一、网络立法拉开序幕，运用立法手段维护信息与网络安全，侧重于技术风险治理

1994年，中国正式全功能接入国际互联网，开始迈向信息化社会，也从此拉开中国网络立法的序幕。同年，国务院发布《计算机信息系统安全保护条例》（国务院令147号）（已被修改），这是我国网络信息安全领域的首部行政法规。该条例针对我国接入国际互联网伴随而来的安全隐患，首次明确定义计算机信息系统、计算机病毒等，明确提出要加强计算机信息系统安全保护工作，以保障信息安全和计算机信息系统安全运行，这是我国运用立法手段维护网络安全的开端。此后几年时间，国务院各部委在信息与网络安全方面相继立法。例如，1996年国务院发布《计算机信息网络国际联网管理暂行规定》（国务院令195号）（已被修改），1997年公安部发布《计算机信息网络国际联网安全保护管理办法》（公安部令第33号）（已被修改）等。但总体来讲，早期的中国网络立法偏重于处理和应对信息安全风险，主要规制计算机国际联网与计算机系统应用的安全问题，对网络内容管理也侧重于防范计算机安全风险，立法调整的范围与涵盖的内容都相对较窄。而在信息内容管理方面，《计算机信息网络国际联网安全保护管理办法》（公安部令第33号）（已被修改）已经提出了互联网内容管理的"九不准"[1]

---

[1] 《计算机信息网络国际联网安全保护管理办法》（已被修改）第5条规定，任何单位和个人不得利用国际联网制作、复制、查阅和传播下列信息：（1）煽动抗拒、破坏宪法和法律、行政法规实施的；（2）煽动颠覆国家政权、推翻社会主义制度的；（3）煽动分裂国家、破坏国家统一的；（4）煽动民族仇恨、民族歧视，破坏民族团结的；（5）捏造或者歪曲事实，散布谣言，扰乱社会秩序的；（6）宣扬封建迷信、淫秽、色情、赌博、暴力、凶杀、恐怖，教唆犯罪的；（7）公然侮辱他人或者捏造事实诽谤他人的；（8）损害国家机关信誉的；（9）其他违反《宪法》和法律、行政法规的。

雏形。

2000年，第九届全国人大常委会第十九次会议通过《关于维护互联网安全的决定》（已被修改），这是我国第一个维护网络安全的法律决定。该决定立足于促发展、保安全，在促进互联网技术发展的同时，科学区分互联网运行安全和互联网信息安全，首次确立网络安全领域民事责任、行政责任、刑事责任三位一体责任框架。该决定明确规定了网络服务提供者的信息内容治理义务，即"从事互联网业务的单位要依法开展活动，发现互联网上出现违法犯罪行为和有害信息时，要采取措施，停止传输有害信息，并及时向有关机关报告"。但该决定出台的目的主要在于对接《刑法》，对利用互联网实施犯罪行为的法律适用问题进行立法解释，其适用范围有一定的局限性。

二、建立互联网信息内容治理的垂直监管体系，对互联网信息服务的电信监管和媒体监管并举

2000年，国务院发布《互联网信息服务管理办法》（国务院令第292号）（已被修改），这是我国最早有关互联网内容管理的、使用较多的法律规定，因其令号而被业内称为"292号令"。《互联网信息服务管理办法》（国务院令第292号）（已被修改）首次提出了"九不准"的互联网内容管理要求，被认为是网络内容合规的基本法律准则，也成为此后网络法规、规章等对网络非法有害信息进行规制的蓝本。所谓"九不准"，是《互联网信息服务管理办法》（国务院令第292号）（已被修改）第15条规定的九种违法信息类型，具体内容如表2-1所示。

表2-1 "九不准"

序号	互联网信息服务提供者不得制作、复制、发布、传播含有下列内容的信息
1	反对宪法所确定的基本原则的
2	危害国家安全，泄露国家秘密，颠覆国家政权，破坏国家统一的
3	损害国家荣誉和利益的
4	煽动民族仇恨、民族歧视，破坏民族团结的
5	破坏国家宗教政策，宣扬邪教和封建迷信的
6	散布谣言，扰乱社会秩序，破坏社会稳定的

第二章
网络直播领域的立法与监管

续表

序号	互联网信息服务提供者不得制作、复制、发布、传播含有下列内容的信息
7	散布淫秽、色情、赌博、暴力、凶杀、恐怖或者教唆犯罪的
8	侮辱或者诽谤他人，侵害他人合法权益的
9	含有法律、行政法规禁止的其他内容的

《互联网信息服务管理办法》（国务院令第292号）（已被修改）第18条还规定国务院信息产业主管部门和省、自治区、直辖市电信管理机构，依法对互联网信息服务实施监督管理。新闻、出版、教育、卫生、药品监督管理、工商行政管理和公安、国家安全等有关主管部门，在各自职责范围内依法对互联网信息内容实施监督管理。这一规定，标志着我国对网络信息内容垂直监管体系的初步建立。同时，该办法把互联网信息服务作为一种电信业务进行准入监管，部分业务纳入媒体监管，让网络信息内容监管开始受到重视，违法内容的监管规则逐渐清晰。

三、网络信息内容的监管强调意识形态，并向用户个人隐私保护、信息安全等权利领域拓展

2005年《互联网新闻信息服务管理规定》（国务院新闻办公室、信息产业部第37号令）（已失效）的发布，对我国部分互联网信息服务开启媒体监管，并确立了以信息产业部、公安部以及内容主管部门为代表的监管主体地位。该规定第3条第1款要求互联网新闻信息服务单位从事互联网新闻信息服务应坚持正确的舆论导向，维护国家利益和公共利益，对网络信息内容的监管开始强调意识形态。该规定第4条还明确了全国互联网新闻信息服务的监管主体是国务院新闻办公室，省、自治区、直辖市人民政府新闻办公室负责本行政区域内的互联网新闻信息服务监督管理工作。

2011年，《互联网信息服务管理办法》（国务院令第292号）经历第一次修订，修订后的办法规定国家对经营性互联网信息服务实行许可制度，对非经营性互联网信息服务实行备案制度。从事经营性互联网信息服务（通过互联网向用户有偿提供信息或网页制作等服务），应当向省级电信管理机构或者国务院信息产业主管部门申请获得互联网信息服务增值电信业务经营许可证（"ICP许可证"，

根据《电信业务分类目录（2015年版）》属于第二类增值电信业务中的"B25信息服务业务"）；从事非经营性互联网信息服务（通过互联网向用户无偿提供具有公共性、共享性的信息），应当向省、自治区、直辖市电信管理机构或者国务院信息产业主管部门办理备案手续（"ICP备案"）。

2012年以后，全国人大常委会及国务院先后颁布了全国人大常委会《关于加强网络信息保护的决定》、国务院《关于修改〈信息网络传播权保护条例〉的决定》、国务院《关于修改〈计算机软件保护条例〉的决定》等法律规定。其中，全国人大常委会《关于加强网络信息保护的决定》对网络信息保护的保护范围、相关义务主体及其具体法定义务、维权途径以及法律责任作出了规定，明确网络服务提供者的特殊义务和网络信息保护主管部门的职责。这标志着国家对互联网内容安全管理向用户个人隐私保护、信息安全等权利领域拓展。此后，国家在细化全国人大常委会《关于维护互联网安全的决定》的基础之上，修订了《计算机信息系统安全保护条例》，通过了《国家安全法》（主席令第29号）等，并在《国家安全法》（主席令第29号）中首次明确提出了"网络空间主权"概念，把国家主权理论在网络空间领域进行延伸适用。

四、互联网信息内容治理从垂直监管转变为综合性协同治理，形成由国家网信办牵头的统筹协调管理机制

2014年8月，国务院发布《关于授权国家互联网信息办公室负责互联网信息内容管理工作的通知》（国发〔2014〕33号），正式将"全国互联网信息内容"的监管权限全面授权给当时重新组建的国家网信办。2015年4月，国家网信办发布《关于变更互联网新闻信息服务单位审批备案和外国机构在中国境内提供金融信息服务业务审批实施机关的通知》，正式明确其审批互联网新闻信息服务单位的职能。2017年6月，修订后的《互联网新闻信息服务管理规定》（国家互联网信息办公室令第1号）完善了国家信息管理体制，将新闻信息服务的主管部门由国务院新闻办公室调整为国家网信办，同时增加地方网信办的职责规定，为省级以下网信部门赋予互联网新闻信息服务管理职责。自此，国家网信办对互联网新闻信息服务所享有的监管权限全面落地，也形成了由国家网信办牵头的互联网信息内容统筹协调管理机制。

与2005年发布的《互联网新闻信息服务管理规定》（国务院新闻办公室、信

第二章
网络直播领域的立法与监管

息产业部第37号令)相比较,修订后的规定把新媒体纳入了监管范畴,即通过互联网站、应用程序、论坛、博客、微博客、公众账号、即时通信工具、网络直播等形式向社会公众提供互联网新闻信息服务的,应当取得互联网新闻信息服务许可。互联网新闻信息包括有关政治、经济、军事、外交等社会公共事务的报道、评论,以及有关社会突发事件的报道、评论,而互联网新闻信息服务则包括互联网新闻信息采编发布服务、转载服务、传播平台服务。国家网信办负责发放互联网新闻信息服务许可证,并通过设定互联网新闻信息服务许可证的有效期和申请续办的程序加强持续监管,强化了互联网新闻信息服务提供者的主体责任,也明确了总编辑及从业人员管理、信息安全管理、平台用户管理等要求。

为落实《互联网新闻信息服务管理规定》,国家网信办又陆续公布了《互联网论坛社区服务管理规定》《互联网新闻信息服务单位内容管理从业人员管理办法》《互联网新闻信息服务新技术新应用安全评估管理规定》等多部部门规章及规范性文件。其中,《互联网论坛社区服务管理规定》的发布与实施,不仅明确了服务平台的主体责任,即商业责任和社会责任,也进一步完善了网络实名制。《互联网新闻信息服务单位内容管理从业人员管理办法》从行为规范、教育培训、监督管理等方面对新闻信息服务从业人员作出了义务本位的严格规范。《互联网新闻信息服务新技术新应用安全评估管理规定》提出了新技术新应用安全评估制度,根据新闻舆论属性、社会动员能力及由此产生的信息内容安全风险确定评估等级,为审查评价其信息安全提供了制度依据和保障。

近些年,国家网信办实施互联网信息管理的内容越来越丰富,制定了《互联网用户账号信息管理规定》《互联网跟帖评论服务管理规定》《互联网群组信息服务管理规定》《互联网论坛社区服务管理规定》《移动互联网应用程序信息服务管理规定》《互联网信息服务算法推荐管理规定》《互联网信息服务深度合成管理规定》《网络暴力信息治理规定》等多部部门规章和规范性文件,覆盖互联网新闻信息、区块链信息、算法推荐、生成式人工智能、网络暴力、即时通信、用户账号名称、搜索、直播、论坛社区、群组、微博客、音视频、公众账号、移动应用程序、弹窗、跟帖评论等信息服务的不同环节和不同形态。在网络监管要求趋严的情况下,网络服务提供者需要承担信息内容协同治理的职责,不同形态网络服务提供者的信息内容审查义务与违法信息处置措施不同(见表2-2)。

表 2-2　信息内容审查义务与违法信息处置措施

法律文件	审查义务	处置措施
《互联网用户账号信息管理规定》	配备与服务规模相适应的专业人员和技术能力；建立健全并严格落实真实身份信息认证、账号信息核验、信息内容安全、生态治理、应急处置、个人信息保护等管理制度；健全投诉举报受理、甄别、处置、反馈等机制；建立健全互联网用户账号信用管理体系；对违法违规注册、使用账号信息的情形采取相应的处置措施	警示提醒、限制账号功能、暂停信息更新、禁止重新注册等处置措施，保存有关记录，并及时向网信等有关主管部门报告
《互联网跟帖评论服务管理规定》	建立先审后发制度。建立健全跟帖评论审核管理、实时巡查、应急处置等信息安全管理制度，及时发现和处置违法信息，并向有关主管部门报告。建立用户分级管理制度，对用户的跟帖评论行为开展信用评估，根据信用等级确定服务范围及功能	警示提醒、拒绝发布、删除信息、限制账号功能、暂停账号更新、关闭账号等措施，并保存相关记录。对严重失信的用户应列入黑名单，停止提供服务，并禁止重新注册
《互联网群组信息服务管理规定》	落实信息内容安全管理主体责任，配备与服务规模相适应的专业人员和技术能力，建立健全用户注册、信息审核、应急处置、安全防护等管理制度。对群组实行分级分类管理，建立互联网群组信息服务使用者信用等级管理体系	警示整改、暂停发布、关闭群组等处置措施，保存有关记录，并向有关主管部门报告
《互联网论坛社区服务管理规定》	建立健全信息审核、公共信息实时巡查、个人信息保护等信息安全管理制度。不得发布、传播法律法规和国家有关规定禁止的信息	停止传输、消除信息，保存有关记录，并及时向国家或者地方网信办报告
《移动互联网应用程序信息服务管理规定》	建立健全信息内容安全管理、信息内容生态治理等管理制度。应用程序提供者应当建立健全信息内容审核管理机制。对信息内容呈现结果负责，不得生产传播违法信息，自觉防范和抵制不良信息	警示、限制功能、关闭账号等处置措施，保存记录并向主管部门报告

第二章
网络直播领域的立法与监管

续表

法律文件	审查义务	处置措施
《互联网信息服务算法推荐管理规定》	采取措施防范和抵制传播不良信息，建立信息发布审核管理制度及技术措施。加强算法推荐服务版面页面生态管理，建立完善人工干预和用户自主选择机制	对于违法信息，停止传输、消除信息，防止信息扩散，保存有关记录并向网信部门和有关部门报告
《互联网信息服务深度合成管理规定》	采取技术或者人工方式对深度合成服务使用者的输入数据和合成结果进行审核。建立健全用于识别违法和不良信息的特征库	警示、限制功能、暂停服务、关闭账号等处置措施。保存有关记录，及时向网信部门和有关主管部门报告
《网络暴力信息治理规定》	建立完善网络暴力信息治理机制，健全用户注册、账号管理、个人信息保护、信息发布审核、监测预警、识别处置等制度。对互联网新闻信息提供跟帖评论服务的，应当实行先审后发	停止传输，采取删除、屏蔽、断开链接等处置措施，保存有关记录，向有关部门报告。发现涉嫌违法犯罪的，应当及时向公安机关报案，并提供相关线索，依法配合开展侦查、调查和处置等工作

五、网络信息内容治理领域拓宽，维护国家网络主权与网络安全的顶层架构设计完成

随着我国互联网应用发展重心从消费互联网向产业互联网扩展，国家对网络信息内容治理需要拓宽领域，以及更高层级的立法。《反恐怖主义法》《网络安全法》等一批法律随即出台。其中，2016年全国人大常委会通过的《网络安全法》，是我国网络安全领域的首部基础性、框架性、综合性法律。该法提出维护国家网络主权，从网络设备设施安全、网络运行安全、网络产品和服务安全、网络数据安全、网络信息安全等方面建立和完善具有中国特色的网络安全管理制度，构建了我国实施网络空间管辖、加强网络安全管理、维护网络主权安全发展

利益的制度基础。其中，以《网络安全法》第46条至第50条为中心，建立了我国网络运营者处置违法信息制度，也确立了与"九不准"大致相同的违法信息判定标准。① 网络运营者负有网络运行安全和信息安全保护义务，对网络违法信息的处置，主要由事前审查义务、事中监管义务、事后协助义务与合规管理义务等四部分组成（见表2-3）。

表2-3 网络运营者的网络违法信息处置义务

分类	内容
事前审查义务	网络运营者为用户办理网络接入、域名注册服务，办理固定电话、移动电话等入网手续，或者为用户提供信息发布、即时通讯等服务，在与用户签订协议或者确认提供服务时，应当要求用户提供真实身份信息。用户不提供真实身份信息的，网络运营者不得为其提供相关服务。（《网络安全法》第24条第1款）
事中监管义务	网络运营者应当加强对其用户发布的信息的管理，发现法律、行政法规禁止发布或者传输的信息的，应当立即停止传输该信息，采取消除等处置措施，防止信息扩散，保存有关记录，并向有关主管部门报告。（《网络安全法》第47条）
	电子信息发送服务提供者和应用软件下载服务提供者，应当履行安全管理义务，知道其用户有前款规定行为的，应当停止提供服务，采取消除等处置措施，保存有关记录，并向有关主管部门报告。（《网络安全法》第48条第2款）
事后协助义务	网络运营者应当为公安机关、国家安全机关依法维护国家安全和侦查犯罪的活动提供技术支持和协助。（《网络安全法》第28条）
	网络运营者对网信部门和有关部门依法实施的监督检查，应当予以配合。（《网络安全法》第49条第2款）
	国家网信部门和有关部门依法履行网络信息安全监督管理职责，发现法律、行政法规禁止发布或者传输的信息的，应当要求网络运营者停止传输，采取消除等处置措施，保存有关记录；对来源于中华人民共和国境外的上述信息，应当通知有关机构采取技术措施和其他必要措施阻断传播。（《网络安全法》第50条）

---

① 《网络安全法》第12条第2款规定："任何个人和组织使用网络应当遵守宪法法律，遵守公共秩序，尊重社会公德，不得危害网络安全，不得利用网络从事危害国家安全、荣誉和利益，煽动颠覆国家政权、推翻社会主义制度，煽动分裂国家、破坏国家统一，宣扬恐怖主义、极端主义，宣扬民族仇恨、民族歧视，传播暴力、淫秽色情信息，编造、传播虚假信息扰乱经济秩序和社会秩序，以及侵害他人名誉、隐私、知识产权和其他合法权益等活动。"

第二章 网络直播领域的立法与监管

续表

分类	内容
合规管理义务	网络运营者应当建立网络信息安全投诉、举报制度,公布投诉、举报方式等信息,及时受理并处理有关网络信息安全的投诉和举报。(《网络安全法》第49条第1款)

2017年12月,根据《文化部关于废止和修改部分部门规章的决定》(文化部令第57号),修订后的《互联网文化管理暂行规定》正式实施。《互联网文化管理暂行规定》(2017修订)是根据《网络安全法》、全国人大常委会《关于维护互联网安全的决定》和《互联网信息服务管理办法》等国家法律法规及决定进行修订,目标是加强对互联网文化的管理,保障互联网文化单位的合法权益,促进我国互联网文化健康、有序地发展。《互联网文化管理暂行规定》(2017修订)把互联网文化活动分为经营性和非经营性两类。经营性互联网文化活动是指以营利为目的,通过向上网用户收费或者以电子商务、广告、赞助等方式获取利益,提供互联网文化产品及其服务的活动。从事经营性互联网文化活动的,需要申请网络文化经营许可证,并按照《互联网信息服务管理办法》的有关规定办理相关手续。

六、网络信息内容转向多维度的生态治理,各类主体责任界定更加明确

2019年12月,国家网信办发布《网络信息内容生态治理规定》(国家互联网信息办公室令第5号),首次将网络信息内容治理向多维度生态治理转变,内容管理由"二分法"调整为"三分法",将一直处于灰色地带的低俗信息、负面信息等纳入立法规制。该规定将网络信息内容明确分为正能量信息(鼓励制作、复制、发布的信息)、违法信息(不得制作、复制、发布的违法信息)和不良信息(应当防范和抵制制作、复制、发布的不良信息)三类,同时对每类信息的内容进行了详细明确的列举,并且把信息内容生态治理重点前置到了源头的把控。以上三类信息的内容分类列举如表2-4所示。

表2-4 正能量信息、违法信息和不良信息分类

类别	内容	措施
正能量信息	1. 宣传习近平新时代中国特色社会主义思想，全面准确生动解读中国特色社会主义道路、理论、制度、文化的； 2. 宣传党的理论路线方针政策和中央重大决策部署的； 3. 展示经济社会发展亮点，反映人民群众伟大奋斗和火热生活的； 4. 弘扬社会主义核心价值观，宣传优秀道德文化和时代精神，充分展现中华民族昂扬向上精神风貌的； 5. 有效回应社会关切，解疑释惑，析事明理，有助于引导群众形成共识的； 6. 有助于提高中华文化国际影响力，向世界展现真实立体全面的中国的； 7. 其他讲品位讲格调讲责任、讴歌真善美、促进团结稳定等的内容	鼓励网络信息内容生产者制作、复制、发布
违法信息	1. 反对宪法所确定的基本原则的； 2. 危害国家安全，泄露国家秘密，颠覆国家政权，破坏国家统一的； 3. 损害国家荣誉和利益的； 4. 歪曲、丑化、亵渎、否定英雄烈士事迹和精神，以侮辱、诽谤或者其他方式侵害英雄烈士的姓名、肖像、名誉、荣誉的； 5. 宣扬恐怖主义、极端主义或者煽动实施恐怖活动、极端主义活动的； 6. 煽动民族仇恨、民族歧视，破坏民族团结的； 7. 破坏国家宗教政策，宣扬邪教和封建迷信的； 8. 散布谣言，扰乱经济秩序和社会秩序的； 9. 散布淫秽、色情、赌博、暴力、凶杀、恐怖或者教唆犯罪的； 10. 侮辱或者诽谤他人，侵害他人名誉、隐私和其他合法权益的； 11. 法律、行政法规禁止的其他内容	网络信息内容生产者不得制作、复制、发布
不良信息	1. 使用夸张标题，内容与标题严重不符的； 2. 炒作绯闻、丑闻、劣迹等的； 3. 不当评述自然灾害、重大事故等灾难的； 4. 带有性暗示、性挑逗等易使人产生性联想的； 5. 展现血腥、惊悚、残忍等致人身心不适的； 6. 煽动人群歧视、地域歧视等的； 7. 宣扬低俗、庸俗、媚俗内容的；	网络信息内容生产者应当防范和抵制制作、复制、发布

第二章
网络直播领域的立法与监管

续表

类别	内容	措施
	8. 可能引发未成年人模仿不安全行为和违反社会公德行为、诱导未成年人不良嗜好等的； 9. 其他对网络生态造成不良影响的内容	

该规定还对网络生态治理涉及的所有相关主体进行了明确划分。相关主体包括网络信息内容生产者、网络信息内容服务平台、网络信息内容服务使用者、网络行业组织、各级网信部门五大主体。其中，网络信息内容服务平台应当履行信息内容管理主体责任，设立网络信息内容生态治理负责人，对平台传播的网络信息进行审核管控及技术管理。同时要加强本平台网络信息内容生态治理，建立网络信息内容生态治理机制，制定本平台网络信息内容生态治理细则，健全用户注册、账号管理、信息发布审核、跟帖评论审核、版面页面生态管理、实时巡查、应急处置和网络谣言、黑色产业链信息处置等制度。此外，国家相关部门及相关行业协会出台的《互联网跟帖评论服务管理规定》《互联网弹窗信息推送服务管理规定》《互联网用户账号信息管理规定》《网络短视频内容审核标准细则》《网络短视频平台管理规范》《互联网群组信息服务管理规定》《网络短视频平台管理规范》《互联网信息服务算法推荐管理规定》等规定，是平台信息内容管理的重要参考依据与指引。

2021年，全国人大常委会通过《数据安全法》，这是我国数据安全领域的基础性法律，也是维护网络数据安全的重要法律保障。该法与《网络安全法》《个人信息保护法》紧密衔接，建立了网络安全与数据保护领域的数据分级分类管理制度、重要数据境内存储与出境评估制度、风险监测预警和应急处置、数据安全审查等重要制度。除此之外，近年来我国相继出台了《关键信息基础设施安全保护条例》（国务院令第745号）、《网络安全审查办法》（国家互联网信息办公室、国家发展和改革委员会、工业和信息化部、公安部、国家安全部、财政部、商务部、中国人民银行、国家市场监督管理总局、国家广播电视总局、中国证券监督管理委员会、国家保密局、国家密码管理局令第8号）、《促进和规范数据跨境流动规定》（国家互联网信息办公室令第16号）、《网络数据安全管理条例》（国务院令第790号）等一系列法律法规和规章制度，基本形成了我国的网络安全法律制度体系，为维护国家网络安全、推进网络强国建设提供了坚实法治保障。

第二节 网络直播政策法律：直播营销管理

2016年被誉为中国的"网络直播元年"。互联网直播产业在国内迅猛发展，其盈利模式逐步从商业营销、打赏获利向直播带货的新型电子商务模式发展。行业的快速发展也带来了诸多乱象：部分直播平台进行侵犯他人合法权益、传播淫秽色情等法律法规禁止的活动，传播色情、暴力、谣言、诈骗等信息；有的直播平台缺乏相关资质，违规开展新闻信息直播，扰乱传播秩序。

为了进一步规范互联网直播业务、惩治直播乱象，2016年我国密集出台了三部网络直播监管规定，包括《关于加强网络视听节目直播服务管理有关问题的通知》（新广电发〔2016〕172号）、《互联网直播服务管理规定》、《网络表演经营活动管理办法》（文市发〔2016〕33号），明确了我国对网络直播采取事前审查与事后监管相结合的监管方式，着重从市场准入角度进行资质管理。其中，国家网信办发布的《互联网直播服务管理规定》则确立了国家网信办对互联网直播服务信息内容监督管理的执法地位，并提出了"双资质"要求，即互联网直播服务提供者和互联网直播发布者在提供互联网新闻信息服务时，都应当依法取得互联网新闻信息服务资质，并在许可范围内开展互联网新闻信息服务。互联网直播服务提供者作为平台方，承担着对直播进行管理的主要责任。为此，该规定提出互联网直播服务提供者应对直播内容实施先审后发管理，应当按照"后台实名、前台自愿"的原则，对互联网直播用户进行基于移动电话号码等方式的真实身份信息认证，对互联网直播发布者进行基于身份证件、营业执照、组织机构代码证等的认证登记。

一、网络直播治理，从互联网广告执法到"互联网专条"

随着互联网商业模式的发展与技术创新，互联网取代传统媒体逐渐成为广告发布的主要媒介之一，但当时的互联网广告市场乱象丛生。最具有代表性的就是在2016年发生的"魏则西事件"。该事件引发了社会对互联网搜索和互联网广告

第二章
网络直播领域的立法与监管

监管的广泛关注，成为推动互联网广告规范出台的里程碑。国家网信办 2016 年 6 月 25 日发布《互联网信息搜索服务管理规定》，该规定自 2016 年 8 月 1 日起施行。该规定要求互联网信息搜索服务提供者应当落实主体责任，建立健全信息审核、公共信息实时巡查等信息安全管理制度，不得以链接、摘要、联想词等形式提供含有法律法规禁止的信息内容；提供付费搜索信息服务应当依法查验客户有关资质，明确付费搜索信息页面比例上限，醒目区分自然搜索结果与付费搜索信息，对付费搜索信息逐条加注显著标识；不得通过断开相关链接等手段，牟取不正当利益。紧接其后，国家工商行政管理总局（现国家市场监督管理总局）于 2016 年 7 月正式发布《互联网广告管理暂行办法》（国家工商行政管理总局令第 87 号）［注：现已被 2023 年 5 月 1 日施行的《互联网广告管理办法》（国家市场监督管理总局令第 72 号）取代］，并自 2016 年 9 月 1 日起施行。这是继《广告法》后首次将互联网上的广告发布以法律的形式纳入管理范畴，加大了对广告违法行为的处罚力度，增强了法律震慑力。①

作为《广告法》的配套执行细则，《互联网广告管理暂行办法》（已失效）规定了互联网广告的定义、互联网广告各主体责任和义务、互联网广告禁止性规定及行政处罚等诸多内容，对治理互联网广告乱象、促进互联网产业健康发展具有重要意义。但由于互联网直播刚刚兴起，该暂行办法并没有将短视频、直播的商业"种草"行为明确为广告性质。直到 2023 年 5 月 1 日施行的《互联网广告管理办法》发布后，才有了对互联网直播的条文规定，商品销售者或者服务提供者通过互联网直播方式推销商品或者服务，构成商业广告的，应当依法承担广告

---

① "魏则西事件"简介：21 岁的西安电子科技大学计算机专业学生魏则西，2014 年 4 月被检查发现腹部有滑膜肉瘤。为治疗恶性肿瘤，魏则西家人通过百度搜索到一家武警医院并前往治疗，魏则西先后在该医院接受 4 次"生物免疫"治疗，花费 20 余万元，但效果不佳。2016 年 2 月 26 日，魏则西发布网帖，指出该医院向其宣传的"肿瘤生物免疫疗法"在美国早被淘汰，并认为百度竞价排名的医疗信息有误导之嫌。2016 年 4 月 12 日，魏则西不治身亡。魏则西去世的新闻，迅速引起了媒体的关注，社会舆论将矛头直指临床医疗技术监管、医院科室外包、百度医疗竞价排名。

随后，国家网信办已经会同国家工商行政管理总局（现国家市场监督管理总局）、国家卫生和计划生育委员会（现国家卫生健康委员会）成立联合调查组进驻百度公司，对此事件及互联网企业依法经营事项进行调查并依法处理。国家卫生和计划生育委员会（现国家卫生健康委员会）将会同中央军委后勤保障部卫生局、武警部队后勤部卫生局联合对某武警医院进行调查。联合调查组认为，百度搜索相关关键词竞价排名结果客观上对魏则西选择就医产生了影响，百度竞价排名机制存在付费竞价权重过高、商业推广标识不清等问题，影响了搜索结果的公正性和客观性，容易误导网民，必须立即整改。

主的责任和义务。

面对互联网领域发生的违背商业道德和扰乱市场竞争秩序的不正当竞争行为，1993 年实施的《反不正当竞争法》已经无法有效应对，故该法在处理互联网新型不正当竞争纠纷时，只能依赖该法第 2 条第 1 款的"一般条款"① 进行调整。为应对互联网领域出现的各种新型不正当竞争行为，《反不正当竞争法》在 2017 年进行修订并在 2019 年进行修正，根据互联网不正当竞争的新特点，特别增设了"互联网专条"，② 以更好地规制互联网领域的新型不正当竞争行为。《反不正当竞争法》中的"互联网专条"通过概括、列举和兜底的方式，对利用技术手段实施妨碍、破坏其他经营者合法提供的网络产品或服务正常运行的行为进行了规制，回应了当时网络治理的需求。

二、电子商务立法：应对新业态、新模式、新技术的挑战

电子商务的迅猛发展催生电子商务立法。《电子商务法》历经五年起草、全国人大常委会四次审议，最终自 2019 年 1 月 1 日起正式施行。该法把促进电子商务持续健康发展放在首位，鼓励发展电子商务新业态、新模式、新技术，为创新发展留下空间。在调整对象上，规定在中华人民共和国境内通过互联网等信息网络销售商品或者提供服务的经营活动适用于该法。但鉴于互联网技术在不断发展和变化，该法并没有包罗万象地列举各类创新型的电商模式，仅仅在第 9 条第 2 款规定："本法所称电子商务平台经营者，是指在电子商务中为交易双方或者多方提供网络经营场所、交易撮合、信息发布等服务，供交易双方或者多方独立开展交易活动的法人或者非法人组织。"《电子商务法》还被称为"电商平台责任法"，第一次在法律层面上，并且在一般性的意义上规定了平台经营者在从事

---

① 《反不正当竞争法》（1993）第 2 条第 1 款规定："经营者在市场交易中，应当遵循自愿、平等、公平、诚实信用的原则，遵守公认的商业道德。"
② 《反不正当竞争法》（2019 修正）第 12 条规定："经营者利用网络从事生产经营活动，应当遵守本法的各项规定。经营者不得利用技术手段，通过影响用户选择或者其他方式，实施下列妨碍、破坏其他经营者合法提供的网络产品或者服务正常运行的行为：（一）未经其他经营者同意，在其合法提供的网络产品或者服务中，插入链接、强制进行目标跳转；（二）误导、欺骗、强迫用户修改、关闭、卸载其他经营者合法提供的网络产品或者服务；（三）恶意对其他经营者合法提供的网络产品或者服务实施不兼容；（四）其他妨碍、破坏其他经营者合法提供的网络产品或者服务正常运行的行为。"

第二章
网络直播领域的立法与监管

平台运营的过程中需要承担的一系列法律责任。[①] 对于网络直播平台是否属于电商平台进而承担电商法上的平台责任（见表2-5）问题，《电子商务法》并未作出具体规定，但网络直播平台的法律适用问题一直备受业界关注。直播电商平台本质上构成了利用互联网等信息网络来销售商品或者提供服务的经营活动，需要从商业模式、法律关系形态和实质性利益结构等方面来判断其是否等同于一般电商平台并等同适用《电子商务法》。该问题关乎直播业态的规范发展，也关乎国家对直播电商业态的治理思路和治理导向。

表2-5 电商平台责任列表

分类	内容
核验审核责任	核验审核平台内经营者信息（包括商家、主播、MCN 机构等）； 核验审核广告主等有关信息
网络安全责任	保护用户个人信息； 保障电子商务交易安全； 防范网络犯罪
信息公示责任	制定交易规则公开公示； 修改交易规则公开征求意见； 违规处置措施公示
维护公平竞争责任	向消费者提供内容翔实的商品服务信息； 维护平台内经营者自主经营； 不得利用技术手段妨碍、破坏其他经营者合法提供的网络产品或者服务正常运行； 不得滥用平台优势地位
消费者保护责任	公示投诉举报方式； 显著提示搭售行为； 竞价排名显著标明"广告"； 弹窗广告显著标明关闭标志，确保一键关闭； "三品一械"广告显著标明广告批准文号、警示事项和警示语；

[①] 参见薛军：《〈电子商务法〉平台责任的内涵及其适用模式》，载《法律科学（西北政法大学学报）》2023 年第 1 期。

续表

分类	内容
	涉及专利的广告标明专利号和专利种类； 建立信用评价制度； 建立消费争议解决机制
知识产权 保护责任	建立知识产权保护规则
协助监管责任	记录、保存商品服务信息、交易信息； 配合提供电子商务数据信息，对违法信息进行监控、处置、报告； 报送平台内经营者身份信息； 特殊行业领域广告内容审查

2020年可谓"直播大年"，网络直播尤其是电商直播爆发式增长，但同时伴生出许多网络违法行为和不良社会现象。国家网信办、全国"扫黄打非"工作小组办公室等8部门联合进行网络直播行业专项整治。同年，中国广告协会制定发布《网络直播营销行为规范》并自2020年7月1日起实施。这是国内首个关于网络直播营销活动的专门自律规范，对直播电商中的各类角色、行为都作了全面的定义和规范。其中明确禁止刷单、炒信等流量造假以及篡改交易数据、用户评价等行为；规定商家发布的产品、服务信息，应当真实、科学、准确，不得进行虚假宣传，欺骗、误导消费者；把网络直播营销平台的类型拓展至各类社会营销平台，包括电商平台、内容平台、社交平台等。最为重要的是，该规范指出"网络直播营销活动的诸多要素带有明显广告活动功能和特点""在网络直播营销中发布商业广告的，应当严格遵守《中华人民共和国广告法》的各项规定"。这一规定回答了网络直播营销在某些场景、要素、环节上具有一定的广告属性或作用，但并不必然构成"商业性广告"，这是当下执法监管部门特别需要澄清的问题。在新媒体营销场景下，广告与内容的界限越来越模糊，简单适用《广告法》第2条把网络直播营销新业态认定为商业广告活动，纳入广告法律体系调整并适用广告监管尺度执法，会限制互联网内容产业的发展，掣肘直播业态的发展。《网络直播营销行为规范》虽然不属于立法层面的文件，但其中的一些内容在后续的立法、执法中被采纳和吸收，对网络直播业态的健康发展起到了引领作用。

第二章
网络直播领域的立法与监管

其他各监管部门也纷纷出台相关规定，在网络直播领域形成监管合力，包括国家广播电视总局发布的《关于加强网络秀场直播和电商直播管理的通知》（广电发〔2020〕78号）、国家市场监督管理总局出台的《关于加强网络直播营销活动监管的指导意见》（国市监广〔2020〕175号）。其中，《关于加强网络秀场直播和电商直播管理的通知》明确了网络秀场直播平台、电商直播平台应坚持社会效益优先的正确方向，积极传播正能量；要求网络电商直播平台须严格按照网络视听节目服务管理的相关规定开展视听内容服务，并对开设直播带货的商家和个人进行相关资质审查和实名认证。《关于加强网络直播营销活动监管的指导意见》则体现了对新业态监管灵活性和原则性的结合，一方面并未将直播带货"一刀切"地认定为商业广告，避免为带有即兴色彩的直播活动带来过重的合规压力；另一方面则强调特殊商品和服务的监管和消费者权益保护等，体现出坚守监管底线的决心。总体而言，上述文件围绕着直播平台应加强导向和价值引领、指导基层执法部门监管行为、规范不同主体的行为并压实相应法律责任、保护消费者权益等方面进行了规定，奠定了国家对网络直播的治理、经营和监管的基础。

三、网络直播营销行业综合治理体系的建立

2020年11月5日，国家市场监督管理总局发布《关于加强网络直播营销活动监管的指导意见》（国市监广〔2020〕175号），对网络直播营销中的三大责任主体即网络平台、商品经营者、网络直播者的法律责任进行划分与界定，压实有关主体责任，严格规范网络直播营销行为。同时，对于网络直播是否可以被认定为商业性广告活动的法律适用难题进行了回答。该指导意见指出，网络平台为商品经营者或网络直播者提供付费导流等服务，对网络直播营销活动进行宣传、推广，构成商业广告的，应按照《广告法》的规定履行广告发布者或广告经营者的责任和义务。直播内容构成商业广告的，应按照《广告法》的规定履行广告发布者、广告经营者或广告代言人的责任和义务。该指导意见严格规范网络直播营销行为，包括规范商品或服务营销范围；规范广告发布审查，在网络直播营销活动中发布法律、行政法规规定应进行发布前审查的广告，应严格遵守广告审查有关规定；保障消费者知情权和选择权等内容。

对于网络直播平台是否属于电商平台进而需要承担电商平台责任的问题，2021年3月15日国家市场监督管理总局正式发布《网络交易监督管理办法》

（国家市场监督管理总局令第 37 号），开始尝试解决。该办法针对经营者市场主体登记、平台责任和义务、各类法定公示义务等问题进行规定，细化补充了《电子商务法》的规定，成为贯彻落实《电子商务法》的重要部门规章。此外，该办法结合网络交易业态新动向，聚焦"网络直播"等热点领域，与时俱进地推出了一套更加符合行业发展趋势和业态监管需要的新规则。按照该办法的规定，网络社交、网络直播只要具备四个要素（为经营者提供网络经营场所、商品浏览、订单生成、在线支付等）就可以被认定为电商平台，就应当依法履行网络交易平台经营者的义务，[1] 主播等网络直播营销人员也可以被纳入平台内经营者进行管理，网络直播带货首次被明确纳入监管范围。

随后不久，国家网信办、公安部、商务部、文化和旅游部、国家税务总局、国家市场监督管理总局、国家广播电视总局等 7 部门联合发布《网络直播营销管理办法（试行）》，该办法自 2021 年 5 月 25 日起施行，这标志着我国从根本上建立起网络直播营销产业的综合治理框架。[2] 该办法按照全面覆盖、分类监管的思路，一方面针对网络直播营销中的"人、货、场"，将"台前幕后"各类主体、"线上线下"各项要素纳入监管范围，另一方面明确细化直播营销平台、直播间运营者、直播营销人员、直播营销人员服务机构等参与主体各自的权责边界，压实各方主体责任。该办法在压实平台主体责任方面有所创新，提出：①事前预防，要求平台对粉丝数量多、交易金额大的重点直播间采取安排专人实时巡查、延长直播内容保存时间等防范措施；②注重事中警示，要求平台建立风险识别模型，对风险较高和可能影响未成年人身心健康的行为采取弹窗提示、显著标识和流量限制等调控措施；③强调事后惩处，要求平台对违法违规行为采取阻断直播、关闭账号、列入黑名单、联合惩戒等处置措施。该办法还指出要建立黑名单制度和主播分级管理制度，对主播账号实行基于主体属性、运营内容、粉丝数量、直播热度等因素的分类分级管理，依据主播账号分级规范设定具有营销资格的账号级别，依法依规确定推广商品和服务类别。最值得一提的是，该办法明确

---

[1] 《网络交易监督管理办法》第 7 条第 4 款规定："网络社交、网络直播等网络服务提供者为经营者提供网络经营场所、商品浏览、订单生成、在线支付等网络交易平台服务的，应当依法履行网络交易平台经营者的义务。通过上述网络交易平台服务开展网络交易活动的经营者，应当依法履行平台内经营者的义务。"

[2] 参见黄玉波：《直播营销综合治理的框架及创新》，载《人民论坛》2023 年第 6 期。

第二章
网络直播领域的立法与监管

从事网络直播营销活动，属于《电子商务法》规定的"电子商务平台经营者"或"平台内经营者"定义的市场主体，应当依法履行相应的责任和义务。互联网直播服务平台、互联网音视频服务平台、电子商务平台等直播营销平台需要建立健全账号及直播营销功能注册注销、信息安全管理、营销行为规范、未成年人保护、消费者权益保护、个人信息保护、网络和数据安全管理等机制、措施。直播营销平台提供付费导流等服务，对网络直播营销进行宣传、推广，构成商业广告的，应当履行广告发布者或者广告经营者的责任和义务。直播间运营者、直播营销人员发布的直播内容构成商业广告的，应当履行广告发布者、广告经营者或者广告代言人的责任和义务。因此，在网络直播营销活动中，上述主体亦需要遵守构成广告经营者、广告发布者、网络服务提供者、电子商务平台/平台内经营者的情形下的相关责任与义务。但网络直播营销活动在什么情形下构成商业广告并按照《广告法》处理，直播营销平台和直播间运营者在什么情形下属于《电子商务法》规定的"电子商务平台经营者"或"平台内经营者"定义的市场主体，仍不是很清晰。

伴随网络直播的红利期发展，网络直播行业出现了虚假宣传、偷税漏税等行业乱象。网红主播偷税、逃税事件经常见诸报端，直播带货成为各地税务部门稽查的重点。2022年3月，国家网信办、国家税务总局、国家市场监督管理总局联合印发《关于进一步规范网络直播营利行为促进行业健康发展的意见》的通知，对构建跨部门协同监管长效机制、加强网络直播营利行为规范引导、鼓励支持网络直播依法合规经营等方面进行了具体规定。该意见从直播平台与主播双方入手，严厉打击网络直播营利行为中暴露出的网络直播平台管理责任不到位、商业营销行为不规范、偷逃缴纳税款等问题。该意见还要求直播平台对直播账号进行"事前事中事后"监管，平台及主播需严守底线，要依法纳税，多部门将针对违反者加强惩戒，提升监管合力。

2022年3月15日，最高人民法院《关于审理网络消费纠纷案件适用法律若干问题的规定（一）》开始施行。该司法解释涉及网络消费合同权利义务、责任主体认定、网络直播带货民事责任等方面问题。就网络直播带货的消费者纠纷案件责任归属问题，该司法解释第12条第1款明确了过错推定责任，直播间运营者需证明其已采取措施使消费者能够辨别其并非销售者，同时需标明实际销售者，达到足以使消费者辨别的程度，否则，消费者有权主张直播间运营者承担商品销售者责任。直播间运营者若不属于销售者，在直播带货前应向消费者明示实际销售者身份信息。《网络交易监督管理办法》第20条第1款规定，通过网络社交、网络直播等网络服务开展网络交易活动的网络交易经营者，应当以显著方式展示商品或者服务及其实际经营主体、售后服务等信息，或者上述信息的链接标识。直播间运营者本身为实际销售者的，承担销售者责任，并无争议。直播间运营者并非实际销售者，而是为实际销售者进行推广宣传，但未尽到法定标明义务的，消费者有理由相信其交易对象为网络直播间，直播间运营者应当承担商品销售者责任。《关于审理网络消费纠纷案件适用法律若干问题的规定（一）》第14条进而规定，直播间销售商品损害消费者合法权益，网络直播营销平台经营者不能提供直播间运营者的真实姓名、名称、地址和有效联系方式的，消费者可以依法向网络直播营销平台经营者请求赔偿。直播营销平台经营者承担责任后，有权向直播间运营者追偿。该司法解释第12条第2款还规定，法院在判定直播带货性质及直播间运营者最终是否承担销售者责任时，应综合考虑"交易外观、直播间运营者与经营者的约定、与经营者的合作模式、交易过程以及消费者认知"等因素。这种较为弹性的规定，在维护消费者知情权和选择权的同时，也为直播电商的健康发展留下了空间。

四、实施对网络直播平台与主播的"双重监管"机制与"网络直播专条"出台

2022年6月，国家广播电视总局、文化和旅游部联合发布《网络主播行为规范》，目的是引导网络主播规范从业行为，治理行业乱象，进一步推动网络表演、网络视听行业持续健康发展。这是监管部门第一次对网络主播执业资质、网络主播禁止行为、网络主播法律责任规制作出具体规范。对于网络主播的执业资质，如医疗卫生、财经金融、法律、教育等需要较高专业水平的直播内容，网络主播应取得相应的执业资质并向直播平台进行执业资质报备。该规范的发布，标志着我国对于直播行业的规制进入"双重监管"时代，即既对网络直播平台本身作出规制，又对网络直播平台的主播进行规制。该规范规定了网络主播应当坚持的正向行为规范和要求，还列出了网络主播在提供网络表演及视听节目服务过程中不得出现的行为，为网络主播从业行为划定了底线和红线（见表2-6）。而网络表演、网络视听平台和经纪机构要严格落实对网络主播管理的主体责任，建立健全

第二章
网络直播领域的立法与监管

网络主播入驻、培训、日常管理、业务评分档案和"红黄牌"管理等内部制度规范。这一"双重监管"模式对网络直播行业的健康发展起到了很大的推动作用,进一步完善了网络直播营销的综合治理体系。

表2-6 网络主播31条"军规"

序号	网络主播在提供网络表演及视听节目服务过程中不得出现的31种行为
1	发布违反宪法所确定的基本原则及违反国家法律法规的内容
2	发布颠覆国家政权,危害国家统一、主权和领土完整,危害国家安全,泄露国家秘密,损害国家尊严、荣誉和利益的内容
3	发布削弱、歪曲、否定中国共产党的领导、社会主义制度和改革开放的内容
4	发布诋毁民族优秀文化传统,煽动民族仇恨、民族歧视,歪曲民族历史或者民族历史人物,伤害民族感情,破坏民族团结,或者侵害民族风俗、习惯的内容
5	违反国家宗教政策,在非宗教场所开展宗教活动,宣扬宗教极端主义、邪教等内容
6	恶搞、诋毁、歪曲或者以不当方式展现中华优秀传统文化、革命文化、社会主义先进文化
7	恶搞、歪曲、丑化、亵渎、否定英雄烈士和模范人物的事迹和精神
8	使用换脸等深度伪造技术对党和国家领导人、英雄烈士、党史、历史等进行伪造、篡改
9	损害人民军队、警察、法官等特定职业、群体的公众形象
10	宣扬基于种族、国籍、地域、性别、职业、身心缺陷等理由的歧视
11	宣扬淫秽、赌博、吸毒,渲染暴力、血腥、恐怖、传销、诈骗,教唆犯罪或者传授犯罪方法,暴露侦查手段,展示枪支、管制刀具
12	编造、故意传播虚假恐怖信息、虚假险情、疫情、灾情、警情,扰乱社会治安和公共秩序,破坏社会稳定
13	展现过度的惊悚恐怖、生理痛苦、精神歇斯底里,造成强烈感官、精神刺激并可致人身心不适的画面、台词、音乐及音效等
14	侮辱、诽谤他人或者散布他人隐私,侵害他人合法权益
15	未经授权使用他人拥有著作权的作品
16	对社会热点和敏感问题进行炒作或者蓄意制造舆论"热点"

续表

序号	网络主播在提供网络表演及视听节目服务过程中不得出现的31种行为
17	炒作绯闻、丑闻、劣迹，传播格调低下的内容，宣扬违背社会主义核心价值观、违反公序良俗的内容
18	服饰妆容、语言行为、直播间布景等展现带有性暗示、性挑逗的内容
19	介绍或者展示自杀、自残、暴力血腥、高危动作和其他易引发未成年人模仿的危险行为，表现吸烟、酗酒等诱导未成年人不良嗜好的内容
20	利用未成年人或未成年人角色进行非广告类的商业宣传、表演或作为噱头获取商业或不正当利益，指引错误价值观、人生观和道德观的内容
21	宣扬封建迷信文化习俗和思想、违反科学常识等内容
22	破坏生态环境，展示虐待动物，捕杀、食用国家保护类动物等内容
23	铺张浪费粮食，展示假吃、催吐、暴饮暴食等，或其他易造成不良饮食消费、食物浪费示范的内容
24	引导用户低俗互动，组织煽动粉丝互撕谩骂、拉踩引战、造谣攻击，实施网络暴力
25	营销假冒伪劣、侵犯知识产权或不符合保障人身、财产安全要求的商品，虚构或者篡改交易、关注度、浏览量、点赞量等数据流量造假
26	夸张宣传误导消费者，通过虚假承诺诱骗消费者，使用绝对化用语，未经许可直播销售专营、专卖物品等违反广告相关法律法规的
27	通过"弹幕"、直播间名称、公告、语音等传播虚假、骚扰广告
28	通过有组织炒作、雇佣水军刷礼物、宣传"刷礼物抽奖"等手段，暗示、诱惑、鼓励用户大额"打赏"，引诱未成年用户"打赏"或以虚假身份信息"打赏"
29	在涉及国家安全、公共安全，影响社会正常生产、生活秩序，影响他人正常生活、侵犯他人隐私等场所和其他法律法规禁止的场所拍摄或播出
30	展示或炒作大量奢侈品、珠宝、纸币等资产，展示无节制奢靡生活，贬低低收入群体的炫富行为
31	法律法规禁止的以及其他对网络表演、网络视听生态造成不良影响的行为

第 二 章
网络直播领域的立法与监管

2023年2月,国家市场监督管理总局公布了《互联网广告管理办法》(国家市场监督管理总局令第72号),该办法于2023年5月1日施行。该办法取代了自2016年起实施的《互联网广告管理暂行办法》(国家工商行政管理总局令第87号),对互联网广告的法律定义进行了调整,仅保留原则性的法律定义,删除了暂行办法中对互联网广告定义的列举式规定(含有链接的文字、图片或者视频等,电子邮件,付费搜索等广告形式),强调从广告的构成要件本身出发对互联网营销手段是否构成广告行为进行判别。该办法重申广告应当具有可识别性,对"种草"等新兴网络营销方式的广告合规问题进行了明确规制,要求那些既有"知识介绍、体验分享、消费测评"等"种草"内容,又有"购物链接"等购买方式的,应显著标明"广告"。此外,对于构成商业广告行为的直播营销活动,要求广告主、广告经营者和广告发布者核对"下一级链接"中与前端广告相关的广告内容。在网络直播营销广告规制上,该办法正式在规章层面将直播营销活动涉及的相关广告行为纳入广告监管体系。该办法的第19条又称为"网络直播专条",[①] 规定直播营销并不等于商业广告,但若直播营销行为构成商业广告,则直播营销活动中各个主体需要依据其作用、行为分别承担广告经营者、广告发布者、广告代言人的责任和义务。该办法进一步压实了各类平台经营者的广告监管责任,要求互联网平台经营者在为互联网广告发布活动提供互联网信息服务的过程中,应当履行平台监管义务,采取措施防范、制止违法广告。

在加强广告"标识"监管、保障消费者知情权方面,国家市场监督管理总局在2024年8月公布了《互联网广告可识别性执法指南》,进一步明确了互联网广告的"可识别性"要求:直播间运营者或者直播营销人员在直播营销活动中始终显著标明其为商品经营者或者服务提供者,或者消费者可以通过其账号名称识别其上述身份;在直播页面显著标明直播内容为广告;在直播过程中对广告时段的起止点作出显著标明或者明确语音提示。对于竞价排名的商品或者服务,通过知

[①] 《互联网广告管理办法》第19条规定:"商品销售者或者服务提供者通过互联网直播方式推销商品或者服务,构成商业广告的,应当依法承担广告主的责任和义务。直播间运营者接受委托提供广告设计、制作、代理、发布服务的,应当依法承担广告经营者、广告发布者的责任和义务。直播营销人员接受委托提供广告设计、制作、代理、发布服务的,应当依法承担广告经营者、广告发布者的责任和义务。直播营销人员以自己的名义或者形象对商品、服务作推荐、证明,构成广告代言的,应当依法承担广告代言人的责任和义务。"

识介绍、体验分享、消费测评等形式推销商品或者服务并附加购物链接等购买方式发布的互联网广告，在新闻资讯、互联网视听内容等互联网信息内容流中发布广告等，未显著标明"广告"的，市场监管部门将依据《广告法》第 14 条、《互联网广告管理办法》第 9 条等规定查处。

2024 年 7 月 1 日施行的《消费者权益保护法实施条例》对直播带货等领域作出专门规定，全面加大消费者权益保护力度。在强化信息披露方面，该实施条例第 13 条第 2 款规定经营者通过网络、电视等方式提供商品服务的，应当以显著方式标明或者说明其真实名称和标记。由其他经营者实际提供商品或服务的，应当向消费者提供该经营者的相关信息。直播带货必须说清楚"谁在带货""带谁的货"。在完善平台管理方面，该实施条例第 14 条第 2 款规定直播营销平台经营者应当建立健全消费者权益保护制度，明确消费争议解决机制。发生消费争议的，直播营销平台经营者应当根据消费者的要求提供直播间运营者、直播营销人员相关信息以及相关经营活动记录等必要信息，积极协助消费者维权。在规范营销行为方面，该实施条例第 14 条第 3 款规定直播间运营者、直播营销人员发布的直播内容构成商业广告的，应当依照《广告法》的有关规定履行广告发布者、广告经营者或者广告代言人的义务，明确了平台、直播间和主播各自的职责。

第三节 网络直播政策法律：监管与市场准入

通过多年的监管实践与探索，我国已经建立和形成了以"国家网信办为主导，多部门多元主体协同治理"的网络直播监管格局，并确立了对网络直播采取事前审查与事后监管相结合的监管方式，涉及直播服务准入管理、直播责任主体落实、分类报审报备制度、直播内容管理、主播行为规范、直播营销行为、税收管理、未成年人权益保障等网络直播各个方面的内容。网络直播活动除需要遵守上述专门针对本行业出台的监管政策之外，也需要根据不同主体、不同场景遵守

第二章
网络直播领域的立法与监管

其他法律法规，如《反不正当竞争法》《电子商务法》《网络安全法》《产品质量法》《食品安全法》《消费者权益保护法》《广告法》等。

根据相关法规对网络直播行业监管职能的划分（见表2-7），国家网信办负责制定出台支持和促进网络直播行业健康发展、生态治理和规范管理的政策措施，负责互联网直播服务信息内容的监管与执法工作；工业和信息化部承担通信网络安全及相关信息安全管理的责任，负责落实网络接入实名制管理要求以及增值电信业务经营许可、ICP备案管理；文化和旅游部负责网络表演行业管理和执法工作，指导相关行业组织加强网络表演行业自律；国家广播电视总局负责研究制定网络视听节目等管理规范及准入标准；国家市场监管部门负责网络直播营销领域的监督管理；公安部负责网络直播服务经营者备案，实施对网络直播犯罪行为的打击。而网络直播活动的服务提供者需要依法向电信主管部门、公安部门等申请开办直播营销活动必要的资质或履行备案手续，涉及互联网新闻信息、网络表演、网络视听节目直播等业务的，网络直播服务提供者还应当分别向相关部门申请取得增值电信业务经营、互联网新闻信息服务、网络文化经营、信息网络传播视听节目等许可。

表2-7 网络直播监管机构的监管职能等内容一览

监管机构	监管职能	监管行为	所涉资质许可	规范依据
国家网信办	互联网直播服务信息内容的监管与执法工作	通过网络直播等形式向社会公众提供互联网新闻信息服务	互联网新闻信息服务许可	《互联网直播服务管理规定》《互联网新闻信息服务管理规定》
工业和信息化部	互联网行业管理（含移动互联网）	提供经营性互联网信息服务	增值电信业务经营许可证	《互联网信息服务管理办法》
文化和旅游部	加强网络表演管理	提供经营性互联网文化活动直播	网络文化经营许可证	《关于加强网络表演管理工作的通知》《互联网文化管理暂行规定》

续表

监管机构	监管职能	监管行为	所涉资质许可	规范依据
国家广播电视总局	网络视听节目直播服务管理	通过互联网对重大政治、军事、经济、社会、文化、体育等活动、事件的实况进行视音频直播	信息网络传播视听节目许可证且许可项目为第一类互联网视听节目服务第5项	《互联网视听节目服务管理规定》《关于加强网络视听节目直播服务管理有关问题的通知》
		通过互联网对一般社会团体文化活动、体育赛事等组织活动的实况进行视音频直播	信息网络传播视听节目许可证且许可项目为第二类互联网视听节目服务第7项	
国家市场监督管理总局	网络直播营销活动	采用网络直播方式销售商品或提供服务	依法取得相关行政许可	《电子商务法》《关于加强网络直播营销活动监管的指导意见》
公安部	公安联网备案、网络直播服务经营者备案	开办直播营销活动	依法取得备案证明或编号	《关于加强网络直播服务管理工作的通知》

一、工业和信息化部

（一）非经营性互联网信息服务备案（ICP备案）

ICP（Internet Content Provider）业务指通过互联网提供信息服务的业务类型。我国电信主管部门负责对从事互联网信息服务的网站开展备案核准工作，并形成"电信主管部门—网络接入服务提供者—互联网信息服务提供者"三级架构的ICP备案核准管理体系。凡在中华人民共和国境内的组织或个人利用通过互联网域名访问的网站或者利用仅能通过互联网IP地址访问的网站，拟从事非经

第二章
网络直播领域的立法与监管

营性互联网信息服务（仅通过互联网向上网用户无偿提供具有公开性、共享性信息等服务活动）的，应当向其住所所在地省通信管理局履行备案手续。未履行备案手续的，不得从事互联网信息服务。此外，对拟从事新闻、出版、教育、医疗保健、药品和医疗器械、文化、广播电影电视节目等互联网信息服务，根据法律、行政法规以及国家有关规定应经有关主管部门审核同意的，在履行备案手续时，还应向其住所所在地省通信管理局提交相关主管部门审核同意的文件。

（二）互联网信息服务业务许可（ICP 许可）

ICP（Internet Content Provider）许可，全称为信息服务业务（仅限互联网信息服务）许可。根据《电信业务分类目录（2015 年版）》，ICP 许可属于 B25 类增值电信业务的范畴。它是对网站、应用、小程序等提供信息服务业务的单位进行资质认证的一种许可制度。利用网上广告、代制作网页、出租服务器内存空间、主机托管、有偿提供特定信息内容、电子商务及其他网上应用服务等方式获得收入，提供信息搜索查询服务、信息社区平台服务、信息即时交互服务、信息保护和处理服务等，都属于 ICP 范畴。网络直播服务提供者从事 B25 信息服务业务分类中的互联网信息服务，主办的网站、App 具有盈利性，向用户提供有偿的信息服务（有收费功能）的，都需要申请办理 ICP 许可。

（三）在线数据处理与交易处理业务许可（EDI 许可）

EDI（Electronic Data Interchange）许可，全称为增值电信业务经营许可证——在线数据处理与交易处理业务许可，它是针对从事在线数据处理和交易处理业务的电信增值服务所设定的一种专业资质证书。根据《电信业务分类目录（2015 年版）》，EDI 许可属于 B21 类增值电信业务的范畴。EDI 许可主要适用于涉及电子商务数据交易形式的网站和企业，包括：①交易处理业务企业，这类企业通常通过互联网或公用通信网提供在线交易处理服务。例如，电商平台以及提供在线购票、拍卖、股票交易、P2P 网络借贷、家政服务 App 等业务的企业。②网络电子设备数据处理业务企业，这类企业通过通信网络传送数据，对连接到通信网络的电子设备进行控制和数据处理。例如，物联网交易、平台交易等涉及机器对机器（M2M）连接和消费电子设备、可穿戴设备等数据处理和管理平台的企业。③电子数据交换业务企业，这类企业通过通信网络在用户计算机之间进行贸易或行政事务数据的交换和自动处理。如果仅通过自建网站经营自己品牌的商品或服务，一般认为，前述业务不构成提供在线数据处理与交易处理业务，无须申请 EDI 许可。经营增值电信业务需要根据业务覆盖范围是否跨省、自治区、直辖市分别向国务院信息产业主管部门或省、自治区、直辖市电信管理机构申请办理跨地区增值电信业务经营许可证或增值电信业务经营许可证。

（四）App 等移动互联网应用程序备案

App 等移动互联网应用程序已成为提供互联网信息服务的重要载体，从事互联网信息服务的 App（含微信小程序）等主办者应按照国家法律法规的要求，向电信主管部门履行备案手续，登记实名、网络资源和业务等信息。工业和信息化部 2023 年印发《关于开展移动互联网应用程序备案工作的通知》，规定了移动互联网应用程序（App）的备案工作，明确从事互联网信息服务的 App 主办者未履行备案手续的，不得从事 App 互联网信息服务。

按照上述通知要求，2023 年 9 月 1 日前已开展业务的 App 需要在 2024 年 3 月底前完成备案手续；2023 年 9 月 1 日后拟开展业务的 App 应先履行备案手续再开展业务。自 2024 年 4 月 1 日起，逾期未履行备案手续的境内存量移动互联网应用程序将可能被采取下架、关停等处理措施。应备案的 App 主办者既包括在中国境内的 App 主办者，也包括向境内提供服务的境外 App 主办者。网络接入服务提供者、应用分发平台、智能终端生产企业应全面落实"先备案后服务"要求，不得为未备案 App 提供网络接入、分发、预置等服务。其中，小程序、快应用等依托于应用分发平台生成的 App 通过分发平台提交备案申请，例如微信小程序通过微信代为申请备案；其他类型的 App 主办者通过网络接入服务提供者提交备案申请。

网络直播服务者应严格按照许可范围开展直播业务，并于直播服务上线 30 日内按照有关规定到属地公安机关履行公安备案手续。公安备案是在工业和信息化部 ICP 备案的基础上进行的。实践中，网络直播服务者登录"全国互联网安全管理服务平台"（网址：https://beian.mps.gov.cn，首页页面如图 2-1 所示）提交公安联网备案申请。网络直播服务者提交的备案申请应填写网站基本信息、网络接入服务商、域名注册服务商、服务类型（网站类型）、互联网危险物品信息发布（是否提供涉及管制物品信息发布服务）、相关前置许可、网站负责人信息，并签署网络安全责任告知书。

第二章
网络直播领域的立法与监管

图 2-1　全国互联网安全管理服务平台

二、国家网信办

（一）互联网新闻信息服务许可

依据《互联网新闻信息服务管理规定》《互联网新闻信息服务许可管理实施细则》，通过互联网站、应用程序、论坛、博客、微博客、公众账号、即时通信工具、网络直播等形式向社会公众提供互联网新闻信息服务的，应当取得互联网新闻信息服务许可，禁止未经许可或超越许可范围开展互联网新闻信息服务活动。互联网新闻信息服务，包括互联网新闻信息采编发布服务、转载服务、传播平台服务。

申请互联网新闻信息服务许可，申请主体为中央新闻单位（含其控股的单位）或中央新闻宣传部门主管的单位的，由国家网信办受理和决定；申请主体为地方新闻单位（含其控股的单位）或地方新闻宣传部门主管的单位的，由省、自治区、直辖市网信办受理和决定；申请主体为其他单位的，经所在地省、自治区、直辖市网信办受理和初审后，由国家网信办决定。需要注意的是，提供互联网新闻信息服务，还应当依法向电信主管部门办理互联网信息服务业务许可或备案手续。

（二）互联网直播服务企业登记备案

从事互联网新闻信息转载服务、传播平台服务的互联网直播服务企业（包括开办直播栏目或频道的商业网站新闻客户端），以及从事其他类互联网直播服务的企业，需要向属地网信办进行登记备案工作。

此外，根据《互联网直播服务管理规定》的要求，互联网直播服务提供者作为平台方，承担着对直播进行管理的主要责任。一方面，互联网直播服务提供者应根据互联网直播的内容类别、用户规模等实施分级分类管理，建立互联网直播发布者信用等级管理体系，提供与信用等级挂钩的管理和服务。另一方面，互联网直播服务提供应当按照"后台实名、前台自愿"的原则，对互联网直播发布者进行基于身份证件、营业执照、组织机构代码证等的认证登记并对其真实身份信息进行审核，且负责向所在地省、自治区、直辖市网信办分类备案，并在相关执法部门依法查询时予以提供。

（三）互联网信息服务算法备案

根据《互联网信息服务算法推荐管理规定》《互联网信息服务深度合成管理规定》《生成式人工智能服务管理暂行办法》等规定，具有舆论属性或者社会动员能力的 AIGC（AI – Generated Content）生成式人工智能服务提供者必须就 AIGC 所使用的算法进行算法备案。目前我国法律法规和相关规定中仅明确了"具有舆论属性或者社会动员能力"的互联网信息服务（开办论坛、博客、微博客、聊天室、通讯群组、公众账号、短视频、网络直播、信息分享、小程序等信息服务或者附设相应功能，以及开办提供公众舆论表达渠道或者具有发动社会公众从事特定活动能力的其他互联网信息服务），而对于何为具有舆论属性或社会动员能力的算法推荐服务、深度合成服务、生成式人工智能服务则并未给出进一步定义。实务中，对于何为"具有舆论属性或者社会动员能力"的判断相对较为宽泛，几乎涵盖了所有具备信息共享功能的服务。因此，除少部分功能简单，并且完全不具备任何信息互通以及用户交流能力的平台以外，其余大部分具备一定信息传递以及用户聚合能力的 AIGC 平台需由 AIGC 服务提供者进行算法备案。

"互联网信息服务算法备案系统"（网址：https：//beian.cac.gov.cn，首页页面如图 2 – 2 所示）已先后公开了详细的算法备案流程操作指引《互联网信息服务算法备案系统使用手册》《〈互联网信息服务深度合成管理规定〉备案填报指南》，企业可以在该网站进行算法备案。

第二章
网络直播领域的立法与监管

图 2-2 互联网信息服务算法备案系统

三、文化和旅游部

（一）网络文化经营许可证

根据《互联网文化管理暂行规定》（2017 修订）、《网络表演经营活动管理办法》、《互联网信息服务管理办法》（2024 修订）等规定，互联网信息服务提供者以营利为目的，通过向上网用户收费或者以电子商务、广告、赞助等方式获取利益，提供互联网文化产品及其服务的活动，必须取得网络文化经营许可证。直播电商的主播在营销环节也会通过网络表演来展示和推销商品，其是否构成"网络表演"而需要办理网络文化经营许可证？这个话题曾经很有争议。而如今根据相关规定，"网络表演"必须符合三个条件：①文艺表演活动，即吹拉弹唱，如音乐、舞蹈、戏剧、戏曲、曲艺、杂技等在文艺管理范畴内的艺术形式，而不是个人特长展示、教学视频或生活技能等非文艺类表演；②网络表演是在线下进行的现场表演活动，通过上载传播和实时传播（表演直播）两种方式在线上展现；③从事网络表演的人员应该具有较高的表演能力和水平，即具有专业技能。按照这三个条件，直播电商主播的表演一般不会落入"网络表演"的范畴，也就不需要办理网络文化经营许可证。

文化和旅游部办公厅 2019 年 5 月发布的《关于调整〈网络文化经营许可证〉

审批范围进一步规范审批工作的通知》把网络文化经营许可证审批范围调整为：网络音乐、网络演出剧（节）目、网络表演、网络艺术品、网络动漫和展览、比赛活动。其中，网络表演指以网络表演者个人现场进行的文艺表演活动等为主要内容，通过互联网、移动通讯网、移动互联网等信息网络，实时传播或者以音视频形式传播的现场的互联网文化产品，电商类、教育类、医疗类、培训类、金融类、旅游类、美食类、体育类、聊天类等直播不属于网络表演。如果网络直播主要内容是带货，则不属于互联网文化经营，不需要办理网络文化经营许可证。但网络直播营销与其他网络表演形式相结合产生出的具有"网络表演"特征的直播内容，不排除仍需取得网络文化经营许可证的可能性。

（二）营业性演出许可证

根据国务院发布的《营业性演出管理条例》（2020修订）及文化和旅游部发布的《营业性演出管理条例实施细则》（2022修订）等相关规定，若MCN机构商业模式包括直播打赏、直播带货、线下演出，系以营利为目的，且通过售票或者接受赞助、支付演出单位或个人报酬、以演出为媒介进行广告宣传或产品促销或以其他营利方式组织演出的方式为公众举办现场文艺表演活动，则需要办理营业性演出许可证，否则将由文化和旅游主管部门责令改正，给予警告，可以并处相应行政罚款。

同时，文化和旅游主管部门也关注到MCN机构的快速发展，制定并于2021年8月30日发布《网络表演经纪机构管理办法》（文旅市场发〔2021〕91号），明确要求从事网络表演经纪活动的网络表演经纪机构须取得包括营业性演出许可证在内的证照，以约束表演者行为，整治娱乐圈乱象。该办法要求网络表演经纪机构从事演出经纪活动（包括演出的组织、制作、营销，演出居间、代理、行纪，演员的签约、推广、代理等活动），应当依法取得营业性演出许可证。对于一般MCN机构而言，需要办理营业性演出许可证，经营范围涵盖"文化娱乐经纪人"。作为MCN机构中重要群体的网络表演经纪人员同样需要依法取得演出经纪资格证，且网络表演经纪机构应当配备满足业务需要的网络表演经纪人员。为了保证行业经纪模式合理运转，该办法还要求网络表演经纪人员与所签约的网络表演者人数比例原则上不低于1∶100。由于该办法实施的缓冲期延长，最迟在2025年2月28日之前，从事网络表演演出经纪活动的MCN机构，应当取得营业性演出许可证，缓冲期内无经营资质不视为违反规定。

第二章
网络直播领域的立法与监管

四、国家广播电视总局

（一）信息网络传播视听节目许可证（AVSP证）

根据原国家新闻出版广电总局发布的《关于加强网络视听节目直播服务管理有关问题的通知》（新广电发〔2016〕172号），在网络直播中如涉及视听节目服务，则必须具备相应类型的AVSP证，才能提供网络视听节目直播服务。互联网视听节目服务是指制作、编辑、集成并通过互联网向公众提供视音频节目，以及为他人提供视听节目服务的活动。根据原国家新闻出版广电总局发布的《互联网视听节目服务管理规定》（2015修订）、《互联网视听节目服务业务分类目录（试行）》（2017）的规定，互联网视听节目服务业务分为四类（见表2-8），持有AVSP证且许可项目为第一类互联网视听节目服务第5项的互联网视听节目服务机构，方可通过互联网对重大政治、军事、经济、社会、文化、体育等活动、事件的实况进行视音频直播。持有AVSP证且许可项目为第二类互联网视听节目服务第7项的互联网视听节目服务机构，方可通过互联网对一般社会团体文化活动、体育赛事等组织活动的实况进行视音频直播。

表2-8 互联网视听节目服务业务四种类型

序号	分类	内容
第一类	互联网视听节目服务（广播电台、电视台形态的互联网视听节目服务）	（1）时政类视听新闻节目首发服务； （2）时政和社会类视听节目的主持、访谈、评论服务； （3）自办新闻、综合视听节目频道服务； （4）自办专业视听节目频道服务； （5）重大政治、军事、经济、社会、文化、体育等活动、事件的实况视音频直播服务
第二类	互联网视听节目服务	（1）时政类视听新闻节目转载服务； （2）文艺、娱乐、科技、财经、体育、教育等专业类视听节目的主持、访谈、报道、评论服务； （3）文艺、娱乐、科技、财经、体育、教育等专业类视听节目的制作（不含采访）、播出服务； （4）网络剧（片）的制作、播出服务； （5）电影、电视剧、动画片等视听节目的汇集、播出服务； （6）文艺、娱乐、科技、财经、体育、教育等专业类视听节

续表

序号	分类	内容
		目的汇集、播出服务； （7）一般社会团体文化活动、体育赛事等组织活动的实况视音频直播服务
第三类	互联网视听节目服务	（1）聚合网上视听节目的服务； （2）转发网民上传视听节目的服务
第四类	互联网视听节目服务（互联网视听节目转播类服务）	（1）转播广播电视节目频道的服务； （2）转播互联网视听节目频道的服务； （3）转播网上实况直播的视听节目的服务

不符合上述条件的机构及个人，包括开设互联网直播间以个人网络演艺形式开展直播业务但不持有 AVSP 证的机构，均不得通过互联网开展上述所列活动、事件的视音频直播服务，也不得利用网络直播平台（直播间）开办新闻、综艺、体育、访谈、评论等各类视听节目，不得开办视听节目直播频道，不得开办网络直播答题节目。此外，根据《关于加强网络秀场直播和电商直播管理的通知》等相关规定，网络秀场直播和电商直播平台应在"全国网络视听平台信息管理系统"（网址：http://115.182.216.157/，首页页面如图 2-3 所示）登记备案。报审报备管理要求如表 2-9 所示。

图 2-3 全国网络视听平台信息管理系统

第二章
网络直播领域的立法与监管

表 2-9　开展网络视听节目直播活动报审报备管理要求

直播活动类型	报审报备时间要求	报审报备内容	主管部门
重大政治、军事、经济、社会、文化、体育等活动、事件的实况直播	提前 5 日	拟直播的活动相关信息	所在地省级广播电视行政部门
一般社会团体文化活动、体育赛事等组织活动的实况直播	提前 48 小时		
网络直播答题节目	提前 5 日	具体节目信息	通过"网络视听节目直播服务备案系统"备案
以直播节目形式举办电商节、电商日、促销日等主题电商活动	提前 14 个工作日	活动嘉宾、主播、内容、设置等信息	广播电视主管部门
游戏直播节目上线、播出及版面设置	按直播节目相关要求	按直播节目相关要求	广播电视行政管理部门
网络视听平台（包括在相关平台开设的各类境内外个人和机构账号）直播境外游戏节目或比赛	批准后方可开展相关活动	—	
社会知名人士及境外人员开设直播间	提前报备	—	广播电视主管部门

如网络直播拟开展的业务仅为主播进行唱歌、跳舞、聊天的音视频、交友类直播业务且不提供录播、回看等服务，同时不涉及对重大政治、军事、经济、社会、文化、体育等活动或事件和/或对一般社会性、团体性文化活动、体育赛事（含网络游戏直播）等向公众进行实况视音频直播的服务，则一般不需要办理 AVSP 证。若网络直播涉及网络视听节目内容，超出电子商务范围，播出与商品

售卖无关的评述等视听节目，则需申领 AVSP 证。实践中，AVSP 证的持证机构大多为广播电台、电视台、报社等，而基于主体资格的限制，非国有企业无法办理此证。因此当前提供网络直播服务的平台大多通过收购持有 AVSP 证的企业的方式，合法提供视听服务。

（二）广播电视节目制作经营许可证

根据《广播电视节目制作经营管理规定》的规定，国家对设立广播电视节目制作经营机构或从事广播电视节目制作经营活动实行许可制度。设立广播电视节目制作经营机构或从事广播电视节目制作经营活动（从事专题、专栏、综艺、动画片、广播剧、电视剧等广播电视节目的制作和节目版权的交易、代理交易等活动的行为）的，需要取得广播电视节目制作经营许可证。网络直播业务中采用短视频和音频类内容，自行制作广播电视节目的，属于对视频节目的制作和在线播出（如教育类的录播、回放），应当取得广播电视节目制作经营许可证。

（三）网络出版服务许可证

根据《网络出版服务管理规定》，从事网络出版服务（通过信息网络向公众提供网络出版物），需取得网络出版服务许可证。网络出版物是指通过信息网络向公众提供的，具有编辑、制作、加工等出版特征的数字化作品，主要包括：①文学、艺术、科学等领域内具有知识性、思想性的文字、图片、地图、游戏、动漫、音视频读物等原创数字化作品；②与已出版的图书、报纸、期刊、音像制品、电子出版物等内容相一致的数字化作品；③将上述作品通过选择、编排、汇集等方式形成的网络文献数据库等数字化作品等。

就法律条款字面含义而言，"网络出版物"的定义涵盖了大部分互联网平台所提供的数字化内容，其涵盖范围非常广泛。但在实操中，监管部门就网络出版服务许可项下对网络出版物的监管核心还是强调"文学、艺术、科学等领域"以及"知识性、思想性"，尤其侧重于专刊、期刊、读物类等作品。实践中，部分互联网平台仅从事娱乐性的网络视音频业务等，比如搞笑、美妆类短视频，一般无须取得网络出版服务许可证。

（四）网络剧片发行许可证

国家对国产网络剧片发行实行许可制度，并由国务院广播电视主管部门负责

第二章
网络直播领域的立法与监管

制定国产网络剧片发行许可实施规范。根据国家广播电视总局办公厅相关规定，符合以下一项或多项条件的网络剧、网络微短剧、网络电影、网络动画片，应依法取得广播电视主管部门颁发的网络剧片发行许可证：①投资额较大的，具体数额由国务院广播电视主管部门根据网络视听行业发展和管理工作实际，适时调整并通报；②网络视听节目服务机构招商主推的；③在网站（客户端）首页首屏、专题版块或专区专栏中推荐播出的；④优先提供会员观看或以付费方式提供观看服务的；⑤网络剧片制作发行主体自愿按照重点网络剧片申报的。包括微短剧类"小程序"在内的各网络微短剧服务的开办主体，须取得信息网络传播视听节目许可证或依规纳入广播电视行政管理部门规范管理，"小程序"提供者和接入、分发平台还应符合国家有关移动互联网应用程序的管理规定。网上传播的包括"小程序"类网络微短剧在内的所有微短剧，须通过广播电视行政管理部门内容审查并取得网络剧片发行许可证或按照网络剧片管理的有关规定完成网络视听节目备案。对未持有信息网络传播视听节目许可证或未被依规纳入广播电视行政管理部门规范管理的"小程序"类微短剧，或者用户个人上传的微短剧，网络平台应对相关接入、分发、链接、聚合、传播的网络微短剧等视听节目，履行开办主体职责或生产制作机构的责任，落实先审后播的管理制度，不得为违规微短剧提供相关服务；发现问题的，立即实施断开链接、下线、停止接入等处置措施。

2023年6月1日起，新上线播出的微短剧，需通过"重点网络影视剧信息备案系统"（网址：https：//www.azkaban.cn/，首页页面如图2-4所示）申报，且通过省级以上广播电视管理部门内容审核的，取得网络剧片发行许可证或上线备案号的作品。2024年6月1日起，所有微短剧均需要按照投资额度进行分类分层审核，未经审核且备案的微短剧不得上网传播。其中，总投资额达到100万元及以上的"重点微短剧"由国家广播电视总局统一备案公示管理；总投资额在30万（含）—100万元且非重点推荐的"普通微短剧"由省级广播电视部门进行规划备案审核和完成片审查；总投资额低于30万元且非重点推荐的"其他微短剧"由播出或为其引流、推送的网络视听平台履行内容管理的职责，负责内容审核把关与版权核定。

图 2-4　重点网络影视剧信息备案系统

五、网络直播营销所涉特殊类别商品的许可与备案

网络直播营销所涉产品与服务日益多元化。如销售食品，需要取得食品网络经营许可并办理网络食品交易第三方平台提供者备案；如销售药品，则涉及办理互联网药品信息服务资格证书、药品网络交易服务第三方平台备案等；如销售医疗器械，则涉及办理医疗器械经营备案、医疗器械经营许可证、医疗器械网络销售备案证明、医疗器械网络交易服务第三方平台备案等；如销售期刊、图书、音像制品、电子出版物，则涉及办理出版物经营许可证、出版物网络交易平台服务经营备案等。以某网络直播营销平台营业执照所列经营范围为例，该网络直播营销平台申请的资质许可包括：食品经营；互联网信息服务；药品互联网信息服务；第二类增值电信业务；广播电视节目制作经营；出版物零售；网络文化经营等。[1]

---

[1] 许可项目：拍卖业务；货物进出口；技术进出口；进出口代理；食品经营；互联网信息服务；药品互联网信息服务；第二类增值电信业务；广播电视节目制作经营；出版物零售；网络文化经营（依法须经批准的项目，经相关部门批准后方可开展经营活动，具体经营项目以相关部门批准文件或许可证件为准）。

一般项目：技术服务、技术开发、技术咨询、技术交流、技术转让、技术推广；广告设计、代理；广告发布（非广播电台、电视台、报刊出版单位）；广告制作；旅客票务代理；食用农产品、五金产品、乐器、计算机软硬件及辅助设备、服装服饰、鞋帽、文具用品、化妆品、体育用品及器材、汽车零配件、工艺美术品及收藏品（象牙及其制品除外）、珠宝首饰批发、零售；第一类医疗器械、机械设备、家用电器、通讯设备（除卫星电视广播地面接收设施）、日用品、化工产品（除危险化学品、监控化学品、烟花爆竹、民用爆炸物品、易制毒化学品）、电子产品、金属材料、建筑材料、照相机及器材、箱包、针纺织品、玩具、个人卫生用品、汽车新车、汽车旧车销售；软件开发；计算机系统服务；会议及展览服务；社会经济咨询服务（除依法须经批准的项目外，凭营业执照依法自主开展经营活动）。

第二章
网络直播领域的立法与监管

(一) 食品网络销售业务

入网食品生产经营者应当依法取得许可,入网食品生产者应当按照许可的类别范围销售食品,入网食品经营者应当按照许可的经营项目范围从事食品经营。取得食品生产许可的食品生产者,通过网络销售其生产的食品,不需要取得食品经营许可。取得食品经营许可的食品经营者通过网络销售其制作加工的食品,不需要取得食品生产许可。持有营业执照的市场主体从事仅销售预包装食品活动的,应当按照市场监督管理总局《关于仅销售预包装食品备案有关事项的公告》规定,在销售活动开展前完成备案;已经取得食品经营许可证的,在食品经营许可证有效期届满前无须办理备案。

(二) 药品(医疗器械)网络销售业务

1. 互联网药品信息服务业务

互联网药品信息服务是指通过互联网向上网用户提供药品(含医疗器械)信息的服务活动,可以分为经营性和非经营性两类。经营性互联网药品(含医疗器械)信息服务是指通过互联网向上网用户有偿提供药品(含医疗器械)信息等服务的活动,并可能伴随药品(含医疗器械)信息介绍、在线咨询等增值服务。非经营性互联网药品(含医疗器械)信息服务是指通过互联网向上网用户无偿提供公开的、共享性药品(含医疗器械)信息等服务的活动。药品(医疗器械)信息,是指与药品(医疗器械)相关的文字、图片或其他表现形式的信息,主要分为两种类型(见表2-10)。

表2-10 药品(医疗器械)信息分类

商品类信息	学术交流类信息
在国内批准上市的,具有合法性的药品(医疗器械)的信息,包括图片,说明书,经批准的广告内容、价格等	从药学、药效学、制药学及其他研究角度来阐述药品(医疗器械)相关内容的信息

根据《互联网药品信息服务管理办法》的规定,通过互联网向上网用户提供药品(含医疗器械)信息的服务活动,无论是经营性还是非经营性,都需要办理互联网药品信息服务资格证书。通过自建网站从事药品、医疗器械网络销售的企业和药品、医疗器械网络交易服务第三方平台提供者也应当取得互联网药品信息

服务资格证。实践中，如果药店仅在第三方电商平台或微信小程序上销售药品或医疗器械，且这些平台已具备相应的信息服务资质，则药店本身无须另行办理互联网药品信息服务资格证书。

2. 药品交易服务业务

对于从事药品网络销售的自营类电商以及在为第三方提供药品网络交易平台服务的同时自身亦进行药品网络销售的平台类电商而言，其运营主体应根据《药品管理法》《药品管理法实施条例》等规定取得经营范围涵盖其售卖的药品且经营方式（批发/零售）符合其实际业态的药品经营许可证。药品网络销售企业应当按照经过批准的经营方式和经营范围开展经营活动。药品网络销售企业为药品上市许可持有人的，仅能销售其取得药品注册证书的药品。未取得药品零售资质的，不得向个人销售药品。另外，针对通过互联网提供的药品交易服务，药品网络交易第三方平台应当按照《药品网络销售监督管理办法》的规定向平台所在地省级药品监督管理部门备案。

需要注意的是，药品网络交易需同时持有药品经营许可证及互联网药品（医疗器械）信息服务资格证书，且线上线下交易对象要一致，符合GSP要求。如持有药品经营许可证（经营方式：批发）及互联网药品（医疗器械）信息服务资格证书的企业线上交易对象为药品经营企业、药品零售企业、医疗机构；有原料药经营范围的药品批发企业的交易对象还可以是药品生产企业。持有药品经营许可证（经营方式：零售）及互联网药品（医疗器械）信息服务资格证书的企业线上交易对象为消费者个人。同时值得注意的是，《药品管理法》第61条第2款明确规定了疫苗、血液制品、麻醉药品、精神药品、医疗用毒性药品、放射性药品、药品类易制毒化学品等国家实行特殊管理的药品不得在网络上进行销售。

3. 医疗器械网络销售业务

网络直播平台在销售医疗器械时展示医疗器械相关信息的行为属于提供互联网药品信息服务，第三方平台需就该等行为取得互联网药品信息服务资格证书。对于仅为第三方提供医疗器械网络交易平台服务的平台类电商而言，其运营主体除需取得互联网药品信息服务资格证书外，还应根据《医疗器械网络销售监督管理办法》的规定就其提供的医疗器械网络交易服务在其所在地省级食品药品监督管理部门办理医疗器械网络交易服务第三方平台备案。

对于从事医疗器械网络销售业务的自营类电商以及涵盖自营业务的平台类直

第二章
网络直播领域的立法与监管

播电商而言,其运营主体除需取得互联网药品信息服务资格证书外,还需根据我国医疗器械分类监管的规定就其实际网络销售的医疗器械取得相应的经营资质,如第三类医疗器械的医疗器械经营许可证、第二类医疗器械的医疗器械经营者备案等。

(三) 出版物网络销售业务

根据《出版管理条例》第 2 条第 3 款及《出版物市场管理规定》第 2 条第 2 款、第 3 款的规定,出版物是指图书、报纸、期刊、音像制品、电子出版物,发行则包括批发、零售以及出租、展销等活动。对于直播电商平台,其运营主体应当根据《出版管理条例》第 36 条第 2 款的规定对申请通过直播平台从事出版物发行业务的单位或者个体工商户的经营主体身份进行审查,验证其出版物经营许可证,但运营主体自身无须取得出版物经营许可证。对于通过互联网等信息网络实际从事出版物发行业务的自营类电商或平台类电商而言,其运营主体需要就其从事的出版物发行业务取得出版物经营许可证,同时,运营主体应在实际开展网络发行业务后的 15 日内到原批准的出版行政主管部门备案。

除上述业务资质外,企业通过直播电商等提供教育、宗教等其他特定产品或服务的,还可能需要办理办学许可证、互联网宗教信息服务许可证等其他行政许可或资质,限于篇幅,本书不再逐一列举。

第三章 网络直播参与主体法律关系

第一节 网络直播参与主体的法律定位

网络直播营销属于直播与电子商务两大领域的交叉行业，兼具直播、电子商务、广告多重属性。网络直播通过带货进行流量变现涉及两个主要环节：①具有广告发布特征的"直播"，利用互联网媒介对商品或服务进行宣传、推广的广告行为；②具有销售特征的"带货"，通过互联网等信息网络从事商品销售或者服务提供的经营行为。为此，参与直播带货的主体在身份上可以被认定为《广告法》下的五类法律主体，即（互联网）广告主、广告经营者、广告发布者、互联网信息服务提供者以及广告代言人；也可能同时兼为《电子商务法》下的三类法律主体，即平台经营者，平台内经营者以及通过自建网站、其他网络服务销售商品或者提供服务的电子商务经营者。直播营销平台经营者、直播营销人员（主播等）、直播营销人员服务机构（MCN机构等）等主要参与主体在不同的直播模式、不同的商业场景中扮演不同的角色，在实务中需要区分其法律地位，界定其应当履行的法律义务和承担的责任。

第三章
网络直播参与主体法律关系

一、网络直播营销平台经营者的法律定位

（一）认定为电子商务平台经营者

我国电子商务法所称的电子商务是指通过互联网等信息网络销售商品或者提供服务的经营活动。如果网络直播营销平台上存在电子商务活动，其通常会被认为符合《电子商务法》所规制的场景。《电子商务法》第9条第2款将电子商务平台经营者定义为提供网络经营场所供经营者入驻并且支持其独立开展交易活动的主体，电商平台的构成主要有四个要素：①提供网络经营场所；②交易撮合；③信息发布；④供双方或多方独立开展交易活动。《网络交易监督管理办法》第7条第4款进一步明确规定，网络社交、网络直播等网络服务提供者为经营者提供网络经营场所、商品浏览、订单生成、在线支付等网络交易平台服务的，应当依法履行网络交易平台经营者的义务。如果内容平台或者社交平台的经营者采用提供网络直播的方式在其平台中为交易各方提供交易撮合、信息发布等服务，或平台具有商品浏览、订单生成、在线支付等功能，可供交易各方独立开展交易活动，则网络直播营销平台经营者应当被认定为电子商务平台经营者。

在司法实践中，界定网络直播营销平台经营者身份，应综合考量平台在网络直播中的具体行为，以及平台本身是否具备电商属性。传统电商发展出的"电商＋直播"营销平台经营者，应当被认定为《电子商务法》第9条第2款规定的"电子商务平台经营者"，其应履行电子商务平台经营者的责任和义务。内容平台或者社交平台等类型的网络直播营销平台是否属于电商平台，则需要依据《电子商务法》并结合平台的服务模式以及平台是否参与运营、分佣，平台对用户的控制力等具体情形进行判定。

（二）认定为互联网信息服务提供者、广告经营者与广告发布者

网络平台提供互联网直播空间服务，其本身不参与网络直播与电商交易带来的利润分成，也不具备电商平台四要素的，仅属于互联网信息服务提供者。

实践中，如果网络直播平台提供广告展示位，在首页推送直播海报或链接，或者通过设置热播榜单等方式对直播活动进行推荐，或者利用自身在大数据领域

的优势对网络直播与电商交易进行流量干预等,① 那么网络直播平台事实上具备了广告发布者的身份。如果网络直播平台更进一步地从广告招揽到为广告主挑选合适的主播及规划直播内容,协助进行市场推广,那么网络直播平台也将具备广告经营者的身份。可见,网络平台参与电商交易与直播带货活动的程度影响其法律身份。实践中,网络平台会出现多重身份竞合的情况。

【相关案例】浙江省杭州市中级人民法院在杭州虎牙广告有限公司与广州虎牙信息科技有限公司侵害商标权纠纷二审判决②中,把广州虎牙信息科技有限公司提供的广告服务分为两类:一类是面向广告主宣传广告服务的行为,如通过虎牙官网点击"广告投放"进入的"虎牙直播营销平台",点击"合作联系"进入的合作页面,以及"虎牙广告助手"微信公众号,进入后所展示的内容主要为其能提供的广告服务、前期广告服务成果汇总以及成功案例等;另一类是面向消费者直接发布广告,或者面向消费者在内的主体发布管理性规定,如在虎牙官网、App 游戏直播中由主播口述发布广告,在虎牙官网发布 banner 广告,在虎牙 App 发布首页闪屏、悬浮球、banner 广告,以及通过虎牙官网发布《关于加强直播间广告规范的公告》《虎牙商业广告互动规范》等管理性文件公告等。前一类广告服务通过官网设置的独立链接进入具有部分广告策划行为特征的广告"定制"服务宣传页面,属广告服务链条中的"前端""上游"环节,其面向的受众主要为有意通过虎牙平台发布广告拓展业务的广告主,此时广州虎牙信息科技有限公司扮演的是广告经营者的角色;后一类广告服务系在官网中直接发布广告或向广告主"出租广告空间"发布广告,属广告服务链条中的"终端""下游"环节,其面向的受众主要为一般消费者,广州虎牙信息科技有限公司此时扮演的是广告发布者的角色。

网络平台参与电商交易与直播带货的不同程度影响其法律主体定位的同时,不同主体承担的法律义务也随参与程度的加深而逐步加强。若网络直播平台仅为《广告法》下的互联网信息服务提供者,其义务仅限于对违法广告的通知、删除

---

① 《互联网广告可识别性执法指南》第 5 条规定:"互联网平台用户利用平台信息服务发布广告的,该用户是广告发布者。互联网平台经营者发布互联网广告,或者利用人工、算法等方式干预自然排序、影响展示效果、附加购物链接并构成广告的,互联网平台经营者应当认定为广告发布者。"
② 浙江省杭州市中级人民法院民事判决书,(2021)浙 01 民终 11232 号。

第三章
网络直播参与主体法律关系

义务和明知、应知条件下的删除和断开链接义务,即"避风港规则"。若网络直播平台属于《电子商务法》下的"电子商务平台经营者",对应的法定义务则包括资质审查、主体登记、档案管理、交易规则管理、安全保障等。网络平台未尽到相应义务或未采取必要措施的,还将承担相应的责任。若网络直播平台还属于广告经营者与广告发布者,则还应当履行《广告法》中规定的承接登记、资质审查、内容核对等法定管理义务。

二、网络主播的法律定位

网络直播营销在商业模式上包含三个要素,即"网络+直播+主播",其中网络为场景,直播为营销方式,主播为营销方式的核心参与主体。实践中,因网络主播参与的直播类型不同,与MCN机构、品牌方或者商家建立的合作模式不同,从而主播参与直播营销的程度、所发挥的作用不同,导致主播的法律身份及责任认定存在差异。

主播在法律身份上既可能被认定为电子商务法上的"电子商务经营者",或者消费者权益保护法意义上的"经营者",也可能构成广告法意义上的"广告发布者""广告代言人"或者"广告经营者",有的甚至可能兼具"广告发布者""广告代言人""广告经营者""电子商务经营者"等不同身份。对网络主播不同的身份认定会导致法律适用和法律责任相差很大。

(一)品牌自播的网络主播

网络直播如果以主播的身份隶属关系来划分,可以分为品牌自播和品牌委托。品牌自播即作为产品或服务经营者的商家(生产者、销售者、经营者等),在直播营销平台自行注册开设直播间,让与其存在雇佣关系的工作人员作为主播进行直播,消费者点击直播间内的商品链接完成订单并支付即可完成购买行为。此种情况下,主播作为商家的工作人员在直播中对商品进行展示介绍,相当于商家的导购介绍自家的商品,其在直播中的推介行为属于职务行为。主播因履行职务行为发生的纠纷,应由商家对外承担相应的法律责任。

除此之外,网络主播的自产自销行为作为品牌自播的特殊形式,可能让主播具有广告主、广告发布者、广告经营者的三重身份竞合,同时符合生产者、销售者、经营者的身份设定。此时,网络主播不仅需要遵守《广告法》对广告发布者、广告经营者、广告主的相关规定，还需要遵守《民法典》《消费者权益保护法》《产品质量法》《食品安全法》《电子商务法》等法律法规中关于生产者、销售者及电子商务经营者的相关规定。

（二）品牌委托下的网络主播

在品牌委托下，商家会选择与主播签订合作协议，直接将商品委托给主播进行营销，用户在观看直播时，可点击主播直播间内的商品链接跳转至商家店铺内进行购买行为。此种情形下，主播在接受商家的委托后，往往还对直播的形式、商品或服务推广的方式、语言及表演进行设计、发布，此种情形的主播符合《广告法》所规定的广告经营者或者广告发布者的身份。此时，主播应当履行广告经营者或者广告发布者的义务。如果主播在直播过程中仅以自己的网络账号投放、发布推广视频或表演，向消费者推销商品或服务，则主播属于广告发布者。如果主播在此基础上还自行设计直播风格、编制内容，则此时主播可能还兼具广告经营者的身份。

网络主播以自己的名义推荐商品，利用个人长期积累的影响力推销产品，使用户在挑选产品时以主播的影响力作为判断是否购买产品的主要因素，符合《广告法》第2条第5款关于广告代言人构成要件的，则属于广告代言人。对于符合广告代言人定义的主播，当涉及关系消费者生命健康的商品或服务的虚假广告时，若造成消费者损害，广告代言人需与广告主共同承担连带责任。对于其他商品或服务的虚假广告，若广告代言人明知或应知广告内容虚假，却仍进行推荐或证明，同样需与广告主共同承担连带责任。《关于进一步规范明星广告代言活动的指导意见》中还规定，对于明星虚假、违法代言的，要坚决依法处罚到明星本人，不得以处罚明星经纪公司替代对明星的处罚。明星虚假、违法代言后，及时、主动向消费者承担民事赔偿责任的，可以依法从轻、减轻处罚。

【相关案例】在"上海市市场监督管理局对上海某信息科技有限公司行政处罚案[1]"中，当事人接受北京某科技发展有限公司委托，组织网红达人在网络平台上以"种草笔记"的方式发布广告，以达人的名义或形象推荐非处方药"优思明（屈螺酮炔雌醇片）"。当事人在网络平台内组织74位KOL，发布81条广

---

[1] 上海市市场监督管理局行政处罚决定书，沪市监总处〔2024〕322022000254号。

第三章
网络直播参与主体法律关系

告,并从中挑选14条广告进行推流。在上述81条广告中,KOL以分享自身体验的方式展示非处方药"优思明"的包装和实物,并宣传该药品的功效及特性。然而,当事人代理的上述81条广告未经广告审查机关审查。目前非处方药"优思明"经批准的适应证只有女性避孕,上述广告中的宣传内容主要依据临床应用中国专家共识、医学核心期刊文献、"优思明"作为处方药时的说明书等资料确定,但该内容与目前非处方药"优思明"经国务院药品监督管理部门批准的说明书不一致。监管部门认为,当事人接受广告主委托,代理某非处方药的广告,层层传递广告主的广告需求,最终让网红达人以分享该非处方药使用体验的方式在网络平台发布视频或图文广告的行为,属于商业广告活动。当事人系该案的广告经营者,其作为MCN机构,主要从事商务广告承接、KOL商务业务对接等业务,应该知晓《广告法》的相关规定,并知晓药品广告的程序性要求和内容禁止性要求。上述74位KOL均具有自己的个人IP和内容能力,具有一定的影响力和较大的粉丝群体,在上述广告中以自身体验分享的方式展示并介绍了该非处方药,系该案的广告代言人。

针对当事人接受广告主委托,通过74位KOL在上述81条广告中以分享个人体验的方式对非处方药"优思明"作推荐、证明的违法行为,监管部门依据《广告法》没收广告费用并处广告费用一倍罚款,罚没款共计人民币1,777,500.42元。

(三)电子商务经营者的网络主播

如果网络主播除了利用自身影响力为商家导流提供宣传推广服务,还具有对外出售商品以获利的主观意图,符合利用信息网络渠道销售商品或者提供服务的情形,则会被认定为《电子商务法》所规定的电子商务经营者身份。在此情况下,主播作为电子商务经营者,应按照《电子商务法》规定履行电子商务平台内经营者的责任和义务;同时构成消费者权益保护法规定的经营者的,若在经营中存在欺诈行为,还应当承担该法规定的赔偿责任。

三、MCN机构的法律定位

直播营销人员服务机构中的MCN机构扮演着连接主播、商家与直播平台的中介的角色,为主播的内容创作、流量获取提供专业化支持,为商家与主播间的资源对接、商业变现进行流程化管理,同时为平台方的直播生态构建提供协助。

MCN机构的身份认定主要取决于MCN机构与主播、网络直播营销平台经营者之间的合作模式与法律关系，其可能构成的法律主体身份包括直播间运营者、广告代言人、广告经营者、广告发布者以及销售者。

（一）MCN机构构成直播间运营者

当MCN机构通过在直播营销平台上注册账号或者通过自建网站等其他网络服务的方式开设直播间从事网络直播营销活动时，构成最高人民法院《关于审理网络消费纠纷案件适用法律若干问题的规定（一）》及《网络直播营销管理办法（试行）》所规定的直播间运营者。此时，MCN机构需要承担对商家和商品信息的核验与记录备查义务，广告内容审核义务以及对消费者权益的保护责任。

（二）MCN机构作为广告发布者、广告经营者或者广告代言人

如果MCN机构接受商家的委托，在直播营销平台上对商家的产品进行推广并收取佣金，在直播间生成的销售链接指向的是与其合作的商家，那么MCN机构的角色更可能是广告发布者或广告经营者。其中，若网络直播内容由MCN机构或主播自行设计、创作、录制，则MCN机构属于广告经营者；若网络直播内容由商家或商家委托的广告公司制作，后委托MCN机构发布，则MCN机构属于广告发布者。MCN机构需要对广告的真实性、合法性负责并承担相应的法律责任。

此时，如果MCN机构与主播之间构成雇佣关系，或者MCN机构对主播的直播内容有决定权，或者主播在直播中完全按照MCN机构的要求进行表演和宣传，MCN机构就可能被视为广告代言人。如果主播在直播过程中违反了与委托方的约定或者口播时违反《广告法》的规定，MCN机构可能需要承担相应的赔偿责任。

（三）MCN机构作为销售者

若MCN机构在自己运营的直播间安排主播进行直播带货，直播间销售链接指向MCN机构自己的店铺，或者指向的是与其合作的生产厂家/代理商，且MCN机构与生产厂家、代理商的合作模式为销售分成，其行为本质上是销售商品的行为。在这种情况下，MCN机构已经不再是单纯的广告发布者或广告经营者。销售分成模式决定了MCN机构将更加深入地参与到商品的销售环节，并依据销售情况获取相应的报酬。MCN机构与合作方共同参与了商品的销售，亦应按照销售者承担相应的法律责任。

第三章
网络直播参与主体法律关系

此外，若MCN机构作为直播间运营者不能证明其已经以足以使消费者辨别的方式标明其并非销售者并标明实际销售者，那么根据《关于审理网络消费纠纷案件适用法律若干问题的规定（一）》第4条第2款的规定，消费者有理由相信MCN机构是销售者的，MCN机构应当承担销售者责任。若MCN机构已经尽到标明义务，法院在司法实践中也将综合交易外观、直播间运营者与经营者的约定、与经营者的合作模式、交易过程以及消费者认知等因素对MCN机构的法律地位进行认定。

第二节 网络主播与MCN机构的法律关系

网络主播与MCN机构之间通常会通过合同约定，由主播负责持续内容的创作与产出，MCN机构负责主播孵化与培养、直播运营、商业活动承接、平台资源对接和推广，并以为主播开展直播营销活动为目的提供包括代理、行纪、中介等服务。双方签署的协议文件一般有四种类型："全约""分约""孵化约""商务约"。"全约"是指MCN机构负责主播的全平台运营推广、商务对接等事务，提供全平台扶持计划，主播在全平台所获得的收益均需与MCN机构进行分成。"分约"是指MCN机构仅就主播的部分演艺事务进行合作。"孵化约"是指MCN机构为主播配置编导、摄影、剪辑、策划、文案、电商运营等团队，负责主播的账号定位、内容策划、资源推广、商务对接等内容。"商务约"一般指MCN机构只提供商业洽谈和对接服务，不负责主播的内容创作与账号运营。

在法律文件上，"全约""分约""孵化约""商务约"表现为多种名称，例如《主播演艺经纪合同》《独家孵化协议》《委托协议》《直播独家合作协议》《劳务协议》《直播收益分成协议》等。这些协议通常会约定各方的权利义务、收益分配、成果归属、退出机制及违约责任等，但在司法实践中，网络主播与MCN机构之间会被认定为经纪关系、委托关系、劳动关系等不同类型的民事法律关系。

一、网络主播与 MCN 机构合作关系典型合同条款

经纪关系是网络主播与 MCN 机构/网络直播营销平台经营者之间最常见的合作类型。我国《民法典》并未对经纪合同的性质、内容、形式等作出具体规定，但网络直播行业的经纪合同具有明显的行业特征。经纪合同中通常会包含 MCN 机构对主播享有独家、排他的经纪代理权、优先续约权、竞业限制等条款。

1. 独家合作条款。是指 MCN 机构在合作期限内作为网络主播在一定范围内演艺事务（包括演艺合作、发展规划制定、商务广告合作、宣传策划、推广扶持等）的独家代理人，要求主播不得委托或再授权第三方从事类似业务活动。主播违反约定的排他性合作条款的，应当依法承担违约责任。独家经纪公司应当尽其合理的努力为主播获得合同约定的参加演艺活动的机会，全方位拓展主播的演艺活动，积极为主播演艺事业的发展创造机会。司法实践中，如果 MCN 机构在合同中没有明确合作期内的履约标准以及为主播提供的服务内容，法院一般不会考虑经纪合同"独家"的特殊性而将更高的履约标准施加给 MCN 机构。

2. 优先续约权。是指原合同终止后，在同等条件下，一方（通常是 MCN 机构）享有优先续约的权利。如果一方（通常是网络主播）未能保障另一方的优先续约权，则另一方（通常是 MCN 机构）有权要求违约方支付违约金。优先续约权并不是一项法定权利，而是民事合同中各方当事人自行约定和赋予的权利。虽然优先续约权是一项获得普遍认可的意定权利，但双方需要在合同条款中对优先续约权的内容、行使形式、行使期限等内容进行约定。司法实践中，MCN 机构如果希望优先续约权被法院支持，需要考虑到的相关因素包括通知义务的履行、同等条件的判断、权利方的续约主张、权利方的权利基础和行使前提等。

3. 直播账号归属与知识产权条款。网络直播账号经过合作双方的内容生产、商业推广等活动，累积了一定的流量基础而具有经济价值和商业价值。双方在合同中可以明确约定账号由哪一方进行注册或提供，若使用已有账号，则要明确账号的归属。对于账号的日常管理和维护责任，如账号密码的保管和更新，以及账号的使用权、收益分配、处置方式等内容也要进行约定，尽可能避免直播账号虚拟财产属性或潜在的增长价值引发争议。对于网络直播中作品的著作权，通常也会约定主播履行合同而产生的著作权及其肖像权、姓名权应授权给 MCN 机构使用。如果作品中使用了第三方的知识产权，还应明确责任归属和处理方式。

第三章
网络直播参与主体法律关系

4. 竞业限制条款。MCN 机构对主播进行限制性约定，要求主播在合作期内或者在解约后一定间内不得与其他有竞争关系的公司合作或从事类似业务，否则主播就要向 MCN 机构/网络直播营销平台经营者支付违约金。此类"竞业限制"条款已成为网络直播行业普遍存在的合作条件，但实践中对此类纠纷尚未形成完全统一的裁判规则。司法实践中，一般认为在网络主播与 MCN 机构双方的合同期限内，双方约定的竞业限制条款有效；在解约后，MCN 机构如果支付适当的补偿金，竞业限制条款也通常会被支持。

5. 收益分配。在网络主播与 MCN 机构之间的收益分配机制中，目前常见的方式有"纯分成"和"固定合作费用 + 分成"两种模式。双方在合同条款中应清晰界定收益的来源，如广告收入、品牌合作、平台激励、商品销售、打赏等。对于收益分配的方式和比例以及是否扣除成本、扣除哪些成本等内容，以及支付方式、支付时间、收益分配中的税务处理方式等都需要进行明确约定，避免模糊不清的或有歧义的表述。

二、网络主播与 MCN 机构经纪合同的法律特征

网络主播与 MCN 机构之间的经纪合同具有"有偿性""双务性""人身从属性"等特点，因此从内容上很难将经纪合同定性为单一的合同类型。

第一，经纪合同具有委托合同的内容。主播将网络直播经纪事务委托给经纪公司，经纪公司为主播寻求商业机会、接洽各类直播业务，这些内容与委托合同的法律特征相一致。但主播应"接受直播技能培训与考核""服从经纪公司的管理"等内容，让主播对 MCN 机构具有一定的人身从属性，这一点与委托合同的法律特征不尽一致。并且在多数情况下，经纪合同中会约定禁止主播享有单方解除权，这也区别于《民法典》中委托方和受托方均享有任意解除权的规定。实务操作中，诸多网络主播与 MCN 机构签署的经纪合同往往会就合同性质作出约定。典型的合同条款为："乙方（网络主播）确认：本合约系双方为了发展乙方本人未来演艺事业，包含多种权利义务关系的综合性合同，即具备综合属性的演艺经纪合同。乙方不享有依据委托代理法律关系的单方任意解除权。本合约任何内容均不得解释为在双方之间产生或构成雇主或雇员关系、特许经营授予人或特许经营被授予人或者合伙关系。"这些约定在一定程度上代表了直播行业中对网络主播与 MCN 机构法律关系安排的惯常做法。

在司法裁判实践中，当受托人依照委托人的指示和要求处理委托人的事务，以完成一定任务和获取报酬为目的，与委托人之间不具有人格从属性时，通常便被认定为委托关系。例如，MCN机构仅就委托对接广告，代为收取广告费用，代为管理、编辑社交账号等专项事务与主播达成合作。但如果合同中还包含了网络服务、演出、合作等其他内容，且主播所做工作并非简单的"处理委托人授权下的事务"，在合同履行过程中双方均显示出很强的自主性，此种情况下双方之间就并非单纯的委托关系。

第二，经纪合同具有劳动合同的内容和劳动关系的特征。劳动关系是劳动者提供劳动、用人单位给付报酬所形成的具有经济上的人身从属性的权利与义务关系。劳动关系的核心是劳动的地点、内容、方式、过程均需受到用人单位的约束，约束的方式既包括规章制度，也包括具体的管理行为。主播服从MCN机构的安排进行直播营销活动，接受MCN机构的日常管理，符合劳动关系从属性的特征。

然而，经纪关系与劳动关系是两种不同的法律关系，两者存在很多区别：①在经纪关系中，主播与MCN机构之间的从属性弱，工作开展较为自由，不受MCN机构规章制度的直接约束；而在劳动关系中，主播与MCN机构之间的从属性强，主播工作的场所和设备由MCN机构提供，MCN机构甚至对主播的直播时间、直播时长等工作内容提出明确要求。②在经纪关系中，MCN机构除安排主播从事营销活动为其创造经济收益之外，还要对主播进行培训、包装、宣传、推广等，使之获得相对独立的公众知名度和市场价值；而在劳动关系中，MCN机构主要是组织劳动者进行生产经营活动，并不以提升主播独立的公众知名度和市场价值为目的。③从劳动成果的分配方式看，经纪关系中的主播一般以分成、补贴方式获得经济收益；而在劳动关系中，主播按照企业的统一标准领取报酬和福利，不以约定分成作为主要分配方式。④在经纪关系中，MCN机构不受劳动法、劳动合同法的法律约束，无须承担与劳动法相关的法定义务和责任；在劳动关系中，MCN机构对主播更能进行有效管理，但同时要受到劳动法、劳动合同法等法律的约束，并需要承担相应的法定义务和责任。

三、网络主播与MCN机构综合性合同关系司法认定实践

网络主播与MCN机构签署的直播经纪合同，通常兼具委托合同、居间合同、行纪合同、演出经纪合同、中介合同、劳动合同等特征，属于《民法典》语境下

第三章
网络直播参与主体法律关系

的无名合同（非典型合同）。在司法实践中，对直播经纪合同法律性质的认定标准存在从委托合同到综合性合同的转变。早期的司法实践中，法院一般将各类经纪合同的性质认定为是基于双方之间的信赖达成的双务有偿的委托合同，该委托关系具有高度的人身依附性，主播和MCN机构均可以随时解除经纪合同，造成对方损失的应当承担赔偿直接损失和合同履行后可以获得的利益的责任。现在，网络直播经纪合同在法律性质上一般被认定为综合性合同，网络主播与MCN机构构成综合性合同关系已经成为司法实务界的主流观点。

【相关案例】在"原告上海上腾娱乐有限公司诉被告张某演艺合同纠纷案"[①]中，针对原告与被告双方签订的《推广艺人演艺代理协议书》，上海市静安区人民法院认为：合同的性质应当根据其内容，而不能简单地根据协议的名称确定。从该案协议的内容来看，双方约定的权利义务范围广泛：约定原告为被告的全球独家代理人，代表被告商议签订有关其演唱会表演、电影、电视等娱乐活动的聘用协议等具有委托代理性质；约定原告对被告及其艺能进行推介，参与推广等附带活动具有居间性质；授权原告就开展被告的娱乐活动签署相关聘用协议，运用各种媒体和形式进行广告、宣传和开发，允许其他人以任何方式开发被告或使用被告作品和自传材料进行广告和宣传，行使被告表演产生的知识产权等权利具有行纪性质；原告负责被告所有的娱乐演艺事业安排，被告的娱乐活动由原告担当经纪人，被告的工作行程由原告统一安排、协调具有演艺经纪性质；约定被告全心全意为原告提供最佳的服务，按原告的指示在指定的日期、时间准时到达指定场所，被告不得私自参加商业性和非商业性活动则具有雇佣性质。故双方签订的协议是具有特定内容的混合性合同，狭义地认为该案原、被告双方签订的协议就是委托合同或较特殊的委托合同是不科学、不全面的。应根据协议所使用的词句、目的、交易习惯以及公平、诚信原则，综合判断合同的内容，基于此，该协议非纯委托协议。

网络直播经纪合同与演艺经纪合同具有一定的相似性。演艺经纪合同是指演艺人员与经纪人或经纪机构所签订的，由经纪人或经纪机构为其提供包装、宣传、推介等服务，而演艺人员应当服从经纪人或经纪机构的安排，参与经纪人或经纪机构组织和安排的演出活动等的合同。但网络直播经纪合同通常还会约定双

---

① 上海市静安区人民法院民事判决书，(2007) 静民一（民）初字第2286号。

方关于主播发展未来演艺事业的各项权利义务，包含更为丰富的内容，涉及中介、委托、服务和劳务等多种法律关系特征。在《最高人民法院知识产权案件年度报告》列举的熊某、杨某与正合世纪公司知识产权合同案［（2009）民申字第1203号］中，明确提出"演艺合同是一种综合性合同"。

【相关案例】在"熊某、杨某与正合世纪公司知识产权合同纠纷一案"中，正合世纪公司与熊某、杨某签订《合同书》，聘请熊某、杨某为签约歌手，正合世纪公司全权代理熊某、杨某唱片、演艺、广告等事宜。之后，熊某、杨某以正合世纪公司拖欠演出费及版税为由要求解除合同，正合世纪公司则要求二人继续履行合同，双方无法达成一致意见。熊某、杨某遂诉至法院，请求判决确认合同关于演出安排的条款因违反《营业性演出管理条例》无效。一审法院认为，该案合同中关于演出安排的约定属正合世纪公司与演员之间的代理行为，不属于《营业性演出管理条例》规范的营业性演出居间、代理、行纪活动，该合同不违反相关法律及行政法规的强制性规定，应确认有效；正合世纪公司的违约行为尚不产生致合同目的不能实现的后果，熊某、杨某不能因此解除合同。熊某、杨某不服一审判决提起上诉，二审判决维持原判。后熊某、杨某又向最高人民法院申请再审。最高人民法院经审查后认为该案合同关于演出安排的条款不违反《营业性演出管理条例》的强制性规定，应确认有效。该案合同各部分内容相互联系、相互依存，构成双方完整的权利义务关系。关于演出安排的条款既非代理性质也非行纪性质，而是该案综合性合同中的一部分。割裂该部分条款与合同其他部分的关系，孤立地对该部分条款适用"单方解除"规则，有违合同权利义务的一致性、均衡性及公平性。因此，熊某、杨某关于其有权依据合同法关于代理合同或行纪合同的规定随时解除该案合同中演出安排条款的主张不能成立。

【相关案例】在"上海唐人电影制作有限公司诉林某案"[①] 中，一审法院认为《经理人合约》（由上海唐人电影制作有限公司作为林某的独家经理人，辅助林某发展其演艺事业）是在林某与上海唐人电影制作有限公司进行双向选择后，基于双方之间的信赖达成的双务有偿的委托合同。而二审法院上海市第一中级人民法院则认为，双方签订的《经理人合约》并非单纯的"合同法"项下的委托

---

① 上海市第一中级人民法院民事判决书，(2013) 沪一中民一（民）终字第2086号。

合同，从该系争合约的性质来看，其同时具有委托合同、劳动合同、行纪合同和居间合同等特征，应认定该合约为包含了多种权利义务关系的综合性合同。

【相关案例】在"蒋某与唐人影视公司合同纠纷案"[1]中，唐人影视公司、蒋某工作室、蒋某签订《合作协议》，三方约定：唐人影视公司与蒋某就唐人影视公司作为蒋某排他性、独家性专业经纪人相关事宜于2013年签署了《经理人合约》。针对《经理人合约》，一审法院认为各方建立的合同关系属于演艺经纪合同，演艺经纪合同属于一种具有鲜明行业特征属性的商事合同，兼具居间、委托、代理、行纪、服务的综合属性，构建了经纪公司与艺人之间的特殊合作共赢关系，因此演艺经纪合同并不能简单地归类为《合同法》分则中分类的某种固定类型合同，而是兼具多重性质的新型合同。该案的二审法院北京市第三中级人民法院进一步认为，涉案《经理人合约》系唐人影视公司与蒋某所签订的关于发展蒋某未来演艺事业的多种权利义务关系相结合的综合性合同，其中包含了委托、行纪、居间、劳动、著作权等多种法律关系，属于具有综合属性的演出经纪合同。

综上所述，在此类网络主播经纪合同中，其中涉及的网络直播服务既包括网络服务与演出、委托、劳务、合作等内容，又具有较强的人身属性，在法律性质上属于综合性合同，应适用《民法典》的一般规定，同时参照合同的目的及当事人的约定并结合合同实际履行效果，按照公平原则进行认定处理。

第三节 网络直播参与主体的法律责任

一、网络直播营销中的广告经营活动

（一）网络直播营销参与主体的广告法责任

商品经营者或者服务提供者通过一定媒介和形式直接或者间接地介绍自己所

---

[1] 北京市第三中级人民法院民事判决书，(2016) 京03民终13936号。

推销的商品或者服务的，属于商业广告活动。在中华人民共和国境内，利用网站、网页、互联网应用程序等互联网媒介，以文字、图片、音频、视频或者其他形式，直接或者间接地推销商品或者服务的商业广告活动，适用广告法和《互联网广告管理办法》的规定。网络直播营销通常包括宣传推广和销售两种行为。网络直播营销的参与主体主要包括直播营销平台、平台内经营者（商家）、直播间运营者、主播以及主播服务机构等。上述主体在直播的过程中参与广告经营活动，作为广告法下的广告主体可以充当广告主、广告经营者、广告发布者、广告代言人和互联网信息服务提供者。

其中，平台内经营者即商家应当履行广告主的责任和义务。直播营销平台应当履行广告发布者的责任和义务，直播营销平台未对网络直播营销活动进行宣传、推广，仅提供网络直播技术服务的，则应当履行互联网信息服务提供者的责任和义务。网络主播在直播广告内容时，应当履行广告发布者的责任和义务；主播在直播时以自己的名义和形象向公众推荐商品或者服务时，应当履行广告代言人的责任和义务。直播间运营者、MCN 机构等在参与招揽广告业务、策划直播广告内容、进行直播和发布时，应当履行广告经营者和广告发布者的责任和义务。网络直播营销各参与主体在广告法下的角色划分如表 3-1 所示。

表 3-1　网络直播营销各参与主体在广告法下的角色

参与主体	参与行为	广告角色
平台内经营者	通过互联网直播方式推销商品或者服务	广告主
直播间运营者	接受委托提供广告设计、制作、代理、发布服务	广告经营者、广告发布者
直播营销平台	利用互联网为广告主或者广告主委托的广告经营者发布广告	广告发布者
	利用互联网提供信息服务	互联网信息服务提供者
主播	接受委托提供广告设计、制作、代理、发布服务	广告经营者、广告发布者
	以自己的名义或者形象对商品、服务作推荐、证明	广告代言人

第三章
网络直播参与主体法律关系

续表

参与主体	参与行为	广告角色
MCN 机构等	接受委托提供广告设计、制作、代理、发布服务	广告经营者、广告发布者

1. 网络主播

网络主播在直播带货过程中，应当确保所发布的广告内容真实、合法，不得含有虚假或引人误解的信息。由于网络主播在不同直播经营模式下扮演不同的角色，在法律上所要履行的义务和承担的法律责任不同。网络主播可能构成广告法意义上的"广告发布者"、"广告代言人"或者"广告经营者"，有的甚至可能兼具"广告发布者""广告代言人""广告经营者"等不同身份。实践中，主要有如下几种情形。

（1）当网络主播推销的商品为自产自销，且在自己的直播间以自己名义对外销售，此时主播的身份为广告主，同时还构成电商经营者。其需要承担《广告法》规定的广告主、广告发布者的责任和义务，也需要承担《电子商务法》规定的电商经营者的责任和义务以及《消费者权益保护法》规定的经营者的责任和义务。

（2）当网络主播在直播广告内容时构成广告发布者，此时网络主播应当对广告内容的真实性负有审查义务，在不能履行提供广告主实名信息的义务时，应当对消费者先行赔偿，承担保证商品质量与广告内容真实性的双重责任。

（3）当网络主播在参与招揽广告业务、策划直播广告内容时构成广告经营者，此时网络主播需要承担对广告的事前和事后的审查义务，核实身份信息、核对广告内容等。除此之外，主播知道或应当知道直播间存在虚假内容时负有阻止或停止发布的义务。因虚假宣传损害消费者权益的，主播与广告主承担连带责任；主播承担责任后，如无过错，对广告主已尽到了合理审核义务，可以向广告主追偿。

（4）当网络主播在商业广告中利用自己的证言、外形及一定的社会知名度和美誉度进行推销、推荐和证明时，其构成广告代言人。网络主播应承担真实代言的义务，在代言前必须使用商品或接受服务，尽到对虚假广告的注意义务。若网络主播为其未使用过的商品或者未接受过的服务作推荐、证明，或明知或者应知广告虚假仍在广告中对商品、服务作推荐、证明，网络主播有可能为自己的代言行为承担行政责任或刑事责任。

【相关案例】在"赵某与潘某婷财产损害赔偿纠纷案"① 中，潘某婷是"中晋系"相关投资理财产品的代言人，在代言广告视频中出镜，广告语为"判断源自于观察，更来自于专业；我不选择更快的回报，我不选择更高的收益，因为，那会带来更大的风险。我擅长规避风险。我是潘某婷，我是中晋合伙人。"在"中晋系"出现问题后，赵某以出资人身份提起诉讼，要求潘某婷赔偿其损失20万元人民币。上海市第二中级人民法院认为，单从广告视频中的语言内容来看，难以直接显示出潘某婷明知或者应知广告虚假这一情况。潘某婷在该案中提供了《品牌代言服务合约》、授权书、商标注册申请受理通知书等证据，主张其在签订合约之前对国某公司进行了审查，尽到了审慎义务。在衡量潘某婷的过错时，应当以一般普通人的注意义务为审慎审查义务的衡量标准，而不应当以事后刑事案件的结果来倒推审查义务。同时，潘某婷在接到公安机关的通知后，陆续将广告代言费用予以退还，并未获取任何利益。故法院认定潘某婷不存在明知或者应知广告虚假仍设计、制作、代理、发布或者作推荐、证明的情形，对赵某的诉讼请求，不予支持。

【相关案例】在"景某违法广告代言案"② 中，广州无限畅健康科技有限公司选用景某为其生产经营的"果蔬类"食品做广告代言，相关"果蔬类"食品为普通食品，该公司无有效证据证实其具有"阻止油脂和糖分吸收"的功效。2022年5月28日，广州市市场监督管理局官网发布消息称：广州市市场监管部门对演员景某违法进行广告代言的行为作出行政处罚。经查明，景某代言的广州无限畅健康科技有限公司生产经营的"果蔬类"食品存在夸大功效、虚假宣传的行为。景某在应知法律法规规定普通食品不得进行治疗、保健等功效宣传，且未经有效途径对其代言商品有关功效进行核实的情况下，仍以自身名义和形象在广告中宣称其所言商品具有"阻止油脂和糖分吸收"的功效，该行为已违反

---

① 上海市第二中级人民法院民事判决书，（2020）沪02民终3552号。
② 《广州市场监管部门对演员景甜违法广告代言行为作出行政处罚》，载广州市市场监督管理局（知识产权局）官网2022年5月28日，https://scjgj.gz.gov.cn/zwdt/gzdt/content/post_8309527.html。

第三章
网络直播参与主体法律关系

《广告法》有关规定。最终，广州市天河区市场监督管理局对景某作出没收其广告代言违法所得257.9万元，并处罚款464.22万元（罚没金额合计722.12万元）的行政处罚决定。

2. MCN机构

MCN机构与网络主播、网络直播营销平台经营者之间在不同的合作模式中形成不同的法律关系，有着不同的主体身份。在《广告法》下，其可能构成的法律主体身份包括广告经营者、广告发布者。在不同的法律关系和主体身份下，MCN机构需要承担不同的法律责任和义务。实践中，主要有以下几种情形。

（1）如果MCN机构与网络主播之间形成雇佣关系，那么MCN机构不仅是中介或经纪人的角色，还可能构成广告代言人的一部分。在这种情况下，MCN机构作为雇主，对主播进行管理和指导，甚至决定直播的形式和内容。当MCN机构对主播的直播内容有决定权和修改权，或者主播在直播中完全按照MCN机构的要求进行表演和推广宣传时，MCN机构就可能被认定为广告代言人，需要承担广告代言的责任和义务。

（2）当MCN机构与主播之间形成商业合作关系时，MCN机构通常扮演着中介或经纪人的角色。它们主要负责招揽广告主，接受广告主的委托，并就直播营销和带货事宜与主播进行沟通，协调各方资源，确保直播活动的顺利进行。在这种模式下，MCN机构的主要作用在于对接广告主和主播，从事与广告发布相关的中间环节工作，可以被认定为广告经营者承担相应的法律责任。

（3）如果MCN机构注册于一家网络直播营销平台，仅利用平台提供的网络空间或者通道服务，接受广告主（商家）的委托进行直播活动，那么MCN机构在该平台上的地位更类似于一个独立的广告发布者。在这种情况下，平台保持技术中立，不对MCN机构的直播内容进行干预或推荐，MCN机构则需要自行负责直播内容的合法性，并承担广告发布者的责任。双方涉及利益分成的，MCN机构也可能与平台共同构成广告发布者。

【相关案例】在"无锡某文化传媒公司发布不具有可识别性的互联网广告一案"[①]中，无锡某文化传媒公司接受有关商家委托，通过运营抖音账号发布多个

---

① 无锡市市场监督管理局：《无锡市市场监督管理局2023年度广告违法典型案例》，载无锡市人民政府官网，https://www.wuxi.gov.cn/doc/2024/01/02/4149438.shtml。

附有购物链接的探店短视频,对商家的商品或者服务进行推销。商家除按约定支付推广宣传费用外,还会根据消费者在上述视频附带的购物链接下单后实际核销的交易额向该机构支付一定比例的佣金。经查,无锡某文化传媒公司发布上述用于推销商品或者服务并附加购物链接等购买方式的探店短视频,未显著标明"广告"。无锡市市场监督管理局认为上述行为违反了《互联网广告管理办法》第9条第3款"除法律、行政法规禁止发布或者变相发布广告的情形外,通过知识介绍、体验分享、消费测评等形式推销商品或者服务,并附加购物链接等购买方式的,广告发布者应当显著标明'广告'"的规定,遂对无锡某文化传媒公司作出责令改正违法行为并处罚款2000元的行政处罚决定。

【相关案例】在"北京铁路运输检察院督促整治以探店视频形式违规发布涉食品安全广告行政公益诉讼案"① 中,位于北京市昌平区的MCN机构(专业培育和扶持网红达人的经纪公司或机构)旗下的"达人",系某短视频平台上"视频带货榜"排名前列的用户,其以普通消费者身份发布视频,分享评价多家餐饮店铺的食品口味、服务水平,并在视频下方附加了相关购物链接,但未在视频中显著标明"广告"字样,有消费者评价其购买后发现所涉店铺存在食品质量不达标、实际价格与推广视频宣传的价格不符等问题。北京铁路运输检察院通过媒体报道发现该案线索后进行立案,随即对北京市范围内各大短视频平台"探店达人"发布的探店视频展开筛查,同时走访涉案MCN公司调查其运行模式、审核机制、广告承接及发布流程等。经查,该类视频系MCN机构接受相关店铺委托后拍摄,但旗下"达人"以普通消费者身份在社交平台进行店铺分享,意图通过做出优质评价,诱导消费者出于对"达人"的信任进行消费,侵害了消费者的知情权,损害了社会公共利益。北京铁路运输检察院向昌平区市场监管部门制发检察建议,行政机关收到检察建议后,立即调查涉案MCN机构旗下8名"达人"在发布互联网广告方面的相关违法情况,对涉案MCN机构及旗下"达人"进行集中约谈,并制发《责令改正通知书》,要求涉案MCN机构全面整改,加强"达人"管理和广告审核;在全区开展的互联网广告专项整治工作中,共查处互联网广告违法案件354件,罚没款项132.73万元。

---

① 最高人民检察院:《"3·15"消费者权益保护检察公益诉讼典型案例》,载中华人民共和国最高人民检察院官网,https://www.spp.gov.cn/spp/xwfbh/wsfbt/202403/t20240315_649539.shtml#2。

第三章
网络直播参与主体法律关系

3. 网络直播营销平台

网络直播营销平台为直播营销提供网络直播技术服务，充当"互联网信息服务提供者"[①]的角色。但网络直播营销平台向商家、MCN 机构推送直播海报或者链接、设置热播榜单等付费引流宣传推广服务，构成商业广告的，需要履行广告经营者或广告发布者的责任和义务。由于网络直播营销平台的多重角色，在实务中应区分情况适用《广告法》《互联网广告管理办法》《电子商务法》等法律法规。

（1）网络直播营销平台构成广告经营者或广告发布者的，在履行广告法的义务层面，需要查验并登记广告主的真实身份，查验有关证明文件，核对广告内容，建立广告档案，记录并保存广告活动的有关电子数据。对内容不符或者证明文件不全的广告，广告经营者不得提供设计、制作、代理服务，广告发布者不得发布。

（2）若网络直播营销平台未直接参与广告设计、制作、代理、发布等活动，未对网络直播营销活动进行宣传、推广，仅为第三方发送、发布广告的活动提供了一个信息传输的通道或空间，即其提供的是网络直播技术服务，则仅需履行《互联网广告管理办法》中规定的作为"互联网信息服务提供者"的责任和义务。此种情况下，网络直播营销平台负有"防范、制止违法广告"的责任，需要主动记录用户的真实身份信息、对广告内容进行监测排查并对发布违法广告的用户采取警示、暂停或者终止服务等措施。网络直播营销平台作为互联网信息服务提供者的违法广告治理责任如表 3 – 2 所示。

表 3 – 2　互联网信息服务提供者的违法广告治理责任

分类	内容
记录存档广告发布	记录、保存利用其信息服务发布广告的用户真实身份信息，信息记录保存时间自信息服务提供行为终了之日起不少于 3 年

---

① "互联网信息服务提供者"这一法律概念在各类法律文件中的表述不尽相同。其在《信息网络传播权保护条例》，最高人民法院、最高人民检察院《关于办理非法利用信息网络、帮助信息网络犯罪活动等刑事案件适用法律若干问题的解释》中被称作网络服务提供者；在《互联网著作权行政保护办法》《互联网信息服务管理办法》中被称作互联网信息服务提供者；在《互联网直播服务管理规定》中被称作互联网直播服务提供者。

续表

分类	内容
监测排查违法广告	对利用其信息服务发布的广告内容进行监测、排查，发现违法广告的，应当采取通知改正、删除、屏蔽、断开发布链接等必要措施予以制止，并保留相关记录
处理投诉举报	建立有效的投诉、举报受理和处置机制，设置便捷的投诉举报入口或者公布投诉举报方式，及时受理和处理投诉举报
配合监管监测	不得以技术手段或者其他手段阻挠、妨碍市场监督管理部门开展广告监测
	配合市场监督管理部门调查互联网广告违法行为，并根据市场监督管理部门的要求，及时采取技术手段保存涉嫌违法广告的证据材料，如实提供相关广告发布者的真实身份信息、广告修改记录以及相关商品或者服务的交易信息等
制止违法行为	依据服务协议和平台规则对利用其信息服务发布违法广告的用户采取警示、暂停或者终止服务等措施

（二）网络直播营销中的非广告属性之辨：虚假广告与虚假宣传

直播营销过程中主播在直播间通过语言、音视频、文字等多种方式与直播间参与者进行实时互动，传递产品信息，对商品进行宣传、介绍、推广、推销、促销等，包含推销、促销、广告等多种营销形式。推销是指由主播运用一定的方法与技巧，通过沟通、说服、诱导与帮助等手段，使直播间参与者接受主播的建议、观点、愿望、形象等进而达成销售的商业行为。促销是指通过各种策略来刺激参与者购买，包括降价、赠品、折扣券、广告活动等策略，以增加产品或服务的销量。促销旨在鼓励直播间的参与者形成即时的购买决策。广告则是一种主动的推广方式，目的是引起关注和兴趣，进而影响消费者的态度、行为或购买决策。网络直播营销中，主播以自己的专业知识和营销技巧为基础，以推广销售达成交易为目的，促成了线下导购消费场景和线上直播场景的合并，让"带货"直播间具备了线上市集、交易空间的属性，从而弱化其作为信息传播媒介的功能。

实践中，网络直播营销中虚假宣传的现象比较泛滥，为增加带货量、达成销售目标，虚构产品功效、性能、价格等信息，编造不真实的"产品卖点"并利用

第三章
网络直播参与主体法律关系

话术进行夸大宣传，甚至进行流量造假等行为并不少见。在直播间特定场景与传播空间发生的营销活动，可能会构成广告法中的"虚假广告"或者反不正当竞争法中的"虚假宣传"。虚假广告与虚假宣传两者的主要区别如表3-3所示。通常认为，虚假宣传的范围大于虚假广告，虚假宣传包括虚假广告，虚假广告属于虚假宣传的一种形式。若属于虚假广告则一定属于虚假宣传，但属于虚假宣传的不一定属于虚假广告。对非广告方式的虚假宣传，应当适用反不正当竞争法进行定性处罚。

表3-3 虚假广告与引人误解的商业宣传对比

对比项目	虚假广告	引人误解的商业宣传
宣传对象是否存在	商品或者服务不存在	对商品作片面的宣传或者对比
虚假信息的类型	商品的性能、功能、产地、用途、质量、规格、成分、价格、生产者、有效期限、销售状况、曾获荣誉等信息，或者服务的内容、提供者、形式、质量、价格、销售状况、曾获荣誉等信息，以及与商品或者服务有关的允诺等信息与实际情况不符，对购买行为有实质性影响	将科学上未定论的观点、现象等当作定论的事实用于商品宣传
	使用虚构、伪造或者无法验证的科研成果、统计资料、调查结果、文摘、引用语等信息作证明材料	使用歧义性语言进行商业宣传
	虚构使用商品或者接受服务的效果	

直播营销具有即时性、互动性、娱乐性且以商品销售为目的，其广告属性弱化，加上我国广告法与反不正当竞争法在调整对象上的交叉、重叠、竞合，由此对法律的适用带来挑战。同样是发生在直播营销活动中的虚假商业宣传，行政执法部门对网络直播营销活动理解和定性的不同，会导致法律适用的不同，从而导致行政处罚的对象、处罚的类型和法律后果等方面差异较大：（1）从行政处罚的对象来看，适用《广告法》的处罚对象可以包括商品经营者或者服务提供者、广告主、广告经营者、广告发布者、广告代言人、社会团体或者其他组

织、个人;① 而适用《反不正当竞争法》的处罚对象主要是经营者,当然行政执法部门也会依据《产品质量法》《食品安全法》《刑法》等相关法律追究其他经营者的责任。(2) 从行政处罚的类型来看,《广告法》中对虚假广告的处罚包括罚款、责令停止发布、消除影响、吊销营业执照;如被认定为虚假广告,则其罚款的底线为"广告费用三倍以上五倍以下的罚款",无法计算或者明显偏低的,则处 20 万元以上 100 万元以下的罚款。在 2 年内有三次以上违法行为或存在其他严重情形的,可以按照"广告费用五倍以上十倍以下"处以罚款,广告费用无法计算或者明显偏低的,处 100 万元以上 200 万元以下的罚款。《反不正当竞争法》中的虚假宣传也可能面临责令停止、罚款以及吊销营业执照的法律后果。如被认定为虚假宣传,直接就可以处 20 万元以上 100 万元以下的罚款;情节严重的,处 100 万元以上 200 万元以下的罚款。对比来看,对虚假宣传的罚款从 20 万元为起点 200 万元为上限,而对虚假广告的罚款下限可能低于虚假宣传,但上限却高于虚假宣传。实践中,处罚情况还会取决于执法监管部门对违法案件所涉广告费用的认定范围和标准、调查取证的难易程度以及对执法的时效和便捷性的考量。(3) 在民事责任方面,由于《广告法》保护的主体是消费者,针对虚假广告提起民事诉讼的主体只能是合法权益受到损害的购买商品或者接受服务的消费者;而《反不正当竞争法》保护的主体则包括其他经营者和消费者,因虚假宣传受到损害的其他经营者和消费者都可以提起民事诉讼。此外,商家为销售商品或提供服务而自行或者委托主播在直播过程中设计、制作、发布广告进行宣传的,属于广告法所规定的广告主。作为广告行为的发起者,广告信息的来源方,商家应对广告内容的真实性负责。涉及发布虚假广告,欺骗和误导消费者,使购买商品或者接受服务的消费者的合法权益受到损害的,由商家依法承担民事责任。在涉及虚假广告的情况下,广告经营者、广告发布者不能提供商家的真实名称、地址和有效联系方式的,消费者可以要求广告经营者、广告发布者先行赔偿,在特定情形下还可以要求其承担连带责任。

【相关案例】在"常山县市场监督管理局与江某心非诉执行审查行政案"②

---

① 《消费者权益保护法》第 45 条第 3 款规定:"社会团体或者其他组织、个人在关系消费者生命健康商品或者服务的虚假广告或者其他虚假宣传中向消费者推荐商品或者服务,造成消费者损害的,应当与提供该商品或者服务的经营者承担连带责任。"
② 常山县人民法院行政裁定书,(2019) 浙 0822 行审 84 号。

第三章
网络直播参与主体法律关系

中,申请人常山县市场监督管理局依据《食品安全法》第122条及《反不正当竞争法》第20条之规定作出常市监案字(2018)3号的行政处罚决定书后,江某心未履行缴纳罚款义务,于是申请人向法院提出强制执行的申请,要求被申请人江某心履行该行政处罚决定即缴纳罚款220,000元。法院经审理认为,从该行政处罚决定所认定的违法行为及事实来看,该案被申请人是在既无营业执照,又无食品经营许可证的情况下,擅自在常山县开设"国某养生馆",从事销售食品、保健食品和其他日用品的经营活动,并进行发布虚假广告等违法行为,这显属于《食品安全法》、《广告法》及国务院《无证无照经营查处办法》等法律、法规所调整的范畴。但申请人作出的行政处罚决定中,在既已认定该事实的基础上,却并没有依据上述相关的法律规范对被申请人予以行政处罚,显属与被申请人违法行为的事实、性质、情节以及危害程度不相对应。申请人作出的行政处罚决定,在适用实体法律、法规方面,没有适用必须适用的部分法律规范,属适用处理性条款错误。《反不正当竞争法》第20条是根据违法行为的不同情节,设定不同的处罚种类和幅度。该法第20条第2款规定,经营者违反该法第8条规定,属于发布虚假广告的,应按照《广告法》的相关规定予以处罚。该款规定属特别规定,是应当优先适用的特别规范。而申请人却笼统地认定被申请人违反的是《反不正当竞争法》第8条的规定,径直适用该法第20条第1款的规定予以行政处罚,而忽略了该法第20条第2款的特别规范的适用。

【相关案例】在2020年发生的"辛某直播带货即食燕窝"事件[1]中,广州市市场监管部门立案调查后发现:和某公司作为涉事直播间的开办者,受商品品牌方融某公司委托,安排主播"时大漂亮"通过快手直播平台推广商品"茗挚碗装风味即食燕窝"。在直播带货过程中,主播仅凭融某公司提供的"卖点卡"等内容,加上对商品的个人理解,就对商品进行直播推广,强调商品的燕窝含量足、功效好,未提及商品的真实属性为风味饮料,存在引人误解的商业宣传,其行为违反了《反不正当竞争法》第8条第1款的规定,市场监管部门拟对其作出责令停止违法行为、罚款90万元的行政处罚。和某公司直播期间投放的商品购买链接,是融某公司在天猫平台开设的"茗挚旗舰店",消费者点击上述链接可

---

[1] 《通报!"辛巴直播带货即食燕窝"事件调查处理情况》,载微信公众号"广州市场监管"2020年12月23日,https://mp.weixin.qq.com/s/KdAKT5gc8JXR8Rkur5RLVg。

直接进入该网店购买涉案商品,收款和发货等行为均由融某公司实施。据此,市场监管部门认定涉案商品的销售主体是融某公司。融某公司为和某公司直播活动提供的"卖点卡",以及在天猫"茗挚旗舰店"网店发布的内容,均存在引人误解的商业宣传,其行为违反了《反不正当竞争法》第 8 条第 1 款的规定。经涉案商品产地的市场监管部门抽检,融某公司销售的"茗挚碗装风味即食燕窝"的 13 个项目符合 GB 2760—2014、Q/DZXY 0010S—2020、GB 14880—2012 的要求,但该商品标签存在瑕疵。根据《反不正当竞争法》等规定,市场监管部门拟对其作出责令停止违法行为、罚款 200 万元的行政处罚。

另据辛选官方微博后续说明称:① 在"燕窝事件"后,辛选于 2020 年 11 月 27 日提出了"先行赔付方案",即召回辛选直播间销售的全部"茗挚"品牌燕窝产品、承诺退一赔三,先保护消费者权益(2020 年 12 月 23 日,经市场监管部门查明认定两次直播成功交易共 47,474 盒,实际销售金额 12,513,173 元)。截至 2022 年 1 月 14 日,公司已向与此事件有关的消费者赔付人民币共计 41,439,216 元。公司到目前能够联系到的且符合退赔条件的消费者均已获得赔付。上述声明强调,2020 年 11 月 27 日作出的先行赔付方案依然有效,直至所有与此事件有关的消费者获得赔付。广州仲裁委员会作出终局裁决:确认融某公司故意误导辛选作出引人误解的宣传行为,裁决融某公司向和某公司支付赔偿款、并赔偿相关损失。裁决结果包括:2020 年 12 月 16 日以前"燕窝事件"退赔货款中的 30,355,459 元由融某公司承担。

直播带货的主播在直播过程中展示、宣传商品的时候,负有合理的注意义务和监督责任,既要客观、准确、真实地对商品的质量、性能等方面进行推介,也要及时向消费者公示商品销售方信息,避免产生消费者对实际销售主体辨识不清的问题。若存在故意夸大产品功效、隐瞒产品缺陷、未能明确销售主体等行为,导致消费者权益受到损害,主播应当承担相应的法律责任。而如果网络直播营销平台知道或应当知道平台上销售的商品不符合保障人身、财产安全的要求,或存在虚假宣传等侵害消费者合法权益的违法行为而未采取必要措施,平台可能需要承担相应的连带责任。同时,根据虚假广告发布的不同情形,广告经营者、广告

---

① 《辛选集团关于燕窝事件相关情况的说明》,载辛选官方微博 2022 年 1 月 14 日,https://weibo.com/6524629220/LaJd1iiTs#attitude。

第三章
网络直播参与主体法律关系

发布者需要与广告主承担连带责任（见表3-4）。对于关系消费者生命健康的商品或者服务的虚假宣传，我国广告法对其责任承担方式采用无过错责任原则。而对于关系消费者生命健康的商品或服务之外的虚假宣传，我国广告法对其责任承担方式采用过错责任原则。

表3-4 广告法下的先行赔偿与连带责任

责任类型	满足条件	责任方
先行赔偿	发布虚假广告，欺骗、误导消费者，使购买商品或者接受服务的消费者的合法权益受到损害的	广告经营者、广告发布者
	广告经营者、广告发布者不能提供广告主的真实名称、地址和有效联系方式的	
连带责任	关系消费者生命健康的商品或者服务的虚假广告，造成消费者损害的	广告经营者、广告发布者、广告代言人与广告主
	关系消费者生命健康的商品或者服务之外的虚假广告，造成消费者损害的	
	明知或者应知广告虚假仍设计、制作、代理、发布或者作推荐、证明的	
	设计、制作、发布虚假食品广告，使消费者的合法权益受到损害的	广告经营者、发布者与食品生产经营者

二、网络直播营销中的商品销售活动

网络直播中销售的商品应符合法律规定的保障人身、财产安全的要求，符合产品注明采用或对外允诺的产品标准，不得伪造或者冒用认证标志等质量标志，不得掺杂掺假、以假充真、以次充好、伪造产品的产地、伪造或者冒用他人厂名厂址。然而，我国的网络直播行业目前还未进入规范、有序的发展阶段，网络主播在带货中的"翻车事故"频繁发生，商品质量和虚假宣传问题成为直播行业中急需治理的领域。

在直播带货中，产品质量的责任主体主要是：①生产者。作为产品的生产者，生产者对产品的质量负责。②销售者。销售者进货销售，应当采取措施，保持销售产品的质量。直播带货的参与主体诸如主播、MCN 机构、直播间运营者可能会构成销售者，其售出的产品存在下列情形的，应当负责修理、更换、退货等销售者的责任：①不具备产品应当具备的使用性能而事先未作说明的；②不符合在产品或者其包装上注明采用的产品标准的；③不符合以产品说明、实物样品等方式表明的质量状况的。给购买产品的消费者造成损失的，销售者还应当赔偿损失。

消费者在直播营销活动中购买的商品存在质量问题的，既可以要求生产者也可以要求销售者承担赔偿责任。属于产品的生产者的责任，产品的销售者赔偿的，产品的销售者有权向产品的生产者追偿。属于产品的销售者的责任，产品的生产者赔偿的，产品的生产者有权向产品的销售者追偿。如有欺诈行为，消费者还可以要求增加赔偿其受到的损失，增加赔偿额为购买商品或接受服务价款的三倍，不足 500 元的按 500 元计算。若消费者购买了不符合食品安全标准的食品，其除了可以要求生产者或销售者赔偿损失，还可以向生产者或者销售者要求支付价款十倍的赔偿或者损失三倍的赔偿金；增加赔偿的金额不足 1000 元的，为 1000 元。构成生产、销售伪劣产品罪的，还应当追究刑事责任。

（一）网络主播

若网络主播带货的商品存在质量问题，主播作为电子商务法意义上的"平台内经营者"，可能需要承担民事责任。然而，网络主播在不同的经营模式中有着不同的法律主体身份，参与直播的程度和发挥的作用各异，从而决定了其承担责任的范围和大小不尽相同。具体分析如下。

1. 如果网络主播是商家或 MCN 机构的雇员，其直播带货活动被认定为职务行为，该类主播带货引发的消费者权益纠纷属于经营者与消费者之间的法律关系范畴，对外法律责任应由商家或 MCN 机构承担。

2. 如果网络主播以营利为目的销售自己的商品，或者与商家签订代销协议或合作协议，利用自己的网络店铺，自主决定上架商品并从商家处获得销售提成，那么此种情况下的业务活动构成经营者从事经营行为，主播的身份为经营者。若商品或服务出现问题，主播应当按照《产品质量法》《消费者权益保护法》等法律的规定承担商品销售者的法律责任。

3. 如果网络主播接受商家的委托，为促进商品销售进行宣传和推广，且直

第三章
网络直播参与主体法律关系

播间的购物链接通常会直接跳转至特定商家的网络店铺,那么此种情况下,主播并非实际的销售者,也不是合同相对方,因此不需要由主播承担销售者的责任,而由作为委托方的商家对销售行为承担相应的法律责任。但如果主播在直播过程中介绍了具体商品的名称、规格、质量、材质、使用方式、功能、效果、价格等信息,并对商品、服务作出承诺,也可能构成要约或被视为网络购物合同的条款,比如对"买一赠一""假一赔十"的承诺等。此时,如果商家拒绝履行合同义务,主播应当在其承诺的范围内承担相应的责任。

4. 网络主播在直播带货中,有责任向消费者提供真实、准确的商品信息,并对商品负有合理审查和注意义务。在其非为自己生产或销售的产品带货时,虽然主播并非商品的生产者或销售者,但其作为导购人、推广者或代言人,在一定程度上影响了消费者的购买决策。若主播的推荐导致消费者购买了不合格商品,主播可能需要承担商业广告行为相关的法律责任。但网络主播是否应当对其进行的推广宣传承担部分经营者责任,我国法律并未进行明确规定。

直播营销人员尤其是头部主播接受经营者委托,在直播间从事营销活动,此时尽管主播并不构成直播间运营者,但并不妨碍其与经营者之间形成紧密的合作关联,并于外部产生相应的经营外观。考虑到其在网络交易中可能发挥的主导性功能及巨大影响力,可将最高人民法院《关于审理网络消费纠纷案件适用法律若干问题的规定(一)》第12条第2款类推适用于此种情形下的直播营销人员,在个案中对其应否承担经营者责任进行实质判断。[1] 在认定网络主播侵害消费者合法权益的民事责任时,应当考虑网络主播对商品、服务销售的影响程度,对同类商品的带货频率、对直播带货模式的商业参与度等因素。具体包括如下因素:①带货主播对商品销售所起的决定性作用越大,对品牌形象的影响力越高,其对商品服务质量所应承担的注意义务就越高;②长期以某类商品的推销、代言为主业的主播,其对商品服务质量的审查应承担更高的注意义务;③主播在直播带货模式中的商业参与度决定了其不同的注意义务标准。而带货主播在广告代言人的角色之外,还同时符合广告主、广告发布者、广告经营者等主体身份时,其在直播带货商业模式中的积极主动性越强、商业参与度越高,所承担的法律义务也越

---

[1] 参见张玉涛:《类型化视角下网络直播营销人员的民事责任构造》,载《经济法论丛》2023 年第 2 期。

重、责任越大，其应承担的注意义务标准同样越高。①

【相关案例】在"王某某诉许某某、直播平台网络购物合同纠纷一案"② 中，消费者王某某通过直播间购买某平台主播许某某私下销售的手机一款，收货后发现手机系仿冒机，沟通无果后诉至法院。北京互联网法院认为，许某某在直播期间持续挂有"小黄车"，该行为可视为其利用主播身份不断为商家导流宣传推广，具有对外销售获利的主观意图，其具有经营者身份。王某某在购买手机前观看许某某直播已持续半年，对许某某心存信赖，许某某私下直播带货的交易行为视其利用主播身份导流并实现流量变现，应认定为经营行为。应当注意的是，一般情形下主播不参与实际交易，不具有经营者身份，但主播如果除带货行为外，还参与商品或者服务提供、经营，成为商品或者服务买卖合同相对方，则具有经营者身份，需承担经营者责任。许某某在使用手机半个月后，方进行转让，其应对手机外观及实际使用情况了解，而王某某收到手机后发现手机明显与直播间宣称的性能不符；王某某基于信任，陷入错误认识而购买手机，许某某作为经营者实施的上述行为构成欺诈，应承担相应法律责任。直播平台在直播规范中明确公示禁止进行站外交易，在接到王某某投诉后及时对主播账号进行封停处理等，尽到了事前提示和事后监督义务，且现无证据证明直播平台知晓涉案交易行为存在，故不承担相应责任。最终，一审判决许某某退还王某某购机款，并赔偿购机款三倍的金额及王某某维权合理开支。

【相关案例】在"张某诉刘某、A公司网购合同纠纷一案"③ 中，刘某为某互联网平台带货主播，与A公司签订带货协议。张某通过刘某直播购买了一款冰箱，收到货后发现冰箱存在故障。张某遂通过平台联系刘某索要赔偿，刘某以该产品为A公司生产和销售，自己只是带货为由拒不赔偿。随后，张某将刘某、A公司诉至法院，要求退货并赔偿各项损失共计2500元。法院经审理认为，刘某

---

① 参见麦应华：《网络直播带货主体责任探析》，载微信公众号"中国审判"2021年12月1日，https://mp.weixin.qq.com/s/fFxWghWGFl-fqxDp4QBpAw。

② 最高人民法院新闻局、人民法院新闻传媒总社：《直播带货销售仿冒手机，法院判决主播承担赔偿责任》，载微信公众号"最高人民法院"2020年12月27日，https://mp.weixin.qq.com/s/6H5l3I8URE3FPllERZICPQ。

③ 黄伟：《网购产品出现质量问题，带货主播是否承担赔偿责任？》，载微信公众号"山东高法"2024年4月8日，https://mp.weixin.qq.com/s/tquSoOSDXAmlwHtwzw_KDw。

第三章
网络直播参与主体法律关系

并非 A 公司职工，系 A 公司为推销产品而聘请的，双方签订了书面的带货协议，刘某的行为从性质上看类似于广告代言人的角色，目的是为 A 公司进行广告宣传。《电子商务法》第 18 条第 2 款规定，电子商务经营者向消费者发送广告的，应当遵守《广告法》的有关规定。因此刘某是否承担赔偿责任，重点应当考察其是否违反《广告法》中关于"广告不得含有虚假或者引人误解的内容，不得欺骗、误导消费者"的有关规定。如果刘某在广告中有发布虚假广告，欺骗、误导消费者购买商品的行为，则应当承担赔偿责任。但是根据法院调取的刘某直播带货的视频资料，刘某在直播过程中并没有对商品进行夸大宣传，无欺骗和误导消费者购买的言语，因此刘某无须对原告张某的损失承担赔偿责任。法院最终判决 A 公司为原告张某办理退货，返还货款，并承担 2000 元赔偿，刘某不承担赔偿责任。

（二）MCN 机构

当 MCN 机构通过在直播营销平台上注册账号开设直播间从事直播营销活动时，其作为直播间的运营者，应真实、准确、全面地发布商品或服务信息，[①] 承担对商品和服务供应商的身份、地址、联系方式、行政许可、信用情况等信息进行核验并留存相关记录备查的义务。MCN 机构应确保直播销售的商品符合产品注明采用的产品标准，在选品过程中应当核对商家及商品资质、查验相关许可或授权材料。

与商家共同经营，或者通过销售分成深度参与商品销售环节时，MCN 机构有可能会作为销售者在产品质量纠纷中承担过错责任。在双方合作期间，MCN 机构的过错使产品存在缺陷，造成他人、人身财产损害的，MCN 机构应当承担赔偿责任。MCN 机构不能指明缺陷产品的生产者也不能指明缺陷产品的供货者

---

① 《网络直播营销管理办法（试行）》第 18 条规定："直播间运营者、直播营销人员从事网络直播营销活动，应当遵守法律法规和国家有关规定，遵循社会公序良俗，真实、准确、全面地发布商品或服务信息，不得有下列行为：（一）违反《网络信息内容生态治理规定》第六条、第七条规定的；（二）发布虚假或者引人误解的信息，欺骗、误导用户；（三）营销假冒伪劣、侵犯知识产权或不符合保障人身、财产安全要求的商品；（四）虚构或者篡改交易、关注度、浏览量、点赞量等数据流量造假；（五）知道或应当知道他人存在违法违规或高风险行为，仍为其推广、引流；（六）骚扰、诋毁、谩骂及恐吓他人，侵害他人合法权益；（七）传销、诈骗、赌博、贩卖违禁品及管制物品等；（八）其他违反国家法律法规和有关规定的行为。"

时，应当承担赔偿责任。此外，即使造成人身、财产损害的产品缺陷系生产者导致，受害人向 MCN 机构要求赔偿时，MCN 机构仍然有先行赔偿的义务，然后可以向生产者追偿。

关于 MCN 机构是否构成销售者的主体身份判定。首先，若 MCN 机构不能证明其以足以使消费者辨别的方式标明其并非销售者并明确标明了实际销售者，那么根据最高人民法院《关于审理网络消费纠纷案件适用法律若干问题的规定（一）》第 12 条第 1 款的规定，消费者有理由相信 MCN 机构是销售者。在这种情况下，MCN 机构应当承担销售者责任。其次，若 MCN 机构已经尽到标明义务，那么根据上述司法解释第 12 条第 2 款的规定，法院应当综合交易外观、直播间运营者与经营者的约定、合作模式、交易过程以及消费者认知等因素予以认定。

MCN 机构作为直播间经营者时，如果不知道其销售的商品侵犯他人商标权、著作权或专利权等知识产权，且能够证明其商品具备合法来源，无须承担赔偿责任。但如果侵权产品系 MCN 机构自行生产或委托他人生产，此时 MCN 机构属于侵权商品的生产者、销售者，不能再主张合法来源抗辩，应直接承担停止侵权、赔偿损失的责任。此外，MCN 机构作为直播间运营者如果知道或应当知道所销售产品不符合保障人身、财产安全的要求或有其他侵权行为，仍为其推广给消费者造成损失，消费者可以主张直播间运营者与提供商品的经营者承担连带责任。

（三）网络直播营销平台

1. 电商平台与信息服务提供者的身份竞合

网络直播营销平台为商家、主播、MCN 机构等参与主体提供交易场所，撮合交易，供交易主体开展交易活动，具有电商平台的特征，需要依据电商法履行平台责任，建立健全账号管理、营销行为规范、商品或服务负面清单、信息检查巡查、知识产权保护、消费者权益保护、网络和数据安全管理等制度机制。

对于直播营销过程中销售的商品和提供的服务，直播营销平台需要承担如下合规义务：①事前阶段。对申请入驻平台的直播间经营者、主播等经营主体的身份、地址、联系方式、资质、行政许可等真实信息进行登记、核验，防止假冒伪劣商品和不良商家进入平台。②事中阶段。对平台内的直播内容与违规商品信息

第三章
网络直播参与主体法律关系

进行巡查管理，发现违法违规营销信息及行为的，应及时采取必要的处置措施。对平台中的相关侵权行为尽合理注意义务，对于主动发现的明显侵权行为，或接到权利人通知后发现的侵权行为，都应及时采取必要措施，将相应产品链接进行屏蔽、下架、断开链接等。① ③事后阶段。对于通过直播营销平台购买的商品，保障消费者无理由退货的权利，妥善处理消费者对违法违规营销行为的投诉举报，为消费者维权提供保障。然而，根据《电子商务法》的相关规定，电子商务平台经营者仅对电子商务经营者销售的商品或者提供的服务是否符合保障人身、财产安全，环境保护的要求及是否属于法律、行政法规禁止交易的商品或者服务等有关人身安全、社会公众利益的事项负有审查义务，而对平台内经营者所销售的商品是否侵权，不负有事先进行主动审查、监控的义务。

网络直播营销平台在直播过程中向公众提供信息服务时，还兼具互联网信息服务提供者的身份。作为互联网信息服务提供者，依据《网络安全法》、《互联网信息服务管理办法》（2024修订）、《数据安全法》等相关规定，直播营销平台首先需要取得经营许可、履行备案手续、建立信息发布和内容审核制度、配备专业人员，满足直播的技术和服务要求。其次，应当履行安全管理义务，具备管理信息的能力。对于在直播过程中产生的信息内容应进行有效监管，履行主体责任，实时开展信息发布审核和实时巡查，对违法信息应及时采取措施进行处置。

【相关案例】在"中国生物多样性保护与绿色发展基金会与速美公司、淘宝大气污染责任纠纷案"② 中，中国生物多样性保护与绿色发展基金会认为：涉案产品的功能、用途与我国法律的强制性要求相违背，其本身具有明显的违法性。淘宝应当建立检查监控制度，负有确保网上交易合法的义务，其违反《互联网信息服务管理办法》《网络交易管理办法》《电子商务法》，未履行对违法交易信息审核的法定义务，要求淘宝与速美公司承担连带责任。法院经审理认为，涉案产品从设计原理和实际使用效果看，仍属于机动车尾气净化或治理类产品范畴，不属于《互联网信息服务管理办法》第15条规定的禁售范围。速美公司在淘宝店

---

① 《电子商务法》中的第41—45条规定了网络交易中的知识产权侵权责任规则，其中，第41条规定了电子商务平台保护知识产权的义务，第42—45条规定了网络交易中的知识产权侵权责任规则，主要包括"避风港原则""红旗原则"。

② 浙江省杭州市中级人民法院民事判决书，（2016）浙01民初1269号；浙江省高级人民法院民事判决书，（2019）浙民终863号。

铺上的商品信息虽然存在不当描述、具有诱导性等问题，使得涉案产品可能被用于法律禁止的范围，但有关网页内容并不足以构成明显违反法律禁止性规定的情形。鉴于淘宝平台具备存在海量信息及信息网络环境下信息与实物相分离的特点，淘宝无法逐一审查商品及/或服务的信息，无法逐一审查交易所涉及的商品及/或服务的质量、安全以及合法性、真实性、准确性，对此用户应谨慎判断。淘宝仅是提供信息发布平台的服务提供商，并不参与会员用户的交易行为，已尽到身份审查、事前提醒等审查义务，因此不应承担连带责任。但法院也指出，淘宝对于卖家在其平台销售类似上述本身不属于禁售品，但可能用于违法目的的行为，应加强检索、监管，有效履行网络运营服务商的法定职责，尽到应尽的社会责任。

《民法典》中的"网络服务提供者"和《电子商务法》中的"电子商务平台经营者"所适用的责任承担规则不尽相同。网络接入、传输、缓存和存储服务属于基础性的互联网技术服务，提供该类服务的网络服务提供者（例如移动、电信等基础通信服务商）所承担的角色是消极、被动的，其往往难以辨明、控制使用其服务的用户的侵权行为。按照技术中立原则，此类主体通常仅需要承担较低程度的注意义务，除非自身存在过错，否则无须为他人利用其提供的网络服务而实施的侵权行为负责。但相较而言，电子商务平台在电子商务交易活动中发挥了更为积极主动的作用，有的电子商务平台经营者甚至深度介入或控制了交易的过程。因此，电子商务平台经营者相较于前述网络服务提供者对用户侵权行为的控制、辨别能力更强，故而法律要求其应当在特定情形下承担更高标准的注意义务，如资格资质审查和安全保障义务。

2. 网络直播营销平台的责任承担

网络平台以其他方式为其用户提供网络直播技术服务，应根据平台是否参与运营、分佣，平台对用户的控制力等具体情形，适用《电子商务法》关于电子商务平台经营者的相关责任和义务，或适用法律法规关于网络服务提供者的责任和义务。[①] 网络服务提供者可以分为内容服务提供者和技术服务提供者。网络直播营销平台作为网络直播技术服务提供者，为用户提供接入、缓存、存储、搜索以

---

① 国家市场监督管理总局《市场监管总局关于加强网络直播营销活动监管的指导意见》（国市监广〔2020〕175号）。

第三章
网络直播参与主体法律关系

及链接等技术支持。此种情况下，直播营销平台只提供传输通道或展示的功能，相关内容由网络用户提供，一般不对权利人单独承担责任，但如果因为其过错而为他人的侵权行为提供了技术帮助，须对权利人承担连带责任。

【相关案例】原告深圳某科技公司系一家从事开发、设计、建设、智能运维和专业咨询服务的新能源公司，被告一夏某某在被告二北京某信息服务公司运营的网络平台发布十余篇涉案文章、视频，含有如"真××是骗子""招摇撞骗""坑害老百姓"等被诉侵犯名誉权的内容。其中一篇文章所在页面下端的"搜索"部分包含"骗局"等搜索提示词。此外，在该平台搜索框中输入原告名称，也会出现"骗局""被骗"等搜索提示词。原告深圳某科技公司认为，被告一夏某某发布的涉案文章、视频侵犯了其名誉权；被告二北京某信息服务公司在被告一涉案侵权内容中有选择性地添加设置"搜索""××骗局"等搜索提示词条，系明知被告一侵权的行为，客观上扩大了传播范围和侵权影响，具有主观过错，应当承担侵权责任，请求法院判令二被告共同向其赔礼道歉，并赔偿经济损失及合理维权支出。北京互联网法院经审理认为，被告一言论用词不当，超出了一般批评的范围，侵犯原告的名誉权；原告没有作出有效通知，被告二作为网络服务提供者不与被告一承担连带责任。此外，被告二提供的搜索提示技术服务不侵犯原告名誉权，理由是：①涉案搜索提示系被告二利用算法根据不特定用户搜索、浏览的历史记录自动生成并更新变化的。被告二并不会人为加入新内容或是专门聚合负面内容，亦无人工事前审核，但会基于人工智能算法对色情、暴力血腥、赌博、恐怖主义等严重、明显的违法违规内容进行识别拦截。鉴于庞大的用户量、搜索量，以及搜索提示词即时性、动态变化、海量性特点，要求被告二事先审核搜索提示词是否侵权不具有在合理成本内的技术上实现的可行性；况且被诉侵权内容是否侵权需结合事实进行辨别、判断，相比色情、暴力等内容需要算法对更高阶语义的理解，若要求被告二对此进行事前的验证审核，就超出了当前技术发展的水平，属于不当扩张被告二作为网络服务提供者的注意义务。②搜索提示服务目的在于优化用户搜索体验及内容获取体验，并不直接以营利为目的。③被告二收到相关诉讼材料后在合理期限内已采取必要措施，已经尽到网络服务提供者的事后义务，并无过错或扩大损害的侵权情形。④关于算法解释义务方面，被告二作为算法推荐服务提供者，先后两次向法院书面说明涉案搜索提示技术服务生成机制、页面提示词展示的基本原理、运行规则及相关技术可行性等，有效回应了涉案搜索提示词反映的算法风险及其产生的原因、是否存在避免可能等，完成了举证责任，可以视为其已履行相关解释义务。①

按照技术中立原则，网络直播营销平台通常仅需要承担较低程度的注意义务，除非自身存在过错，否则无须为他人利用其提供的网络直播技术服务而实施的侵权行为负责。根据其是否知道侵权行为，分别适用"知道或应当知道"或"通知删除"规则。当网络直播营销平台知道侵权行为时，其应将相关内容屏蔽或删除，如未依法采取措施，则就"知道或应当知道"后的损害承担连带责任。如不知道侵权行为，但在权利人有效通知后，网络直播营销平台也应将相关内容屏蔽或删除，如未依法采取措施，则就"通知删除"后的损害承担连带责任。网络直播营销平台对平台上销售商品或提供服务造成的不法行为等其他主体实施的侵权行为，存在承担连带责任的风险。具体规定如表3-5所示。

表3-5 网络直播营销平台承担连带责任的规定

责任类型	适用主体	法律规定
连带责任	网络服务提供者	网络服务提供者接到通知后，应当及时将该通知转送相关网络用户，并根据构成侵权的初步证据和服务类型采取必要措施；未及时采取必要措施的，对损害的扩大部分与该网络用户承担连带责任。（《民法典》第1195条第2款）
连带责任	网络服务提供者	网络服务提供者知道或者应当知道网络用户利用其网络服务侵害他人民事权益，未采取必要措施的，与该网络用户承担连带责任。（《民法典》第1197条）
连带责任	电子商务平台经营者	电子商务平台经营者知道或者应当知道平台内经营者销售的商品或者提供的服务不符合保障人身、财产安全的要求，或者有其他侵害消费者合法权益行为，未采取必要措施的，依法与该平台内经营者承担连带责任。（《电子商务法》第38条第1款）

---

① 陈恒星：《首例"搜索提示词"算法侵权案宣判！平台已履行算法解释说明义务，不构成侵权》，载微信公众号"北京互联网法院"2024年11月11日，https://mp.weixin.qq.com/s/o7ncGb2tMF6Y7WceYCWinw。

088

第三章
网络直播参与主体法律关系

续表

责任类型	适用主体	法律规定
		违反《食品安全法》第62条和第131条规定，未对平台内食品经营者进行实名登记、审查许可证，或者未履行报告、停止提供网络交易平台服务等义务，使消费者的合法权益受到损害，消费者主张电子商务平台经营者与平台内食品经营者承担连带责任的，法院应予支持。（最高人民法院《关于审理食品安全民事纠纷案件适用法律若干问题的解释（一）》第3条）
	网络直播营销平台经营者	网络直播营销平台经营者对依法需取得食品经营许可的网络直播间的食品经营资质未尽到法定审核义务，使消费者的合法权益受到损害，消费者依据《食品安全法》第131条等规定主张网络直播营销平台经营者与直播间运营者承担连带责任的，法院应予支持。（《关于审理网络消费纠纷案件适用法律若干问题的规定（一）》第15条）
	网络交易第三方平台提供者	网络交易第三方平台提供者知道或者应当知道食品、药品的生产者、销售者利用其平台侵害消费者合法权益，未采取必要措施，给消费者造成损害，消费者要求其与生产者、销售者承担连带责任的，法院应予支持。[最高人民法院《关于审理食品药品纠纷案件适用法律若干问题的规定》（2021修正）第9条第3款]
相应责任	电子商务平台经营者	对关系消费者生命健康的商品或者服务，电子商务平台经营者对平台内经营者的资质资格未尽到审核义务，或者对消费者未尽到安全保障义务，造成消费者损害的，依法承担相应的责任。（《电子商务法》第38条第2款）
不真正连带责任	网络食品交易第三方平台提供者	违反《食品安全法》规定，网络食品交易第三方平台提供者未对入网食品经营者进行实名登记、审查许可证，或者未履行报告、停止提供网络交易平台服务等义务的，……使消费者的合法权益受到损害的，应当与食品经营者承担连带责任。（《食品安全法》第131条第1款）

3. 网络直播营销平台的特别审核责任

我国电子商务法规定，平台经营者对平台商户的资质和商品本身资质具有形式审查义务。电子商务法还要求经营者在首页显著位置持续公示营业执照信息、与经营业务相关的行政许可信息等。① 但针对需要特殊经营资质的商品和服务，网络直播营销平台需要承担更高的注意义务，负有特别审查责任。一方面，直播营销平台运营者应履行对入驻经营主体的登记核验义务，依法对申请开通商品或者服务推广功能的直播间运营者提供的身份、地址、联系方式、行政许可等信息

---

① 参见陕西省市场监督管理局2023年11月4日发布实施的《网络交易平台内经营者资质与商品管理合规指引》第二章资质要求中第5条（主体资质）规定平台内经营者开展需经营资质的经营活动的，应设立登记取得合法市场主体身份，如个体户、个人独资企业等。个人不得从事无证无照经营活动，法律另有规定的，从其规定。第6条（市场准入条件）规定，"平台内经营者应当依法办理市场主体登记，并根据登记批准的范围依法开展经营活动。平台内经营者在设定准入条件的行业或领域开展经营活动的，应依法取得生产或经营许可，包括：（一）直接涉及国家安全、公共安全、经济宏观调控、生态环境保护以及直接关系人身健康、生命财产安全等特定活动，需要按照法定条件予以批准的事项。如从事食品销售和餐饮服务活动，应当依法取得食品经营许可。（二）有限自然资源开发利用、公共资源配置以及直接关系公共利益的特定行业的市场准入等，需要赋予特定权利的事项。（三）提供公众服务并且直接关系公共利益的职业、行业，需要确定具备特殊信誉、特殊条件或者特殊技能等资格、资质的事项。（四）直接关系公共安全、人身健康、生命财产安全的重要设备、设施、产品、物品，需要按照技术标准、技术规范，通过检验、检测、检疫等方式进行审定的事项。如从事药品批发活动，应当经所在地省、自治区、直辖市人民政府药品监督管理部门批准，取得药品经营许可证；从事药品零售活动，应当经所在地县级以上地方人民政府药品监督管理部门批准，取得药品经营许可证；从事医疗器械网络销售应依法取得医疗器械生产许可、经营许可、办理备案。（五）企业或者其他组织的设立等，需要确定主体资格的事项。（六）法律、行政法规规定可以设定行政许可或备案的其他事项。根据《中华人民共和国电子商务法》《网络交易监督管理办法》相关规定，个人销售自产农副产品、家庭手工业产品，个人利用自己的技能从事依法无须取得许可的便民劳务活动和零星小额交易活动，以及依照法律、行政法规不需要进行登记的除外，包括：个人销售自产农副产品、家庭手工业产品；个人通过网络从事保洁、洗涤、缝纫、搬家、配制钥匙、管道疏通、家电家具修理修配等依法无须取得许可的便民劳务活动；个人从事无须取得许可的零星小额网络交易活动，年交易额累计不超过10万元的，同一经营者在同一平台或者不同平台开设多家网店的，各网店交易额合并计算；法律、行政法规规定的不需要进行登记的其他经营活动"。第7条（资质许可）规定，"平台内经营者开展需资质的经营活动的，应当依法获得资质许可，按照资质许可情况开展经营活动。一、平台内经营者销售食品存在以下情形的，不需要食品经营许可：（一）销售食用农产品；（二）仅销售预包装食品；（三）已经取得食品生产许可证的食品生产者，在其生产加工场所或者通过网络销售其生产的食品；（四）法律、法规规定的其他不需要取得食品经营许可的情形。二、仅销售预包装食品的，应当报所在地县级以上地方市场监督管理部门备案。食品经营者已经取得食品经营许可，增加预包装食品销售的，不需要另行备案。已经取得食品生产许可的食品生产者在其生产加工场所或者通过网络销售其生产的预包装食品的，不需要另行备案"。

第三章
网络直播参与主体法律关系

进行登记核验。对主播实施全部实名制的注册准入，在直播前核验所有主播身份并建立主播真实身份动态核验机制。另一方面，直播营销平台依法还应当审查入驻经营主体的行政许可等真实信息，并定期进行核验更新。

从事食品经营的网络直播营销平台，除了要审查网络直播间或商家是否具备食品生产许可证或食品经营许可证，还须审查食品本身是否具备食品生产许可证编号。对于特殊食品入网经营者，必须取得相应许可或备案，且确保所售产品处于许可的经营范围内。保健食品的销售务必符合《保健食品注册与备案管理办法》；婴幼儿配方食品的销售须遵循《婴幼儿配方乳粉生产许可审查细则》；特殊医学用途配方食品的销售则要遵循《特殊医学用途配方食品生产许可审查细则》，尤其要注意特定全营养配方食品只能通过医疗机构或者药店零售企业向消费者销售，不能进行网络销售。[①]

网络直播营销平台未尽法定审核义务的，需要与商家、直播间运营者承担连带责任。对此，《食品安全法》第62条、第131条对网络食品交易第三方平台提供者应当履行的义务和承担的法律责任进行了专门规定：①网络食品交易第三方平台提供者应当对入网食品经营者进行实名登记，明确其食品安全管理责任；②网络食品交易第三方平台提供者必须对入驻商家的食品经营许可证进行审核，制止和报告食品经营者的违法行为；③如果网络销售的食品损害消费者合法权益，网络食品交易第三方平台提供者在不能提供入网食品经营者的真实姓名、地址和有效联系方式的前提下，需与食品经营者承担连带责任，消费者可以直接向网络食品交易第三方平台提供者要求承担责任。网络食品交易第三方平台提供者作出更有利于消费者的承诺的，必须遵守承诺。

此外，直播营销平台也须不断完善尤其是针对需要特殊经营资质的商品和服务的发布管理、定期抽查和信息监测。例如，《药品网络销售监督管理办法》第20条、第22条、第23条规定，第三方平台应当对申请入驻的药品网络销售企业资质、质量安全保证能力等进行审核、核验、更新。发现违法行为的应当及时制止，发现严重违法行为的应当立即停止提供网络交易平台服务，停止展示药品相关信息，并立即向药品监督管理部门报告。《医疗器械网络销售监督管理办法》第23条第1款规定，医疗器械网络交易服务第三方平台提供者应当对平台上的

---

① 国家市场监督管理总局《网络销售特殊食品安全合规指南》。

医疗器械销售行为及信息进行监测，发现入驻平台的企业存在超范围经营等违法违规行为、无法取得联系或者存在其他严重安全隐患的，应当立即对其停止网络交易服务，并向食品药品监督管理部门报告。《网络餐饮服务食品安全监督管理办法》第16条也明确网络餐饮服务第三方平台提供者应当对入网餐饮服务提供者的经营行为进行抽查和监测。发现入网餐饮服务提供者存在违法行为的，应当及时制止并立即报告市场监督管理部门，并视情形对其停止提供网络交易平台服务。

【相关案例】在"王某与甲公司产品责任纠纷案"① 中，被告甲公司运营某外卖餐饮平台，提供外卖订餐服务，并向消费者郑重承诺：其平台已对入网餐饮服务提供者的食品经营许可证进行严格的实地审查，并保证入网餐饮服务提供者食品经营许可证载明的经营者名称、经营场所、主体业态、经营项目、有效期等许可信息合法、真实、准确、有效。原告王某在该平台上的一家麻辣烫店铺购买了一份麻辣烫，后发现该麻辣烫店铺未取得食品经营许可证。王某诉至法院，要求甲公司与该麻辣烫店铺承担连带赔偿责任。审理法院认为：甲公司经营的外卖餐饮平台属于网络交易第三方平台，依照《食品安全法》第131条规定以及甲公司在外卖平台上作出的承诺，甲公司应对入网食品经营者进行实名登记，并审查其是否取得食品经营许可证，但甲公司未履行上述义务，使王某购买到了无食品经营资质商家制作的食品，合法权益受损，甲公司应与食品经营者承担连带赔偿责任。

---

① 最高人民法院：《网络消费典型案例》，载最高人民法院官网2023年3月15日，https://www.court.gov.cn/zixun/xiangqing/393481.html。

第四章 网络直播营销常见纠纷类型

第一节 网络直播营销中的合同纠纷

一、网络直播营销参与主体间的合同纠纷类型

（一）MCN机构/网络主播与商家的纠纷

MCN机构/网络主播与商家常见的纠纷为合同纠纷，主要围绕MCN机构/网络主播在未达到带货销售目标或未实现销售业绩承诺时的违约责任的承担进行。商家一般会请求法院判令解除服务合同、返还全部或部分服务费、支付违约金并赔偿损失等。而商家对MCN机构/网络主播常见的违约行为包括商家提供的商品或服务侵害消费者的合法权益、侵犯第三方的知识产权等情形。因商家提供的商品或服务发生的侵权行为，对MCN机构/网络主播而言，会带来名誉或商誉损害，也会引发名誉权、广告代言等纠纷。

（二）直播营销平台与MCN机构/网络主播的纠纷

直播营销平台对MCN机构/网络主播的违约行为主要表现在迟延支付服务费、擅自冻结账号、冻结款项等方面。而MCN机构/网络主播对直播营销平台的违约行为主要包括MCN机构/网络主播违约入驻其他直播平台、违反竞业限制约定等情形。此外，还可能出现因主播在直播过程中虚假宣传、发表不当言论或进

行其他侵犯第三方合法权益的行为而受到索赔或处罚，从而导致直播营销平台承担连带责任等纠纷。

（三）商家与直播营销平台的纠纷

商家入驻直播营销平台需要签署平台入驻协议、用户协议、服务协议等，以及遵守一系列平台规则。商家的违约行为主要表现在未能按照平台入驻协议支付服务费用、销售不合格产品或侵犯知识产权的产品等情形。而直播营销平台的违约行为主要表现在滥用平台优势地位对商家进行不合理限制或者附加不合理条件、向商家收取不合理费用等情形。

（四）网络主播与 MCN 机构的纠纷

网络主播与 MCN 机构之间会形成委托、行纪、劳动等各类法律关系。网络主播的违约行为主要表现在擅自单方解除合同、违反竞业限制约定等。而 MCN 机构的违约行为主要为延迟或拒绝支付收益、报酬，或者扣款不当、拒绝或未按约定提供相关服务等。

二、合同纠纷的争议焦点与法律分析

（一）综合性合同还是劳动合同？

如前文所述，司法实践对网络主播与 MCN 机构二者关系的认定主要存在两种观点：①双方系普通民事主体间的合同关系，合同性质在法律上为综合性合同；②双方实际存在人身从属性、经济从属性的，构成劳动关系。依据原劳动和社会保障部《关于确立劳动关系有关事项的通知》（劳社部发〔2005〕12 号）的规定，传统劳动关系认定包括三大要件：一是劳动关系应同时满足主体适格；二是劳动者与用人单位构成人格、组织从属性；三是劳动者与用人单位构成经济从属性。实践中，对网络主播与 MCN 机构之间的关系认定不一的主要原因，在于直播行业中的企业用工方式高度灵活、管理弱化，出现了主播工作时间的自由性、工作地点的非固定性、工作安排的自主性等去"劳动关系化"的职业特征，冲击着传统劳动关系的认定标准。

首先，网络直播突破"人格从属性"。网络直播行业对网络主播的聘用程序、离职手续无严格规定，从业人员订约的主体地位较高，可以就提成比例、工作时长、工作地点等内容与企业进行协商。

第四章
网络直播营销常见纠纷类型

其次，网络直播突破"组织从属性"。传统企业对于员工管理包括考勤制度、日常规范、业绩考核、薪酬制度、奖惩制度等，而网络直播行业重视薪酬制度，弱化考勤制度、日常规范、业绩考核、奖惩制度等。

最后，网络直播突破"经济从属性"。无底薪、高提成的报酬形式有别于传统劳动关系对工资的定义，生产资料利用程度有别于传统劳动关系中企业提供完整生产资料，如部分网络主播自行配置工作设备，削弱了劳动关系中的经济从属性。

为支持和规范发展数字经济背景下的新就业形态，人力资源和社会保障部发布了《新就业形态劳动者休息和劳动报酬权益保障指引》《新就业形态劳动者劳动规则公示指引》《新就业形态劳动者权益维护服务指南》《新就业形态劳动者劳动合同和书面协议订立指引（试行）》等文件，对网络直播行业中主播与MCN机构法律关系的认定起到了积极作用。从各地的司法实践来看，为适应新型用工关系发展现状，法院对于主播和MCN机构之间关系的认定除了遵循传统劳动关系认定标准，还兼顾了网络直播特性，引用更多的判断维度和要素；法院还从法律关系实质出发，区分网络主播与MCN机构之间不同的合作模式，结合合同内容与履行情况考察双方之间的从属性，进而做出综合认定。归纳司法裁判观点如下：

（1）相比签约型合作模式，孵化型合作模式更有可能被认定为劳动关系。根据主播和MCN机构签订协议的目的、主播资质及接受管理程度的不同，可以将主播和MCN机构的合作模式分为签约型合作与孵化型合作。其中，签约型合作指有一定粉丝基础、影响力的主播，为保持内容稳定输出和商业变现，仅就账号运营中选题、商务接洽中的部分内容和MCN机构进行合作的模式。孵化型合作指MCN机构对主播进行挖掘、培训后，根据计划和主播特点量身打造运营方案进行直播的模式。在签约型合作模式下，主播和MCN机构更类似"合作"关系，实质属于平等民事主体间的关系；而在孵化型合作模式下，MCN机构对主播往往具有一定的控制性，主播和MCN机构更有可能被认定为劳动关系。

（2）劳动关系的本质属性是从属性，主播对MCN机构的从属性的强弱决定双方是否构成劳动关系。虽然在新就业形态下，劳动管理的内容与方式发生了变化，但劳动关系的从属性本质未变。具体而言，在人身从属性方面，可通过工作时间、工作地点、直播时长，主播是否受经纪公司规章制度约束、是否进行内部处罚，劳动纪律、奖惩办法等是否适用于主播等方面进行判断。不同于传统劳动关系中的"硬管理"，直播中经纪公司对主播更多是通过直播监管和"柔性管理方式"来形成隶属关系。在经济从属性方面，需从是否有保底收入或类似约定、收益分配的具体方式、直播的信息资源等生产资料由谁掌握等方面予以认定，特别是需考量主播与MCN机构之间就收益分配是否可以平等协商确定，即主播在收益的确定过程中有无自主权。

【相关案例】在"李某与某文化传播公司劳动合同纠纷案"中，法院认为，在传统演艺领域，企业以经纪人身份与艺人订立的合同通常兼具委托合同、中介合同、行纪合同等性质，并因合同约定产生企业对艺人的"管理"行为，但此类管理与劳动管理存在明显差异：从"管理"的主要目的看，企业除安排艺人从事演艺活动为其创造经济收益之外，还要对艺人进行培训、包装、宣传、推广等，使之获得相对独立的公众知名度和市场价值；而在劳动关系中，企业通过劳动管理组织劳动者进行生产经营活动，并不以提升劳动者独立的公众知名度和市场价值为目的。从"管理"事项的确定看，企业对艺人的管理内容和程度通常由双方自主协商约定，艺人还可以就自身形象设计、发展规划和收益分红等事项与企业进行协商；而在订立劳动合同时，单个劳动者与企业之间进行个性化协商的空间一般比较有限，劳动纪律、报酬标准、奖惩办法等规章制度通常由企业统一制定并普遍适用于企业内部的劳动者。此外，从劳动成果分配方式看，企业作为经纪人，一般以约定的分成方式获取艺人创造的经济收益；而在劳动关系中，企业直接占有劳动者的劳动成果，按照统一标准向劳动者支付报酬及福利，不以约定分成作为主要分配方式。综上，企业作为经纪人与艺人之间的法律关系体现出平等协商的特点，而存在劳动关系的用人单位与劳动者之间则体现出较强的从属性特征，可据此对两种法律关系予以区分。李某与某文化传播公司之间的法律关系体现出平等协商的特点，并未体现出《关于确立劳动关系有关事项的通知》（劳社部发〔2005〕12号）规定的劳动管理及从属性特征，应当认定为民事关系。李某提出的确认劳动关系并支付解除劳动合同经济补偿的诉求，与事实不符，不予支持。[1]

---

[1] 人力资源和社会保障部、最高人民法院《关于联合发布第三批劳动人事争议典型案例的通知》（人社部函〔2023〕36号）。

第四章
网络直播营销常见纠纷类型

（二）直播合作合同是否应当解除？

网络主播与 MCN 机构之间解约纠纷的原因很多，针对不同的情况，需要适用不同的法律规则。首先，双方通过协商解除合同，协商达成一致的，则可以解除合同。其次，双方事先约定一方解除合同的事由。当解除合同的条件成就时，则享有解除权的一方可以解除合同。如果双方没有能够达成解除合同的合意或者约定的解除事由未能成就，则任何一方提出解除合同均需要具备法定的依据。《民法典》第 563 条以列举的方式规定了不可抗力、预期违约、迟延履行等事由作为合同解除依据，是法定解除权。

如果主播和 MCN 机构之间仅仅构成委托合同关系，那么主播可以依法享有任意解除权，对解除合同享有高度自由权。但正如前文对经纪合同性质的分析，经纪合同并非单一的委托合同，委托合同关系仅为经纪事务中的一项内容，从而不可适用任意解除权。作为包含诸多法律关系的综合性合同，经纪合同不能仅因其某部分权利义务的性质，就适用关于代理合同或行纪合同的规定而由合同相对方单方行使解除权。在司法实践中，法院通常会根据合同自愿、公平以及诚实信用等基本原则，遵循双方约定和利益平衡原则进行判定，不会轻易赋予当事人单方合同解除权。

在经纪合同解约纠纷中，如果主播提出解约，MCN 机构可能并不存在违约而要求继续履行合同，在此情况下合同是否应当解除？目前的司法实践中，法院对于此种"合同履行僵局"的情况，通常会依据《民法典》第 580 条[①]等法律法规，结合实际情况进行考量，酌情解除合同。法院通常会认为，经纪合同存在人身属性，履行需要双方当事人在相互信任的基础上实现合同的根本目的，如一方已明确表示不再履行合同主要义务，而另一方对于合同解除亦存在意向，就应当本着有利于合同当事人实现各自利益及发展的原则，根据公平、有价、平等的基本原则，在实现合同当事人真实意思的情况下，确定是否应解除合同。在合同继续履行既非必要，也无现实可能，且任何一方均已无法实现合同目的的情况下，应判决解除合同。法院对于是否需要解除合同的认定会综合各方面因素进行考

[①] 《民法典》第 580 条第 1 款规定："当事人一方不履行非金钱债务或者履行非金钱债务不符合约定，对方可以请求履行，但是有下列情形之一的除外：（一）法律上或者事实上不能履行；（二）债务的标的不适于强制履行或者履行费用过高；（三）债权人在合理期限内未请求履行。"

量，会考虑到合同条款的具体情况、合同继续履行的可能性以及合同目的是否能实现等。值得注意的是，经纪合同具有人身性，但缺乏信任或者主播表明不配合演出并不必然会被认为合同无法继续履行或合同可以解除。如果确实出现了合同目的不能实现的情况，法院应当解除合同。

【相关案例】在"俞某某诉某文化传播公司合同纠纷案"①中，俞某某与某文化传播公司签署了《小红书达人独家代理协议》，约定俞某某授权某文化传播公司作为其小红书运营的独家代理人，代理期限为5年，代理权限包括但不限于：互联网演艺、线下演艺、商务经纪、电商。某文化传播公司对俞某某并未投入大量资源进行重点指导和推广，为俞某某获取的商业报酬亦有限，于是俞某某以某文化传播公司违约为由书面要求解除合同。法院经审理认为，涉讼协议具有一定的人身属性，并非合同双方之间的简单利益交换，而是需要由双方互相配合，共同达成各自的合同目的。某文化传播公司作为演艺经纪行业从业单位，在一定时期内与多人签约，选取其中优秀和有潜质者，加大资源投入并重点推广以实现利益最大化，是演艺行业内通行的做法。而对于俞某某而言，基于对公司的信任，希望能因公司之积极推广获得高人气和收入，乃其合理期许。就现有证据而言，某文化传播公司对俞某某并未投入大量资源进行重点指导和推广，为俞某某获取的商业报酬亦有限，解除合同不会导致各方利益明显失衡。在俞某某再三表示不愿意继续履行合同的情况下，某文化传播公司坚持继续履行合同对双方都存在不利后果。合同双方对于合同履行已经形成僵局。故对于俞某某通过诉讼方式主张解除合同，依法予以支持。

（三）违约金是否需要调整？

网络主播是MCN机构的核心资源，主播具有很强的经济价值。但主播的成长具有一定的周期性，有着"前期投入，后期收益"的特点。MCN机构为确保前期投入能够取得回报，一般会要求主播签订长期合同，并就主播擅自转换平台等单方解约行为设定特别责任和高额违约金。实践中，主播和MCN机构签订的合同中的违约金条款大致有三种类型：（1）直接约定违约金具体金额；（2）约

---

① 上海市长宁区人民法院民事判决书，（2020）沪0105民初15245号；上海市第一中级人民法院民事判决书，（2021）沪01民终5026号。

第四章
网络直播营销常见纠纷类型

定违约金的计算方式,一般以主播在该机构所获得报酬的倍数确定;(3)同时约定违约金具体金额和违约金计算方式,以较高的为准。此外,双方还会约定损害赔偿条款,在主播发生严重违约时,需要赔偿全部直接损失及可预期利益,或者返还已获取的收益等。

通常认为,违约金在功能上具有补偿性和惩罚性。补偿性体现为一方当事人违约时,通过支付约定的违约金对守约方所遭受的损失进行弥补,也即填补损失的功能。而惩罚性则主要体现为担保履约的功能,即当事人一方违约时,即使未造成守约方实际损失,守约方仍有权要求支付违约金。此外,违约金的补偿性和惩罚性也与约定的金额和实际损失额之间的关系有关,如约定的违约金数额超出实际损失,此时,违约金填补损失的部分体现的是补偿性,而超出实际损失的部分或未造成实际损失时体现为惩罚性。但对于惩罚性违约金,法律存在一定的限制,即违约金调整规则。《民法典》第585条第2款规定:"约定的违约金低于造成的损失的,人民法院或者仲裁机构可以根据当事人的请求予以增加;约定的违约金过分高于造成的损失的,人民法院或者仲裁机构可以根据当事人的请求予以适当减少。"网络主播依据《民法典》的规定虽然有权请求调整违约金金额,但实践中法院即便对违约金金额进行酌减,也经常会支持金额较大的违约金。总而言之,网络直播行业存在如下行业特征。

首先,网络直播行业的盈利模式在于流量变现,主播的人身属性被赋予了很强的经济价值。MCN机构通过签约方式聚合主播资源,组织主播持续产生内容,借助主播的解说特点、直播风格、技艺水平、人气指数等人身属性吸引用户、提升访问量、提高受关注度,即每个主播拥有的粉丝数量,从而进行流量变现。主播的互联网个人形象与MCN机构的利益密切相关,主播被赋予很强的经济价值,直播行业之间的竞争核心演化为主播资源的竞争。

其次,网络直播行业的收益模式有一定的长期性。对网络主播的培养,前期需要MCN机构投入大量的资金和资源。然而,在合同履行的前期,主播并未形成知名度和影响力,也未能带来足够的商业价值,但MCN机构的物质投入需要得到保障。通过确立与主播之间的合作期限并设置违约金条款,即是对主播长期培养的实际投入的保障。

最后,对于网络主播的培养,MCN机构存在预期利益。预期利益又称可得利益或间接利益,是指缔约时可以预见到的履行利益。影响预期利益的重要因素之一便是主播的自身价值。主播的人气、知名度能够影响到实际销售业绩和盈利水平，进而也会影响到预期利益。

在认定网络主播与 MCN 机构之间的违约金标准时，我国的司法实践遵循"补偿性为主、惩罚性为辅"的基本原则，以实际损失为基础，兼顾合同的履行情况、当事人的过错程度等综合因素，根据公平原则和诚信原则予以衡量。其中包括：（1）实际损失。网络主播违约导致的平台流量减少所带来的实际损失，此为判断 MCN 机构主张的违约金是否过高、应否酌情减少的关键。（2）预期利益损失。"实际损失"并不局限于实际已发生的可量化的具体金额（包括但不限于对网络主播进行包装及培训支出、商业宣传支出、办公场地投入、设备支出、账号运营投入支出等证据），亦包含 MCN 机构的预期利益损失。（3）高额违约金的酌减。司法实践中，一般会综合考量合同履行情况进行酌减。履约期限长、服务贡献大可能有助于减轻违约责任；网络主播自身的影响力小、市场知名度低、粉丝数量小可能有助于减轻违约责任；网络主播过错程度低则违约责任轻。

【相关案例】在"北京某科技有限公司诉上海某电子游戏有限公司等其他合同纠纷案"① 中，原告北京某科技有限公司诉称：2017 年 7 月 1 日，原告与被告上海某电子游戏有限公司、被告王某签订《直播服务合同》，约定王某在直播平台提供独家直播服务一年，原告在直播平台站内、外投入大量资源推广并提升王某知名度。然而王某自 2018 年 1 月 1 日起擅自停播，并至竞品平台直播，致原告遭受广告收入、流量红利及其他可期待利益损失，故请求法院判令两被告支付违约金 400 万元。法院就该案所涉的违约金及损失界定具体作出如下分析：主播违约"跳槽"造成的平台损失，不应局限于显而易见的实际已发生的具体损失，还要考虑到平台整体估值的降低、可期待利益的损失、特定对象广告收益减损等因素。关于损失的具体金额，应注意到主播"跳槽"所致损失难以量化，如对平台苛求过重的举证责任，有违公平原则。对违约金合理性的判断，应立足行业健康发展。无论从建立稳定、有序、健康的网络直播行业业态，还是为直播平台营造一个良好的营商环境，抑或促使主播市场价值回归理性的角度出发，对于不合理的高额违约金，应适当予以调整。综上，法院结合合同履行期间被告王某的收益情况及其过错程度，综合直播行业的特点、直播平台的投入、经纪公司的参与及

---

① 上海市静安区人民法院民事判决书，(2018) 沪 0106 民初 7903 号。

第四章
网络直播营销常见纠纷类型

主播个体的差异四个维度予以考虑，根据公平原则及违约金的惩罚性因素，并平衡各方利益，对于王某"跳槽"这一不符合诚实信用原则的行为之违约金，酌情确定为 200 万元。

【相关案例】2022 年 9 月，史某与 MCN 机构苏州某信息科技有限公司签订《虚拟主播签约合同》，约定史某于指定平台使用公司为史某提供的虚拟形象"乘黄"开展直播，公司对直播账户享有管理权。合同还约定了史某每月最少直播时间和开播天数，如主播单方面提前解约构成根本违约，需支付违约金。2023 年 7 月，因史某长达 3 个月未直播，且经多次提醒仍不直播，公司向史某发送违约通知，明确解除合同并要求史某支付违约金 4 万余元、虚拟形象损失 1 万余元。双方协商无果，公司诉至法院。法院经审理认为，史某违约事实明显，应承担相应违约赔偿责任。判定违约金是否过高，应综合考量守约方实际损失、预期利益损失，同时兼顾对违约方的惩罚性因素。就实际损失而言，对于真人驱动型虚拟主播，是否具有"身份同一性"直接影响损失认定。该案中，虚拟形象"乘黄"使用不依赖史某的面部特征、姿态、表情，更换自然人也可完成对形象的驱动，直播内容限于互动、演唱，未体现"中之人"独特的表演方式，且在直播时长、粉丝数量、打赏用户集中程度等方面均无法表现出粉丝受众对"中之人"的高度黏性。虚拟形象"乘黄"与史某不具有"身份同一性"，具备复用价值。史某于合约期内自行停播，影响虚拟形象的塑造及其价值增长可能性，公司复用虚拟形象需重新运营，曝光频率、IP 活性必然有所降低，使用价值也存在贬损。综合考量虚拟形象使用价值及违约行为对虚拟形象价值的贬损，法院酌定史某违约所造成的直接损失为 4000 元。就预期利益损失而言，法院参照已履行期间的月均已获收益，结合合同内容、期限及双方履行情况，酌定公司对虚拟形象的复用采取措施的合理期间为 3 个月，后续损失扩大期的可得利益损失不可归咎于史某。据此，法院计算出公司可得利益损失的合理参照范围为 1610 元。综上，法院认为，合同约定的违约金数额过高，酌情调整为 7000 元，同时扣减公司未向史某发放的直播收入，判决双方合同解除，史某应向公司支付违约金 6200 元。①

---

① 杨书培：《首起虚拟主播"中之人"违约纠纷案，法院判了》，载微信公众号"最高人民法院"2024 年 11 月 20 日，https://mp.weixin.qq.com/s/wuyMZPjBGfZHup0CfZiGNg。

（四）账号权益归属于谁？

网络账号是在网络直播营销平台服务商处注册的、用以享受网络服务商提供服务的凭证。主播与 MCN 机构所应用的网络账号，在法律上具有可支配性和排他性，存在经济价值，本质上带有数据属性，属于网络虚拟财产，可以作为《民法典》上的数据和网络虚拟财产进行保护。除上述财产属性外，网络账号还具有唯一性、身份性等特征，网络实名制的互联网管理方式要求用户将账号与手机号码或邮箱进行绑定操作，这使得网络账号带有一定的人身属性。但网络账号发布作品的主体对账号享有使用权，不享有所有权，网络账号的所有权通常根据协议约定归属于网络直播营销平台。

当主播与 MCN 机构发生纠纷时，承载流量变现利益的网络账号归属往往成为争议焦点。目前我国法律对网络账号的归属问题没有明确规定，司法实践中并没有形成统一意见，案件的具体情况不同，法院的认定也不同。有观点认为网络账号带有明显的人身属性，直播账号是以主播本人名义申请，已进行了实名认证，如果账号在实际中也主要是由主播本人运营，MCN 机构在控制直播账号后并不能改变账号与主播之间的依附性和关联性，则账号归属于网络主播。另一些观点则认为，网络账号的归属主要是经济价值的归属。单纯的注册行为本身并不具备经济价值，网络账号的归属实质在于其中携带的粉丝量、影响力等经济价值的归属。因此，主播作为注册者并不一定享有网络账号的归属权。

一般来讲，对于网络账号的归属，有明确约定的从约定；没有明确约定的，司法实践中，法院会综合账号注册的目的和过程、账号运营情况和运营结果等情况，按照诚信原则和公平原则，合理确定账号的归属。法院在判断争议账号归属时会考量如下因素：

（1）账号的人身属性。涉案账号若为网络主播签署合同前以个人身份信息实名注册，在与 MCN 机构合作期间内，由机构统一管理，法院则会认定账号具有一定人身属性，从而判决账号的使用权归网络主播。

（2）双方合同约定。主播与 MCN 机构在合同中约定了解约后的账号归属。该约定作为当事人的真实意思表示，对双方均有约束力，因此法院会根据合同条

第四章
网络直播营销常见纠纷类型

款的具体内容来判断账号归属。

（3）知识产权因素。如果账号核心内容中包含MCN机构的注册商标等信息，或者某一方能提供真实的脚本大纲等证据，以证明账号下的作品为其智力成果，则法院会倾向于保护注册商标专用权人与著作权人的利益。

（4）账号认证变更的可操作性。法院查明案件事实和涉案网络账号的财产属性、人身属性后，仍需结合账号平台变更实名认证的技术层面的可操作性，综合决定账号使用权归属。

（5）公平原则。在双方当事人未明确约定账号归属或者合同约定明显有失公允的情况下，法院可以穿透表象，按照实质公平原则进行最终判定。账号虽为主播实名注册，但MCN机构对账号运营投入了大量资金与资源，尤其是该账号已成为头部网红的账号时，该账号一旦归属于主播将直接造成MCN机构的严重损失。此种情况下基于《民法典》诚实信用原则、公平正义原则，将账号归属判给MCN机构较为合理。

与网络账号归属权相关的另一问题是，网络账号发布作品的知识产权的归属。主播与MCN机构在合作过程中可能产生的作品类型包括文字、美术、摄影、视听作品等，对于这些作品的使用可能涉及署名权、复制权、发行权、改编权、汇编权、信息网络传播权等多种著作权类型。这一问题还涉及职务作品、合作作品的认定以及主播肖像权使用等相关问题。双方可以在合同中对相关作品的知识产权归属进行约定，约定归主播或MCN机构所有，或者由双方共同享有。司法实践中关于前述著作权的归属问题，法院需要结合相关主体之间的关系、是否参与创作、是否有协议约定等因素进行综合判定。由于主播与MCN机构签署的合同在司法实务中多数情况下被认为是涉及委托、居间、行纪、劳务等多重法律关系的综合性合同，较少被认定为"委托关系"或"劳动关系"，因此，主播与MCN机构合作期间创作的作品通常并不会被认定为"受MCN公司委托创作的作品"或"职务作品"。如果双方对作品的创作共同投入了智力劳动，则可以被认定为"合作作品"，著作权由双方共同共有，双方均享有收益权。

【相关案例】在"某某传媒公司诉游某某、某某（重庆）文化传媒有限公不正当竞争纠纷案"① 中，某某传媒公司与李某某签订《艺人独家经纪合同》，约定某某传媒公司全权代理李某某涉及但不限于网络平台主播、摄影模特、出版等与演艺有关的商业或非商业活动，与公众形象有关的活动等内容。李某某的抖音账号积累粉丝数 3946.3 万，在快手平台的快手账号共有粉丝数 2947.5 万。

法院经审理认为，游某某在某某传媒公司任职期间，明知涉案账号系某某传媒公司在运营，涉案账号聚集的商业价值亦是某某传媒公司运营的结果，却利用掌控涉案账号之便利，将涉案账号提供给他人使用或自己使用，损害了公司利益，其行为已构成对公司利益的侵犯。抖音、快手账号归属某某传媒公司，游某某应将前述抖音账号及密码、快手账号及密码交付给某某传媒公司。

（五）竞业限制是否有效？

MCN 机构通常会要求主播签订含有竞业限制条款的合同或者单独签署竞业限制协议，约定主播在合同存续期间以及合同解除或终止后的一定期限内，未经许可不得在第三方平台开展同类型的直播。而在我国的法律体系中，竞业限制主要规定在《劳动合同法》中。用人单位与本单位高级管理人员、高级技术人员和其他负有保密义务的劳动者签署保密协议或竞业限制协议，约定在劳动关系终止或者解除后的一定期限内，劳动者不得到与该单位生产或者经营同类产品、从事同类业务的有竞争关系的其他用人单位任职，或者自己开业生产或者经营同类产品、从事同类业务。可以看出，以上对劳动者进行竞业限制的目的是保护用人单位的商业秘密，本质是保护用人单位商业利益。此外，因公司的董事、监事、高级管理人员在公司的特殊地位及忠实义务要求，为保护公司利益，其负有法定的竞业限制义务，该义务主要来源于《公司法》《合伙企业法》《个人独资企业法》等法律的规定，是否与公司存在劳动关系不影响该义务。但网络主播在更多的情况下并非公司董事、监事、高管、合伙人或投资人聘用的管理人员，无法适用法定的竞业限制规定，因而只能考虑《劳动合同法》重点约定竞业限制的规定。如果主播与 MCN 机构构成劳动关系，则双方关于竞业限制的规定通常有效。如果主播与 MCN 机构不构成劳动关系，主播能否作为"竞业限制"条款适用的对

---

① 重庆市第一中级人民法院民事判决书，(2020) 渝 01 民初 1035 号；重庆市高级人民法院民事判决书，(2022) 渝民终 859 号。

第四章
网络直播营销常见纠纷类型

象,在司法实践中存在争议,尚未形成统一的裁判规则。

综合各地法院的司法判例观点,支持竞业限制条款有效的理由主要为:(1)"法无禁止即可为",竞业限制条款是双方意思自治的表现,不违反法律法规的强制性规定。(2)主播赢得知名度和积累的粉丝数是MCN机构与主播共同的结果,约定竞业限制条款是直播行业的一种通行做法。法院认定竞业限制条款无效的理由主要为:(1)竞业限制适用的主体有限,在合同中对于竞业限制的约定不符合法律规定。(2)竞业限制条款只对主播的竞业限制作出规定,却未约定和未支付竞业限制补偿金,有失公允。(3)非劳动关系情形下约定竞业限制条款违背社会公序良俗,限制了主播的就业权、生存权,妨碍了人才的流动和人才市场的竞争。

由于直播行业竞争日益激烈,网络主播背后隐藏的粉丝和流量成为MCN机构的重要竞争资源,主播便成为市场争抢的对象。扩张竞业限制条款的适用范围将有助于在直播行业形成一个公平竞争的环境。在司法实践中,以主体不适格为由否认MCN机构与主播间约定的竞业限制条款的有效性越来越难以作为抗辩理由,竞业限制适用于网络主播逐渐在司法实践中得到认可。如果MCN机构与主播间的协议是基于平等、自愿、公平的原则订立的,则应当尊重双方的意思自治。同时,考虑到行业的特殊性,MCN机构与主播间即使并非劳动关系,其约定的竞业限制条款只要未违反法律效力性的强制规定并支付了合理的补偿金,就应当有效。但MCN机构在设置竞业限制时,需要考虑主播的就业权、生存权等利益,保护好此类新型的互联网用工关系。

(六)销售业绩承诺未实现,商家支付款项是否退还?

MCN机构/网络主播与商家签订的直播带货合同,通常有两种方式来收取报酬:一种是按照双方约定的费用标准,按一定的比例收取固定服务费;另一种是约定保底销量,在固定费用的基础上约定ROI(投资回报率=销售额/"坑位费")、GMV(实际销售金额),即MCN机构/网络主播对销售目标进行承诺。实践中,MCN机构/网络主播通常会以承诺的保底销量为基数计算并预先收取服务费或者佣金。如果直播带货合同仅约定了向MCN机构/网络主播支付固定服务费并未约定销售目标,那么在一般情况下,商家应当根据约定支付服务费。如果直播带货合同约定了销售目标，且未达标则退还服务费，那么在销售目标未达成的情况下，MCN机构/网络主播应当按照约定将服务费退还。

司法实践中遇到的情况会更为复杂，很多情况下还存在双方交叉违约，互负违约责任的情形。例如，一些直播带货合同中约定，商家在一定期限范围内有保证全网商品最优惠或最低售价的"保价承诺"。这类约定本身属于合同各方的真实意思表示，且不违反法律、法规规定。如果商家未能履行保价承诺，则其要对MCN机构/网络主播未能完成业绩承担一定比例的过错责任。此外，销售业绩是否完成不仅与MCN机构/网络主播有关，还与直播场次、周期、商品价格、商家的推广投入等有关，商家未能充分履行合同义务也会成为销售业绩不能完成的因素。但是如果双方约定了由特定主播进行直播活动，MCN机构/网络主播存在不按时上播、上播时长不够、擅自变更直播内容、擅自更换主播等情形，给商家造成损失的，则应当向商家承担违约责任。此外，MCN机构/网络主播在合作过程中可能采取数据造假等不正当行为，如刷单、虚假交易等，此时商家有权要求MCN机构/网络主播退还已支付费用并支付违约金。

【相关案例】在"某传媒公司诉某实业公司服务合同纠纷案"[①]中，某传媒公司与某实业公司签订了《某美妆产品天猫旗舰店淘宝直播服务合同》，约定由某传媒公司为某实业公司提供天猫旗舰店淘宝直播传播服务，并在合同附件中明确了16名参加直播人员的平台昵称及其相应粉丝数量、直播日期、直播时长等内容。在实际履行合同过程中，合同附件中约定的5名主播未能参加直播，而是由替换后的主播进行直播。法院经审理认为，从双方签订合同的目的看，某传媒公司受托进行的淘宝直播传播服务实质是为商品进行推广提供宣传推销服务，该种方式中主播的粉丝数量与宣传效果具有直接的关联。而某传媒公司替换的5名主播的粉丝数量与原合同约定的5名主播的粉丝数量存在明显差距，势必将导致实际接受推广宣传的受众数量与服务合同的预期数量之间存在差异，难以达到合同所约定的推广效果。直播服务提供者未经商家同意，擅自以关注度较低、粉丝数量较少的网络主播替换合同约定的人选，构成违约。

---

① 上海市虹口区人民法院民事判决书，（2018）沪0109民初20833号；上海市第二中级人民法院民事判决书，（2019）沪02民终829号。

第二节
直播营销中的侵权与不正当竞争纠纷

一、直播营销的侵权类型

网络直播带货活动中经常发生的侵权行为主要有两种类型：一种与"直播"活动相关，侵权行为发生在主播直播的过程中，侵权主体通常是商家、网络主播、MCN 机构、直播间运营者；另一种与"带货"相关，因销售的商品本身是侵权产品或销售行为违法，侵权主体通常是商家、直播间运营者。直播营销平台则需要根据其参与直播带货活动的角色承担相应的法律责任。

（一）与直播活动相关的侵权行为

1. 创作内容涉嫌侵犯知识产权

（1）直播间装饰物

装饰直播间时对背景板、宣传画、图片、美术字体以及在网络直播过程中悬浮在屏幕上方的标识或挂饰、提示文字等素材的使用，通常被认为是一种商业性使用。如果这些素材具有一定独创性或者是他人享有著作权的美术作品、摄影作品、书法作品、文字作品等，未经许可擅自使用可能构成著作权侵权。如果装饰素材凸显他人商标标识，未经权利人许可擅自使用，还可能构成商标侵权。

【相关案例】在"东方 A 公司诉 B 公司著作权侵权及不正当竞争纠纷案"[1]中，东方 A 公司于 2021 年 11 月以"东方甄选"为名创建抖音账号并直播带货，将 558 号作品作为抖音账号头像、直播间 LOGO 及背景布局使用。2022 年 7 月 5 日，B 公司以其依法注册的"东方绿选"为名创建抖音账号并直播带货，抖音账号头像、直播间 LOGO 及背景布局装潢与"东方甄选"直播间所用构成实质性

---

[1] 盐津县人民法院：《【以案释法】网络直播引发作品著作权纠纷，法院这样判》，载微信公众号"昭通市中级人民法院"2023 年 12 月 1 日，https://mp.weixin.qq.com/s/kLp1sKXY9Qj63gPej3buHw。

近似，带货种类主要为农特产品。经法院审理认为，东方A公司的"东方甄选"账号为具有一定影响力的服务标识，B公司以"东方绿选"为名创建的抖音账号进行直播带货，其所用的头像、直播间LOGO、背景布局和"东方甄选"直播间所用构成实质性近似，侵害了东方A公司作品的著作权，构成不正当竞争。

（2）直播间背景音乐

在直播带货过程中，为烘托气氛，播放、演唱、演奏他人享有著作权的音乐作品，须事先获得著作权人的许可，未经合法许可授权且超出合理使用范围的，可能构成侵犯他人音乐作品的广播权或表演权。对背景音乐进行改编、混音或演绎，同样需要版权所有者的许可。如果背景音乐处于公共领域不受版权保护，则可以自由使用。

【相关案例】在"斗鱼公司与麒麟童公司侵害著作权纠纷案"[1] 中，麒麟童公司合法取得了歌曲《小跳蛙》在全世界范围内的著作财产权，依法享有该歌曲的词曲著作权之表演权。"冯提莫"等12名主播以营利为目的在斗鱼直播间演唱《小跳蛙》，并与在线观看粉丝实时互动，接受粉丝巨额打赏礼物，获得了巨大的经济利益。直播完毕后，其形成的相应直播视频仍在互联网传播，供所有用户点击、浏览、播放、分享、下载。北京互联网法院经审理认为，网络直播平台的服务方式多种多样，应当根据网络直播平台的服务类型确定其性质和法律责任。实践中，网络直播平台的服务方式主要包括平台服务方式和主播签约方式。①网络直播平台提供直播平台服务时，其性质为网络直播技术服务提供者，要求网络直播平台承担侵权责任时，应当认定其具有"应知"或"明知"的过错，即知道或了解具体侵权事实或行为。②主播签约方式是指网络主播与网络直播平台签订劳动合同或者其他合作协议，网络主播接受网络直播平台的管理和安排，平台对主播直播的内容具有直接的控制权和决定权。在此情况下，根据网络直播平台对签约主播的分工以及网络主播参与内容选择的程度，网络直播平台的性质无论是网络直播内容提供者，抑或与网络主播分工合作共同提供内容，网络直播平台均应当对网络主播直播中发生的侵权行为承担法律责任。该案中，网络主播"阿冷""二珂""冯提莫""尧顺宇"在斗鱼平台直播的过程中，未经许可使用涉案

---

[1] 北京互联网法院民事判决书，（2019）京0491民初23408号。

第四章
网络直播营销常见纠纷类型

作品的行为,侵害了麒麟童公司对涉案作品的著作权。因斗鱼平台与上述主播系劳动关系或者具有特殊的收益分成约定,故斗鱼公司对于网络主播的行为,应当承担侵权的法律责任。

(3) 直播间短视频

直播间使用电影、电视剧、体育赛事等广播电视视听片段,未经授权对其进行剪辑、改编、搬运并在直播中播放,又不能被认定为合理使用的,可能会侵犯著作权。擅自剪辑的短视频作品不论时间长短,均可能构成对著作权的侵犯。《关于进一步规范网络视听节目传播秩序的通知》(新广电办发〔2018〕21号)中指出,所有视听节目网站不得制作、传播歪曲、恶搞、丑化经典文艺作品的节目;不得擅自对经典文艺作品、广播影视节目、网络原创视听节目作重新剪辑、重新配音、重配字幕,不得截取若干节目片段拼接成新节目播出;不得传播编辑后篡改原意产生歧义的作品节目片段。严格管理包括网民上传的类似重编节目,不给存在导向问题、版权问题、内容问题的剪拼改编视听节目提供传播渠道。对节目版权方、广播电视播出机构、影视制作机构投诉的此类节目,要立即做下线处理。

2. 主播行为造成的侵权

(1) 侵犯他人肖像权、隐私权等人格权

我国《民法典》第1019条第2款规定,未经肖像权人同意,不得以发表、复制、发行、出租、展览等方式使用或者公开肖像权人的肖像。在直播过程中,未经肖像权人的同意,主播擅自直播或发布包含其肖像的内容进行商业性使用,可能导致肖像权人的社会评价降低或名誉受损而构成侵权。网络主播未经允许拍摄他人、公开他人私密信息并擅自披露的,属于侵害当事人隐私权的情形。

(2) 侵犯名誉权

名誉是对民事主体的品德、声望、才能、信用等的社会评价,法律不允许任何组织和个人以侮辱、诽谤等方式侵害他人的名誉权。直播中散布不实言论,恶意诽谤他人,导致受害人社会评价降低的,网络主播应当依法承担侵权责任。司法实践中,即使有侮辱性言论,但如果没有导致受害人社会评价降低或名誉受损,法院也可能不认为是侵权行为。此外,引导、放任众多网络用户在直播间内谩骂、侮辱他人,致使他人名誉权遭受侵害的,网络主播也应当依法承担侵权责任。

【相关案例】 在"宋某诉广州某计算机系统有限公司、叶某网络侵权责任纠纷案"[①]中，宋某是某网络游戏玩家，叶某是该网络游戏主播。在直播过程中，直播间内出现大量侮辱、谩骂宋某的弹幕评论，叶某对此未加以提醒和制止。宋某起诉后，叶某还将载有宋某身份信息的诉讼文书违法向他人提供，致使宋某持续遭受人身攻击。法院经审理认为，主播叶某未了解纠纷全貌，仍利用自身热度，擅自开设专场直播，使用煽动、夸张言辞为直播间引流，违反直播平台严禁主播"引导用户拉踩引战、造谣攻击，实施网络暴力"的要求，制造宋某与其他游戏玩家的对立情绪，引导、放任网络用户对宋某进行侮辱、谩骂，该行为具有违法性，客观上造成宋某社会评价降低。叶某将载有宋某身份信息的诉讼文书违法向他人提供，亦加重了侵权行为的损害后果，叶某具有主观过错，应当依法承担侵害宋某名誉权的责任。

（二）与网络商品销售相关的侵权行为

1. 产品侵权责任

产品侵权的原因通常包括产品存在设计缺陷、制造缺陷，未能达到国家标准、行业标准或企业标准等。消费者因通过网络直播购买的产品而受到人身伤害、财产损害的，可以向产品的生产者或销售者请求赔偿。如果产品缺陷由生产者造成，销售者在赔偿后有权向生产者追偿；如果产品缺陷由销售者过错造成，生产者在赔偿后有权向销售者追偿；如果产品在运输或仓储过程中因第三人的过错而存在缺陷，并造成他人损害，生产者或销售者在赔偿后，有权向第三人追偿。

消费者因购买、使用了网络直播中销售的商品或服务受到人身伤害、财产损害，或购买的商品不符合食品安全标准而受到损害的，若直播营销平台明知或"应知"但仍未采取必要措施，则需与商家（生产者、销售者）承担连带责任。针对威胁到消费者生命健康安全的商品或服务，平台对商家具有资质审核或安全保障义务，因此造成用户损害的，应承担相应责任。

2. 知识产权侵权

商标侵权是直播带货最常见的侵权行为之一。网络直播间销售侵犯商标权的

[①] 广州互联网法院民事判决书，（2022）粤0192民初9098号；广东省广州市中级人民法院民事判决书，（2022）粤01民终21935号。

第四章
网络直播营销常见纠纷类型

商品与生产厂家生产侵犯商标权的商品一样，均属侵权行为，应当承担侵权责任，除非直播间经营者实际不知道或不应当知道销售的是侵犯注册商标专用权的商品，且能够证明产品来源清晰、渠道合法、价格合理，亦能说明侵权产品的具体提供者。如果直播间销售的商品本身涉及他人发明、实用新型专利技术，未经许可实施他人专利技术，则涉嫌侵犯他人发明或实用新型专利权。如果商品或商品包装与他人外观设计专利相同或近似，未经许可实施他人外观设计专利，则涉嫌侵犯他人外观设计专利权。此外，直播间销售的商品或商标包装上如果使用了他人享有著作权的作品，例如美术作品、文字作品、摄影作品等，需要事先得到著作权人的许可，未经他人许可而进行商业使用将构成对他人著作权的侵犯。

【相关案例】在"新百丽鞋业（深圳）有限公司、丽荣鞋业（深圳）有限公司与刘某某、温州某公司侵害商标权及不正当竞争纠纷案"[1] 中，温州某公司与抖音账号"澳州百丽官方旗舰店"绑定，在该抖音账号、视频宣传上擅自使用完整包含"百丽""BELLE"注册商标的标识。刘某某以直播的方式销售标"澳州百丽""AOZHOUBELLE"图案的鞋子。法院经审理认为，温州某公司、刘某某未经许可使用与涉案商标相近似的标识，构成对涉案商标权的侵害。刘某某主要通过抖音账号和抖音店铺绑定进行直播的方式销售侵权商品，不受时间和空间限制，在短时间内快速积累了大量的客户群体，进而实现销售转化；相对于传统销售模式，该行为侵权范围更广、侵权获利更高，同时给权利人造成的商标商誉损失和经济损失更大，属于"侵权情节严重"。刘某某的侵权行为符合适用惩罚性赔偿的法定要件。一审法院以其调取的涉案 5 家抖音店铺成交总额 44,086,678 元为侵权商品销售收入，同时参考权利人提供的利润率数据，结合涉案网店停止侵权时间、造成的损害后果、可能存在部分非侵权商品销售链接、抖音平台直播销售存在抽成以及多个电商平台均发现有侵权鞋子在售等情形，酌定涉案网店销售侵权商品的利润率为 25% 具有合理性。刘某某的侵权获利为 11,021,669 元，以此为基数适用 1 倍惩罚性赔偿，最终赔偿总额为经济损失 22,043,338 元加维权合理开支 10 万元。

---

[1] 浙江省温州市中级人民法院民事判决书，（2022）浙 03 民初 1585 号；浙江省高级人民法院民事判决书，（2023）浙民终 460 号。

二、网络不正当竞争纠纷类型

网络直播营销的过程中，可能发生现行《反不正当竞争法》中所规定的七种传统类型的不正当竞争行为，分别包括：商业混淆、商业贿赂、虚假宣传、侵犯商业秘密、不正当有奖销售、商业诋毁、网络领域不正当竞争行为等。2024年9月1日施行的《网络反不正当竞争暂行规定》，结合互联网的发展现状，对网络不正当竞争行为进行了全面梳理，列举了流量劫持、干扰、恶意不兼容等各类行为的表现形式并明确其认定标准，为规制网络领域的不正当竞争行为提供了更为具体的依据。结合《反不正当竞争法（修订草案征求意见稿）》（2022）中对流量劫持、不当排除其他经营者合法提供的商品接入和交易、不正当获取或使用其他经营者的商业数据、利用算法对交易相对方进行不合理限制等网络不正当竞争具体行为模式的细化规定，现就网络领域的不正当竞争行为表现形式分类总结如下。

（一）传统不正当竞争行为在互联网下的新表现形式

1. 商业混淆

商业混淆行为，又称"傍名牌"，是指经营者在生产经营活动中仿冒他人商品标识、主体标识、网络标识等，使得自己的商品或服务被消费者误认为是他人商品或者与他人存在特定联系的不正当竞争行为。我国《反不正当竞争法》第6条规定了三类商业混淆行为并设置了兜底条款，包括：擅自使用与他人有一定影响的商品名称、包装、装潢等相同或者近似的标识；擅自使用他人有一定影响的企业名称（包括简称、字号等）、社会组织名称（包括简称等）、姓名（包括笔名、艺名、译名）；擅自使用他人有一定影响的域名主体部分、网站名称、网页等。《反不正当竞争法》对未能被《商标法》覆盖的客体提供相应保护，但有关商业标识需要同时具备知名度与显著性的条件，为"有一定影响力的"标识。①

《网络反不正当竞争暂行规定》进一步扩张了商业混淆的适用范围，列举了

---

① 最高人民法院《关于适用〈中华人民共和国反不正当竞争法〉若干问题的解释》第4条规定："具有一定的市场知名度并具有区别商品来源的显著特征的标识，人民法院可以认定为反不正当竞争法第六条规定的'有一定影响的'标识。人民法院认定反不正当竞争法第六条规定的标识是否具有一定的市场知名度，应当综合考虑中国境内相关公众的知悉程度，商品销售的时间、区域、数额和对象，宣传的持续时间、程度和地域范围，标识受保护的情况等因素。"

第四章
网络直播营销常见纠纷类型

不同的表现类型（见表4-1），规制的商业混淆行为涵盖"应用软件、网店、客户端、小程序、公众号、游戏界面"等市场中所有的线上经营、宣传、推广渠道，保护内容亦由"商品名称、包装、装潢"细化为"页面设计、名称、图标、形状"等，保护环节也从销售流通扩张至生产和销售全环节。

表4-1 网络商业混淆行为的表现类型

序号	内容
1	擅自使用与他人有一定影响的**域名主体部分**、**网站名称**、**网页**等相同或者近似的标识
2	擅自将他人有一定影响的**商品名称**、**企业名称**（包括简称、字号等）、**社会组织名称**（包括简称等）、**姓名**（包括笔名、艺名、译名等）作为域名主体部分等网络经营活动标识
3	擅自使用与他人有一定影响的**应用软件**、**网店**、**客户端**、**小程序**、**公众号**、**游戏界面等的页面设计**、**名称**、**图标**、**形状**等相同或者近似的标识
4	擅自使用他人有一定影响的**网络代码**、**网络符号**、**网络简称**等标识
5	生产销售足以引人误认为是他人商品或者与他人存在特定联系的商品
6	通过提供网络经营场所等便利条件，与其他经营者共同实施混淆行为
7	擅自将他人有一定影响的商业标识设置为搜索关键词，足以引人误认为是他人商品或者与他人存在特定联系

【相关案例】在"杭州某电商公司与汕头某贸易公司、雷某等不正当竞争纠纷案"[1]中，法院经审理认为：首先，关于功能，抖音账号昵称承载竞争权益。经营者的企业名称、姓名究其功能与商标大致相同，同样具备标识商品来源和质量保证功能。抖音账号在电子商务领域开展对商品的直接经营，承载了市场商誉，其粉丝数也直观体现其受众群体范围，故账号昵称的功能与传统市场的经营主体名称、姓名相同。其次，关于性质，与民法主要立足于保护人身权的角度保护企业名称和姓名不同，反不正当竞争法保护企业名称和姓名的目的是制止造成市场混淆的不正当竞争行为。从消费者对于经营主体的识别角度出发，允许与注

---

[1] 浙江省杭州市中级人民法院民事判决书，（2022）浙01民初1462号；浙江省高级人民法院民事判决书，（2023）浙民终295号。

册的企业名称或自然人姓名不同的称呼存在具有其合理性。判断一个称呼是否属于受反不正当竞争法保护的名称、姓名，主要取决于该称呼与经营者之间是否建立起对应的联系，故与企业注册名称不同的经营主体称呼可作为保护对象。

2. 虚假宣传

我国《反不正当竞争法》中的虚假宣传包括虚假或者引人误解的商业宣传两种表现方式。其一为虚假宣传，经营者在商业宣传过程中，提供不真实的商品相关信息，欺骗、误导相关公众的，将会被认定为虚假的商业宣传。虚假宣传欺骗、误导的对象不但包括消费者，也包括相关公众。其二为引人误解的商业宣传，经营者不得利用广告或者其他方法，对商品的质量、制作成分、性能、用途、生产者、有效期限、产地等作引人误解的商业宣传。

最高人民法院《关于适用〈中华人民共和国反不正当竞争法〉若干问题的解释》第17条第1款针对以各种引人误解的方式进行虚假宣传的形式进行开放式列举，诸如对商品作片面的宣传或者对比，将科学上未定论的观点、现象等当作定论的事实用于商品宣传，使用歧义性语言进行商业宣传等，为认定虚假宣传行为提供了必要的考量因素。如果网络主播故意告知消费者虚假情况或者故意隐瞒真实情况，诱使消费者作出错误意思表示，此时还可能构成消费欺诈。

《网络反不正当竞争暂行规定》则从对象上把网络虚假宣传分为两类（见表4-2）：一类是针对生产经营者、商品、服务自身宣传，即经营者通过网站、客户端、小程序、公众号等渠道，以直播、平台推荐、网络文案、热搜、榜单等多种互联网营销形式进行的虚假宣传。另一类是针对相关产品和服务销售后的信息、评价宣传，并进一步细化为刷单炒信、虚假交易、口碑营销、好评返现等商业宣传行为。

表4-2　网络虚假宣传的类型

针对对象	类别
针对生产经营者、商品、服务自身宣传	通过网站、客户端、小程序、公众号等进行展示、演示、说明、解释、推介或者文字标注
	通过直播、平台推荐、网络文案等方式，实施商业营销活动
	通过热搜、热评、热转、榜单等方式，实施商业营销活动

第四章
网络直播营销常见纠纷类型

续表

针对对象	类别
针对相关产品和服务销售后的信息、评价宣传	虚假交易、虚假排名
	虚构交易额、成交量、预约量等与经营有关的数据信息
	采用谎称现货、虚构预订、虚假抢购等方式进行营销
	编造用户评价，或者采用误导性展示等方式隐匿差评、将好评前置、差评后置、不显著区分不同商品的评价等
	以返现、红包、卡券等方式利诱用户作出指定好评、点赞、定向投票等互动行为
	虚构收藏量、点击量、关注量、点赞量、阅读量、订阅量、转发量等流量数据
	虚构投票量、收听量、观看量、播放量、票房、收视率等互动数据
	虚构升学率、考试通过率、就业率等教育培训效果
	采用伪造口碑、炮制话题、制造虚假舆论热点、虚构网络就业者收入等方式进行营销

【相关案例】"本溪雨姐传媒有限公司直播带货涉嫌虚假宣传事件"[1] 中，该公司与朝阳县六河粉条制造有限公司签订《直播推广服务协议》，为其直播推广红薯粉条。有博主购买直播间的红薯粉条并送检，"发现红薯粉条中掺入了木薯淀粉，没有红薯成分"。辽宁省本溪市本溪满族自治县得知消息后随即组成联合调查组对"东北雨姐"直播间所售的红薯粉条进行封存并送检。经检验，本溪雨姐传媒有限公司直播推广的红薯粉条送检样品未检出红薯源性成分，检出木薯源性成分，其他检验项目符合食品安全标准要求。本溪雨姐传媒有限公司在直播中宣称红薯粉条"除了红薯淀粉、饮用水、食用明矾，没有乱七八糟的""质量雨姐给你把控"等，与事实不符，属于作虚假或者引人误解的商业宣传。本溪满族自治县市场监督管理局拟决定对本溪雨姐传媒有限公司作出没收违法所得和罚款共计 165 万元的行政处罚，并责令本溪雨姐传媒有限公司暂停经营限期整改，承担相关法律责任。涉事红薯粉条的生产厂家——朝阳县六河粉条制造有限公司拟

---

[1] 《关于"本溪雨姐传媒有限公司"直播带货中存在有关问题的情况通报》，载本溪满族自治县人民政府官网 2024 年 10 月 12 日，https：//bx.benxi.gov.cn/zwgk/zfgg/content_633813。

被责令停产停业、没收违法所得、罚款共计671.76万元。

【相关案例】 在"谢某英诉某科技有限公司、某贸易有限公司等信息网络买卖合同纠纷案"① 中，网络主播焦某某在直播间虚构故事，多次直播带人解救受困母女。原告谢某英在浏览视频的过程中，留意到焦某某直播母女解救、治病、筹款等内容，出于同情，为了筹集善款在直播间购买了价值10,328.1元的商品。后原告发现上当受骗，遂向平台投诉举报，并向法院提起诉讼。法院经审理认为，被告焦某某在直播过程中虚构人物及故事情节，以此获取消费者的同情和爱心，从而达到通过网络销售其产品的目的，具备主观欺诈之故意和客观虚构事实之行为，构成欺诈，有违诚实信用原则，有悖于公序良俗，应依法退还购物价款10,328.1元并三倍赔偿原告损失30,984.3元。被告某科技有限公司在收到原告等消费者的投诉后，即时关闭了焦某某注册账号的商家功能，且按照要求提供了涉案违规直播间销售者的真实名称、地址、有效联系方式配合查清案情，故法院对原告要求被告某科技有限公司与被告焦某某共同承担责任的主张不予支持。在该案中，法院依法认定主播虚构事实以达到卖惨带货目的的行为构成欺诈，适用《消费者权益保护法》第55条惩罚性赔偿的规定，对违法主播予以严惩，维护了消费者的合法权益。

3. 商业贿赂

商业贿赂，是指经营者为销售、购买商品或提供服务而采用财物或者其他手段贿赂对方单位或者个人的行为。商业贿赂是以排斥竞争对手为目的，为使自己在销售、购买商品或提供服务等业务活动中获取交易机会或竞争优势，而采取的给予交易相对方，或能够影响交易的其他相关单位或个人财物或其他利益的不正当竞争行为，受我国《反不正当竞争法》的规制。② 《反不正当竞争法（修订草案征求意见稿）》（2022）进而把交易相对方"单位"纳入受贿主体，对受贿行为作出禁止性规定，并强调"指使他人"进行贿赂的行为亦构成商业贿赂。

在互联网行业逐渐成为商业贿赂高发领域的趋势下，《网络反不正当竞争暂

---

① 《江西高院发布2023年度全省法院贯彻实施民法典十大典型案例》，载微信公众号"江西法院"2024年8月5日，https://mp.weixin.qq.com/s/OSQDdZQybHbN2Vsc4gg1bg。
② 《反不正当竞争法》第7条第1款规定："经营者不得采用财物或者其他手段贿赂下列单位或者个人，以谋取交易机会或者竞争优势：（一）交易相对方的工作人员；（二）受交易相对方委托办理相关事务的单位或者个人；（三）利用职权或者影响力影响交易的单位或者个人。"

第四章
网络直播营销常见纠纷类型

行规定》扩大了对商业贿赂对象的打击范围,增加行贿行为类型、扩大受贿对象范畴,同时将收取"虚拟财产"作为受贿行为纳入商业贿赂的规制范畴中。此外,网络营销中的流量、排名、跟帖服务都有助于优势地位的获取,均属于商业贿赂项下"谋取竞争优势"的规制范围。商业贿赂的特征如表4-3所示。

表4-3 商业贿赂的特征

分类	内容
贿赂对象	平台工作人员、对交易有影响的单位或者个人
贿赂目的	谋取交易机会或者在流量、排名、跟帖服务等方面的竞争优势
贿赂手段	现金、物品、网络虚拟财产以及礼券、基金、股份、债务免除等其他财产权益

4. 商业诋毁

经营者不得利用网络编造、传播虚假信息或者误导性信息,实施损害或者可能损害竞争对手的商业信誉和商品声誉的行为。这里的商业信誉是指经营者在商业活动中的信用和名誉,包括相关公众对该经营者的资信状况、商业道德、技术水平、经济实力等方面的评价;商品声誉是指商品在质量、品牌等方面的美誉度和知名度。

实践中,商业诋毁行为的传播渠道涵盖传统媒体及直播、微博、微信等各类网络社交平台等,表现形式包括召开发布会、发布帖子、评论、发布客户告知书、律师函等。需要注意的是,商业诋毁的对象是广义的竞争者,不能简单地仅以双方提供的商品或服务相同或者类似作为认定构成竞争者的标准。根据《网络反不正当竞争暂行规定》第11条第1款的规定,商业诋毁的行为类型如表4-4所示。

表4-4 商业诋毁的行为类型

序号	商业诋毁类型
1	组织、指使他人对竞争对手的商品进行**恶意评价**
2	利用或者组织、指使他人通过**网络散布虚假或者误导性信息**
3	利用网络传播含有虚假或者误导性信息的**风险提示、告客户书、警告函或者举报信**等
4	其他编造、传播虚假或者误导性信息,损害竞争对手商业信誉、商品声誉的行为

【相关案例】在"上海某医疗科技有限公司与彭某某商业诋毁案"[①]中，根据《反不正当竞争法》及其司法解释的相关规定，法院认为认定商业诋毁需满足如下要件：(1) 商业诋毁的行为主体之间系具有竞争关系的经营者；(2) 商业诋毁行为指向的对象应当是可辨别、明确的；(3) 编造、传播虚假信息或者误导性信息损害竞争对手的商业信誉、商品声誉。该案中，首先，双方均从事美容产品的销售，具有竞争关系。其次，被诉侵权视频在标题中添加"N＊WA"标签，在视频内容上先表示"某品牌在玛丽仙帖子里请水军发弹幕诋毁"，然后张贴其他网友有关"N＊WA"品牌请水军的评论，并在张贴上述评论后紧接着表示"今天就给大家说说清楚，这个渣品牌都做了些啥"。前述行为足以表明被诉侵权视频直接指向"N＊WA"品牌，评论对象是明确、可辨别的。最后，被诉侵权视频中多次使用"渣""贱""low到爆"等具有负面感情色彩的词汇，已明显超出客观事实陈述和正当商业评论的合理界限，对上海某医疗科技有限公司的市场评价产生负面影响，损害其商业信誉，构成商业诋毁。

(二) 新型网络不正当竞争行为

1. 流量劫持

网络流量本质上是交易机会，"流量劫持"是指通过技术手段实施插入链接或者强制进行目标跳转等，干预或重新定向互联网流量，从而获取交易机会的行为。流量劫持的技术手段多种多样，包括 DNS 劫持、链路劫持、浏览器劫持等，其目的都是获得更多的交易机会。"流量劫持"行为是《反不正当竞争法》"互联网专条"中规定的类型化不正当竞争行为之一。[②] 最高人民法院《关于适用〈中华人民共和国反不正当竞争法〉若干问题的解释》第21条在认定"强制进行目标跳转"行为时，强调了用户意愿的重要性，认为"未经其他经营者和用户同意而直接发生的目标跳转"应当属于强制进行了目标跳转。而对于仅插入链接，目标跳转由用户触发的，是否构成"流量劫持"和不正当竞争行为，需要综

---

① 上海市金山区人民法院民事判决书，(2023) 沪 0116 民初 2851 号；上海知识产权法院民事判决书，(2023) 沪 73 民终 1078 号。
② 《反不正当竞争法》(2019 修正) 第 12 条第 2 款规定："经营者不得利用技术手段，通过影响用户选择或者其他方式，实施下列妨碍、破坏其他经营者合法提供的网络产品或者服务正常运行的行为：(一) 未经其他经营者同意，在其合法提供的网络产品或者服务中，插入链接、强制进行目标跳转；……"

第四章
网络直播营销常见纠纷类型

合考虑插入链接的具体方式、是否具有合理理由以及对用户利益和其他经营者利益的影响等因素。《网络反不正当竞争暂行规定》第 13 条进一步将"流量劫持"分为两种类型，并设置了兜底条款，类型如表 4-5 所示。

表 4-5 "流量劫持"的类型

序号	相关类型
1	在其他经营者合法提供的网络产品或者服务中，插入跳转链接、嵌入自己或者他人的产品或者服务
2	利用关键词联想、设置虚假操作选项等方式，设置指向自身产品或者服务的链接，欺骗或者误导用户点击
3	其他插入链接或者强制进行目标跳转的行为

2. 恶意干扰

我国《反不正当竞争法》第 12 条第 2 款第 2 项要求经营者不得利用技术手段，通过影响用户选择或者其他方式，误导、欺骗、强迫用户修改、关闭、卸载其他经营者合法提供的网络产品或者服务，实施妨碍、破坏其他经营者合法提供的网络产品或者服务正常运行的行为。最高人民法院《关于适用〈中华人民共和国反不正当竞争法〉若干问题的解释》第 22 条对如何认定"恶意干扰"增加了一个前提条件，即事先未明确提示并经用户同意，在用户知情权、选择权未得到充分保障的情况下作出选择。《网络反不正当竞争暂行规定》第 14 条则结合互联网产品的发展形态，将"干扰"行为的客体从"其他经营者合法提供的网络产品或者服务"扩展到"设备、功能或者其他程序"等网络产品或者服务。

"恶意干扰"中的"恶意"主要是指实施干扰行为的经营者主观意图或者目的的不正当性，是认定"恶意干扰"不正当竞争行为的主观构成要件。凡是误导、欺骗、强迫用户实施某种行为，以达到妨碍、破坏其他经营者合法提供的网络产品或者服务正常运行的行为，均有可能构成"恶意干扰"。此外，《网络反不正当竞争暂行规定》第 21 条还对可能被认定为"恶意干扰"的行为进行了分类（见表 4-6）。

表4-6 恶意干扰的类型

序号	恶意干扰
1	违背用户意愿下载、安装、运行应用程序
2	无正当理由，对其他经营者合法提供的网络产品或者服务实施拦截、拖延审查、下架，以及其他干扰下载、安装、运行、更新、传播等行为
3	对相关设备运行非必需的应用程序不提供卸载功能或者对应用程序卸载设置不合理障碍
4	无正当理由，对其他经营者合法提供的网络产品或者服务，实施搜索降权、限制服务内容、调整搜索结果的自然排序等行为
5	其他妨碍、破坏其他经营者合法提供的网络产品或者服务正常运行的行为

3. 恶意不兼容

恶意不兼容指经营者利用技术手段，故意使自己的产品或服务与其他经营者的产品或服务不能正常配合使用，以此排挤竞争对手。经营者自己的产品或服务与其他经营者的产品或服务兼容与否，本来是企业应有的一种商业自主经营权。当不兼容是由技术水平或商业策略所致，且并未对其他经营者的正常运营造成妨碍或破坏时，不应被认定为不正当竞争行为。但是，当两款或多款独立的网络产品或服务之间不能进行功能交互或并存，造成用户、开发者或者商家"被迫"选择某一款产品或服务而不是以其好恶为标准作出"主动"选择，从而使另一经营者丧失平等争取用户注意力的机会时，则可能会构成"恶意不兼容"的不正当竞争行为。

反不正当竞争法并非一概禁止不兼容行为，而是仅禁止"恶意"实施的不兼容。不兼容行为本身不构"恶意"，只有通过综合考量经营者的主观状态、对网络生态的影响、对消费者和社会的影响、对竞争者合法利益的影响、对市场秩序的影响，认定该行为对市场竞争秩序和用户利益造成实质性损害，且没有正当理由予以抵消时，才构成"恶意不兼容"。《网络反不正当竞争暂行规定》第15条列举了可能构成恶意不兼容的考量因素（见表4-7）。

第四章
网络直播营销常见纠纷类型

表 4–7　构成恶意不兼容的考量因素

序号	内容
1	是否知道或者应当知道不兼容行为会妨碍、破坏其他经营者合法提供的网络产品或者服务正常运行
2	不兼容行为是否影响其他经营者合法提供的网络产品或者服务正常运行，是否影响网络生态开放共享
3	不兼容行为是否针对特定对象，是否违反公平、合理、无歧视原则
4	不兼容行为对消费者、使用该网络产品或者服务的第三方经营者合法权益以及社会公共利益的影响
5	不兼容行为是否符合行业惯例、从业规范、自律公约等
6	不兼容行为是否导致其他经营者合法提供的网络产品或者服务成本不合理增加
7	是否有正当理由

4. 网络恶意交易

网络恶意交易是指经营者为了牟取不正当利益，利用互联网平台的评价机制，通过短期内高频交易或好评而使商家触发平台反刷单机制，或通过大量下单后取消订单、给予差评或者退货等手段，使商家触发互联网平台的惩罚机制，从而减少其他经营者的交易机会，打击竞争对手，并最终损及消费者的知情权与选择权。

《网络反不正当竞争暂行规定》第 16 条首次将网络恶意交易作为不正当竞争行为进行规制，禁止经营者利用技术手段，直接、组织或者通过第三方故意实施恶意交易，使其他经营者受到相关规则惩戒，从而妨碍、破坏其他经营者正常经营。该条规定还对实践中较为突出的"恶意反向刷单"、"恶意不付款"以及"恶意退货或者不收货"几种网络恶意交易行为类型进行了归纳（见表 4–8）。《反不正当竞争法（修订草案征求意见稿）》（2022）第 14 条也将恶意交易行为纳入反不正当竞争法的规制范围之中，对于维护市场公平竞争具有重要意义。

表 4-8　网络恶意交易的常见类型

序号	网络恶意交易
1	故意在短期内与其他经营者发生大规模、高频次交易，或者给予好评等，使其他经营者受到搜索降权、降低信用等级、商品下架、断开链接、停止服务等处置
2	恶意在短期内批量拍下大量商品不付款
3	恶意批量购买后退货或者拒绝收货等
4	其他利用规则实施恶意交易，不当妨碍、破坏其他经营者正常经营的行为

5. 恶意拦截与屏蔽

恶意拦截与屏蔽是指经营者利用技术手段，在无正当理由的情况下拦截、屏蔽其他互联网经营者合法提供的信息内容及页面，从而妨碍、破坏其他经营者合法提供的网络产品或者服务正常运行，扰乱市场公平竞争秩序。恶意拦截与屏蔽针对的是特定经营者，被拦截或屏蔽的页面和信息为合法信息。对于该种类型的不正当竞争行为，尽管可以适用《反不正当竞争法》中"互联网专条"的兜底条款进行规制，但在《网络反不正当竞争暂行规定》中直接引入了对拦截、屏蔽网络产品或服务行为的规制条款，避免了对此类行为仍然适用兜底条款进行规制的过大自由裁量权。恶意拦截与屏蔽的不正当竞争行为表现特征如表 4-9 所示。

表 4-9　恶意拦截与屏蔽的不正当竞争行为表现特征

分类	内容
针对对象	特定经营者
针对客体	合法提供的信息内容以及页面
排除标准	非法信息，频繁弹出干扰用户正常使用的信息以及不提供关闭方式的漂浮视窗等
行为效果	妨碍、破坏其他经营者合法提供的网络产品或者服务正常运行，扰乱市场公平竞争秩序

《网络反不正当竞争暂行规定》第 17 条不仅对平台间相互屏蔽的违法行为起

第四章
网络直播营销常见纠纷类型

到了规制作用,也对"广告屏蔽行为"作出了回应。根据该规定,对于违反《广告法》《互联网广告管理办法》等法律法规或部门规章规定的违法广告,用户可实施屏蔽行为。但如果屏蔽的对象是合法提供的广告,则屏蔽行为具有不正当性。拦截屏蔽技术在互联网领域广泛存在并衍生为一种商业模式,如何判断屏蔽行为是否合法,是否影响互联网生态的公平竞争,需要结合具体案情进行具体分析。

【相关案例】在"北京某公司诉深圳某公司网络不正当竞争纠纷案"[①] 中,北京某公司主要依托"广告+免费视频"(在视频内容播放前播放广告以收取广告费,用户通过观看时长不一的片前广告,获得免费视频观看)或收取会员费(用户支付费用成为会员后,无须观看视频前广告即可观看视频)的商业模式,通过广告费、会员费的收取支付视频版权、带宽、推广等支出,以维持其正常运营。深圳某公司凭借技术使其用户在无须付出时间成本和费用成本的情况下,观看北京某公司的视频,这将导致部分北京某公司用户转而成为深圳某公司的用户以及北京某公司广告点击量和会员费收入的下降。深圳某公司通过技术让其用户观看北京某公司的视频,但其并未支付版权费等营运成本,该成本仍由北京某公司承担。而北京某公司在支付上述成本的同时,却面临用户数量减少和广告点击量下降导致的商业利益受损的后果。作为技术实施方的深圳某公司明知使用该技术会出现自己得利他人受损的后果,仍实施该技术,具有主观故意,违背了诚实信用原则和公认的商业道德,侵害了北京某公司合法的经营活动,其行为不具有正当性。

6. "二选一"行为

"二选一"行为严格来说不是一种违法行为的法律术语,它是指具有一定市场影响力的经营者,利用自身的市场优势地位,不合理地限制交易相对人进行自由交易选择的竞争手段。在互联网领域,"二选一"行为是指经营者采取明示或默示的方式,运用搜索降权、下架商品、限制经营、屏蔽店铺、提交服务收费等不正当的手段不合理地限制平台内经营者在其他平台自主开展经营活动。"二选一"行为会损害其他电商平台公平交易的机会,损害消费者的自由选择和知情

[①] 上海市杨浦区人民法院民事判决书,(2015)杨民三(知)初字第1号;上海知识产权法院民事判决书,(2015)沪知民终字第728号。

权。然而，"二选一"行为并不当然违法，只有达到排除、限制竞争的效果才对其进行法律规制。我国《电子商务法》第35条①、《反不正当竞争法》第12条第2款②中的相关条款等都可以作为规制"二选一"不正当竞争行为的法律依据。《反垄断法》第22条第1款第4项也明确禁止经营者实施"二选一"行为，即禁止具有市场支配地位的经营者"没有正当理由，限定交易相对人只能与其进行交易或者只能与其指定的经营者进行交易"的行为。但是，适用《反垄断法》对"二选一"行为进行规制的前提为经营者"具有市场支配地位"。而《网络反不正当竞争暂行规定》是在《反不正当竞争法》的框架下细化并列举了"二选一"行为的具体情形（见表4-10），禁止一般经营者和平台经营者实施"二选一"等妨碍竞争的行为，而无论相关经营者是否具有市场支配地位。

表4-10 "二选一"行为类型

分类	内容
一般经营者的妨碍竞争行为	影响用户选择、限流、屏蔽、搜索降权、商品下架等方式，干扰其他经营者之间的正常交易
	限制交易对象、销售区域或者时间、参与促销推广活动等，影响其他经营者的经营选择
平台经营者的妨碍竞争行为	强制平台内经营者签订排他性协议
	对商品的价格、销售对象、销售区域或者销售时间进行不合理的限制
	不合理设定扣取保证金，削减补贴、优惠和流量资源等限制
	利用服务协议、交易规则对平台内经营者的交易进行其他不合理限制或者附加不合理条件

---

① 《电子商务法》第35条规定："电子商务平台经营者不得利用服务协议、交易规则以及技术等手段，对平台内经营者在平台内的交易、交易价格以及与其他经营者的交易等进行不合理限制或者附加不合理条件，或者向平台内经营者收取不合理费用。"

② 《反不正当竞争法》第12条第2款规定："经营者不得利用技术手段，通过影响用户选择或者其他方式，实施下列妨碍、破坏其他经营者合法提供的网络产品或者服务正常运行的行为：……（二）误导、欺骗、强迫用户修改、关闭、卸载其他经营者合法提供的网络产品或者服务；……"

第四章
网络直播营销常见纠纷类型

【相关案例】在"上海某信息科技有限公司诉北京某科技公司、北京某在线科技有限公司不正当竞争纠纷案"①中，北京某科技公司淮安分公司在经营活动中采取以下手段阻碍他人建立正常的交易关系、扰乱或者妨碍竞争对手的正常经营活动：（1）以调高费率为手段迫使签约商家放弃与竞争对手（专指"饿了么"平台）交易；（2）以置休服务为手段迫使签约商家同意上述条款；（3）设置不合理交易条件阻碍商家与消费者之间建立正常的交易关系。法院认为北京某科技公司淮安分公司对部分同时在"美团"和"饿了么"外卖平台经营的商户，通过实施调高费率、置休服务、设置不合理交易条件等手段，迫使商户进行只与"美团"外卖在线平台进行合作的约定，不正当地阻碍商户与"饿了么"外卖平台进行合作的机会，剥夺了商户的选择权，并妨碍、破坏了上海某信息科技有限公司等同业竞争者的网络产品及服务正常运行，排除了其竞争机会，扰乱了正常的市场竞争秩序，不仅损害了商户的合法权益，更损害了上海某信息科技有限公司的合法权益，构成不正当竞争。

【相关案例】在"京东诉浙江某某网络有限公司、浙江某某技术有限公司、某某集团控股有限公司'二选一'案"中，京东称被告要求众多品牌商家不得在京东参加"6·18""双十一"等促销活动、不得在京东商城开设店铺进行经营，甚至只能在某某商城一个平台开设店铺进行经营行为。三被告在中国B2C网上零售平台市场上具有市场支配地位，实施了包括"二选一"行为在内的滥用市场支配地位行为，损害了中国B2C网上零售平台市场的正常竞争秩序，侵犯了原告、商家及广大消费者的合法权益。2023年12月29日，北京市高级人民法院对该案作出一审判决，认定被告滥用市场支配地位实施"二选一"的垄断行为成立，对京东造成严重损害，并判决其向京东赔偿10亿元。

7. 非法获取使用数据

非法获取数据是指不正当地获取或使用其他经营者的数据，损害其他经营者竞争权益的行为。针对非法获取使用数据行为可以适用《反不正当竞争法》中的一般条款、商业秘密条款进行规制。司法实践中，法院一般会考量平台对被抓取

---

① 江苏省淮安市中级人民法院民事判决书，（2019）苏08民初309号；江苏省高级人民法院民事判决书，（2021）苏民终1545号。

数据是否具有可保护的利益、平台之间是否具有竞争关系、被抓取平台是否遭受损害以及抓取行为是否具有不正当性等因素，来认定数据获取行为是否构成不正当竞争。在此前法律规定和司法实践的基础上，《网络反不正当竞争暂行规定》第19条对非法获取使用数据构成不正当竞争作出了更为明确的规定，要求经营者不得利用技术手段，非法获取、使用其他经营者合法持有的数据，妨碍、破坏其他经营者合法提供的网络产品或者服务的正常运行，扰乱市场公平竞争秩序。而《反不正当竞争法（修订草案征求意见稿）》（2022）第18条第1款采用"列举加兜底"的方式，对非法获取使用数据的不正当竞争行为进行了类型化规定，具体如表4-11所示。

表4-11 非法获取使用数据的类型

分类	内容
以盗窃、胁迫、欺诈、电子侵入等方式获取商业数据	破坏技术管理措施，不正当获取其他经营者的商业数据，不合理地增加其他经营者的运营成本、影响其他经营者的正常经营
违反约定或者合理、正当的数据抓取协议	获取和使用他人商业数据，并足以实质性替代其他经营者提供的相关产品或者服务
披露、转让或者使用以不正当手段获取的其他经营者的商业数据	足以实质性替代其他经营者提供的相关产品或者服务
以违反诚实信用和商业道德的其他方式不正当获取和使用他人商业数据	严重损害其他经营者和消费者的合法权益，扰乱市场公平竞争秩序

【相关案例】在"微某公司与六某公司、厦门市扒某腹肌网络科技有限公司、浙江淘某网络有限公司不正当竞争纠纷案"[①] 中，原告微某公司系"抖某"App的开发者，被告六某公司系"小某芦官网"（xiao*ulu.com）的经营者。"小某芦官网"提供"直播红人榜""礼物星光榜""土豪排行榜"等，可分别付费查询不同时间段内抖某平台上按照礼物价值及收入依次排名的各个主播的头

---

① 浙江省杭州市余杭区人民法院民事判决书，(2021) 浙0110民初2914号。

第四章
网络直播营销常见纠纷类型

像、昵称及具体礼物收入金额、送礼人数、直播记录等。随机选取的抖某主播均能在"小某芦官网"上查询到其相关信息及直播数据分析。法院经审理后认为，微某公司作为"抖某"产品的运营者，通过运营涉案数据实现其商业策略，其就直播数据整体享有的竞争利益值得保护，主张涉案数据权益具备合法性基础。六某公司获取、使用涉案数据的行为具有不正当性，侵害了微某公司、"抖某"主播及打赏用户的合法权益，扰乱了市场竞争秩序，违反了反不正当竞争法的规定，构成不正当竞争。

8. 差别待遇

差别待遇是指网络经营者利用技术手段，对条件相同的交易相对方不合理地提供不同的交易条件，侵害交易相对方的选择权、公平交易权等，妨碍、破坏其他经营者合法提供的网络产品或者服务正常运行，扰乱市场公平交易秩序。我国《个人信息保护法》第24条第1款、《互联网信息服务算法推荐管理规定》第21条等均提及了"不合理的差别待遇"这一概念。《网络反不正当竞争暂行规定》第20条则明确了通过技术手段对条件相同的交易相对方不合理地提供不同的交易条件属于不正当竞争行为。该条规定不是基于反垄断规制框架，适用主体不再必须具备市场支配地位或必须为平台经济领域经营者，对于一般的"经营者"满足一定条件（见表4-12）的也可以构成差别待遇。

表4-12 差别待遇的构成条件

序号	内容
1	利用技术手段
2	对条件相同的交易相对方不合理地提供不同的交易条件
3	侵害交易相对方的选择权、公平交易权等
4	妨碍、破坏其他经营者合法提供的网络产品或者服务正常运行

关于何谓"条件相同的交易"，可参照国务院反垄断委员会《关于平台经济领域的反垄断指南》第17条第2款的规定，条件相同指的是交易相对人之间在交易安全、交易成本、信用状况、所处交易环节、交易持续时间等方面不存在实质性影响交易的差别。同时，《网络反不正当竞争暂行规定》第20条还规定了三种除外情形：①根据交易相对人实际需求且符合正当的交易习惯和行业惯例，实

行不同交易条件；②针对新用户在合理期限内开展的优惠活动；③基于公平、合理、无歧视的规则实施的随机性交易。上述规定为经营者实施不合理差别待遇的认定标准提供了可直接适用的法律依据。

9. 平台自我优待行为

"平台自我优待"，是指具有竞争优势的平台经营者，滥用优势地位，对平台自营或关联方运营的商品或服务给予更加有利的优惠条件，或通过平台所掌握的交易数据优化自身产品决策，导致其他经营者处于不利地位。平台滥用优势地位进行自我优待打破了平台利益的均衡，产生了破坏公平竞争、限制商业创新以及损害消费者利益等后果。我国《反垄断法》《电子商务法》等法律法规对平台自我优待行为的规制，须满足平台具备市场支配地位的前提。而《网络反不正当竞争暂行规定》首次从反不正当竞争的角度切入对平台自我优待的规制，其中第23条规定平台自我优待的法律特征如表4-13所示。

表4-13 平台自我优待的法律特征

分类	内容
规制对象	具有竞争优势的平台经营者
滥用手段	利用技术手段，滥用后台交易数据、流量等信息优势以及管理规则
违法方式	通过屏蔽第三方经营信息、不正当干扰商品展示顺序等方式
反竞争效果	妨碍、破坏其他经营者合法提供的网络产品或者服务正常运行，扰乱市场公平竞争秩序

《网络反不正当竞争暂行条例》适用于具有竞争优势的平台经营者，与《反不正当竞争法（修订草案征求意见稿）》（2022）对平台自我优待行为的规制在立法方向上保持了一致。该征求意见稿第47条把竞争优势的概念发展为"相对优势地位"，包括经营者在技术、资本、用户数量、行业影响力等方面的优势，以及其他经营者对该经营者在交易上的依赖等。上述有关"相对优势地位"的规定，可以在理解《网络反不正当竞争暂行条例》第23条规定的"竞争优势"时作为参考。

第五章 网络直播领域经典案例解析

网络直播行业经过近10年的快速发展，涌现出一大批新类型的网络直播企业，带动着传统企业的数字化转型升级，也让网络直播行业成为我国数字经济发展的重要阵地。直播行业的发展，让市场竞争从线下向线上转移，产生了很多新类型的纠纷。本章总结了网络直播新技术、新业态背景下发生的一系列典型案件（事件），并通过分析和梳理，发现网络直播行业的法律规则和行为准则，助力行业有序竞争和规范发展。

其中，案例一"中国高空极限运动第一人"吴某宁坠亡案——花某直播平台发布危险性视频存在过错，分析了网络服务提供者是否要对网络用户承担安全保障义务，安全保障义务的范围如何界定，以及网络直播平台在履行安全保障义务时可以采取的措施。案例二熊某公司诉知名主播李某追索"巨额保证金"案，强调了主播违反合同约定擅自在其他平台从事类似业务构成违约，但主播与直播平台合同中约定的高额违约金应考量网络直播行业的特点适当予以调整。案例三违反公序良俗向主播打赏被判令返还案，分析了直播打赏的法律性质与合同效力，以及如何主张打赏钱款的返还，对直播平台如何妥善处理与主播的关系也给出了建议。案例四网络直播带货主播商业诋毁第一案——好某牌婴儿纸尿裤遭恶意贬低构成商业诋毁，分析了商业诋毁行为的法律认定和侵权责任承担方式，并对如何避免虚假和误导性宣传、审慎使用对比广告进行了合规提示。案例五全国首例认定直播带货场景下的直播平台为电商平台的侵害商标权案——赛某公司与弘某公司、微某公司商标权纠纷案，分析了网络平台法律地位的多种属性，以及将互联网平台认定为电子商务平台的考量因素，对直播营销平台应当履行的合理注意义务也进行了探析。案例六知名主播薇某逃税行政处罚案，分析了网络主播税收问题，涉及主播的身份、所得的性质、扣缴义务人等，并归纳了网络主播常见的税务违法行为。案例七电商头部主播李某琦与海氏"底价协议"事件，分析了"底价协议"是否构成垄断协议以及是否违反《反不正当竞争法》，反思如何在保护消费者权益、维护公平竞争与鼓励行业创新之间找到最佳平衡点。案例八"秦某"作业本遗失事件——网络谣言传播的法律边界与责任，分析了主播、直播营销平台、MCN机构在网络信息传播链条中应负的责任，以及各方主体如何通过优化管理制度、采取合规措施共同维护网络空间的清朗秩序。案例九直播巨头三某羊公司因虚假宣传行政处罚案，分析了直播带货中多方主体的法律地位与消费者保护责任，建议对直播行业突出的产品质量、虚假宣传等问题，应通过加强产品审核与质量控制等措施落实各方主体责任，切实维护消费者的合法权益。

案例一

"中国高空极限运动第一人"吴某宁坠亡案
——花某直播平台发布危险性视频存在过错

在直播内容日益多样化的同时，一些高风险、高危险性的直播内容也逐渐增多，给网络直播平台监管带来了巨大挑战。在这些高风险内容直播中，极限运动直播尤为引人注目，它们以惊险刺激的画面吸引了大量观众，但也伴随极高的安全风险。

一、案例介绍

曾在浙江横店影视城担任演员的吴某宁从2017年开始，在花某直播等平台发布大量徒手攀爬高楼的视频，总浏览量超过3亿人次，拥有上百万粉丝，被称为"中国高空极限运动第一人"。2017年11月8日，吴某宁在攀爬长沙地标性建筑之一华远国际中心时失手坠亡，其家人以网络侵权责任为由，将北京密某和风科技有限公司（以下简称密某公司）诉至法院。

第 五 章
网络直播领域经典案例解析

吴某宁的家人认为，花某直播对于用户发布的高危险性视频没有尽到合理的审查和监管义务，要求其赔礼道歉并赔偿各项损失共计 6 万元。被告密某公司答辩认为：①花某直播平台提供信息存储空间的行为并不具有在现实空间侵犯吴某宁人身权的可能性，不是侵权行为。②吴某宁上传的视频内容非法律法规禁止内容，被告没有应当处理的法定义务。③被告与吴某宁之间就花某直播软件新版本的推广合作不是加害行为，被告未指令其做超出其挑战能力或者不擅长的挑战项目。④被告前述行为与吴某宁高坠身亡不具法律意义上的因果关系。⑤吴某宁作为完全民事行为能力人，因极限挑战屡屡成功已声名鹊起，应认为其具有一定极限挑战的能力，被告并非明知或应知吴某宁不具备挑战能力而要求或放任其挑战，不具有主观侵权过错。

结合网络服务提供者是否需要对网络用户承担安全保障义务的争议焦点，一审法院经过审理，认定花某直播平台未承担应有的安全保障义务，侵害了吴某宁的权利，不过吴某宁的死纯由个人行为导致，吴某宁需要承担主要责任，直播平台责任次要且轻微，因此判赔 3 万元。后花某直播平台不服上诉，二审法院认为花某直播平台确实存在过错，在明知道吴某宁非专业人士，且没有防护措施的情况下，还大肆宣扬推荐他的视频，具有明显的诱导倾向，致使吴某宁一次次做出危险行为，因此维持一审判决。[①]

二、法律分析

（一）网络虚拟空间是否能够评价为公共空间？网络服务提供者是否需要对网络用户承担安全保障义务？

通常安全保障义务的场景基于公共场所实现，保护的对象是人身与有形的财产。网络空间作为虚拟空间，直播平台是否对直播人负有安全义务尚存争议，这主要是因为"公共场所"一般是指公众可以任意逗留、集会、游览或利用的场所，具有相对开放性、秩序性、共享性和公共性等特征。《民法典》第 1198 条第 1 款规定：宾馆、商场、银行、车站、机场、体育场馆、娱乐场所等经营场所、公共场所的经营者、管理者或者群众性活动的组织者，未尽到安全保障义务，造

[①] 北京互联网法院民事判决书，（2018）京 0491 民初 2386 号；北京市第四中级人民法院民事判决书，（2019）京 04 民终 139 号。

成他人损害的,应当承担侵权责任。

我国《刑法》《民法典》《公共场所卫生管理条例》等法律、行政法规将公共场所大致分为八类:公共医疗场所,如医院、诊所等;公共旅游场所,如旅游景点、名胜古迹等;公共消遣场所,如公园、园林大道路边等;公共集会场所,如体育馆、游泳馆等;公共观览场所,如展览馆、图书馆、博物馆等;公共营业场所,如菜市场、商城等;公共娱乐场所,如电影院、歌舞厅、音乐厅等;可以自由出入的公共场所,如车站、机场、码头、候车室等。无论是《刑法》中作为构成要件抑或加重情节的"公共场所",还是行政法规上规定的"公共场所",在一贯的解释上都是现实的三维属性的存在。现实场所和物质设施是"公共场所"不可或缺的基本内涵和前提,而网络空间建构于"虚拟"的数字化网络之上。

本案中,一审法院认为,直播平台是公共场所在网络空间的具体表现形态,该平台的注册和使用是面向社会大众开放的,参与人员具有不特定性,是具有社会活动性的虚拟空间。网民在该网络空间中可以进行浏览、发布、评论、转发、点赞各种视频、图片和文字等活动,网民之间的行为具有互动性、公共性、群众性。基于此,直播平台具有公共场所的社会属性,且该平台具有营利性,理应对网络用户承担相应的安全保障义务。但是,二审法院认为,网络空间作为虚拟公共空间,其与现实物理公共空间存在明显差异,能否扩大解释《侵权责任法》(案件审判时仍有效)的相关规定适用范围,尚无定论。但是网络空间不是法外之地,网络作为一个开放的虚拟空间,网络空间治理是社会治理的重要组成部分,应当进行必要的规制,也即网络空间虽然建立在虚拟的网络上,但随着科技的发展,被赋予了越来越多的社会意义,网络服务提供者也相应对网络用户承担安全保障义务。

(二) 网络服务提供者的安全保障义务范围如何界定?

安全保障义务的合理性需结合具体情境评估,根据《互联网直播服务管理规定》第9条的规定,直播平台不得利用互联网直播服务从事法律法规禁止的活动,包括危害国家安全、破坏社会稳定、扰乱社会秩序、侵犯他人合法权益等行为。然而,该条并未明确规定直播平台需主动删除或屏蔽所有具有危险性的用户视频。虽然根据《民法典》的相关规定,网络服务提供者作为网络平台的管理

第五章
网络直播领域经典案例解析

者、经营者和组织者，对网络行为可能产生的危险具有一定的防范责任，对网络用户负有一定的安全保障义务，但是直播平台采取删除、屏蔽、断开链接等必要措施的前提，一般是网络用户利用网络服务实施侵权行为。

吴某宁一案中，法院认为网络服务提供者在虚拟的网络空间中亦对网络用户负有一定的安全保障义务，而囿于网络空间的虚拟性，其安全保障义务内容一般应仅包含审核、告知、删除、屏蔽、断开链接等措施。此外，花某直播平台采取用户注册、用户上传视频、粉丝打赏、平台与上传视频用户共同分享打赏收益的流程运营模式，具有盈利性，且与吴某宁共同分享打赏收益。基于收益与风险相一致的原理，花某直播平台应对吴某宁承担相应的安全保障义务。

本书认同法院的观点，要求直播平台对所有用户上传的视频进行全面审查，不仅在技术上难以实现，也可能对互联网行业的创新和发展造成不必要的阻碍。并且，虽然《网络安全法》《互联网直播服务管理规定》等都要求网络运营者加强对其用户发布信息的管理，发现违法违规内容应及时采取删除、屏蔽等措施，但是直播内容具有实时性、海量性和多样性等特点，依靠现有技术进行全面审查不仅成本高昂，而且可能产生大量误判和漏判情况，过度的审查义务还可能抑制互联网行业的创新和发展。因此，审查义务应限于法律法规明确禁止的内容或明显违法违规的行为。这既符合法律法规的要求，又能够保护用户权益和社会公共利益，同时避免对互联网行业的创新发展造成不必要的阻碍。

（三）直播平台是否构成侵权，"自甘冒险"原则能否作为免责事由？

本案中，"自甘冒险"这一原则并非法定的免责事由，结合吴某宁坠亡与花某直播之间是否存在过错和因果关系，二审法院否认了花某直播援引"自甘冒险"的抗辩，认为吴某宁所从事的高空建筑物的攀爬活动，并非常规竞技体育活动，而是具有极高危险性的极限运动，吴某宁并非专业运动员，这种行为不仅危及自身，还存在因坠落而伤及无辜、扰乱社会秩序的风险，是社会公德所不鼓励和不允许的。并且，花某直播在吴某宁坠亡的两个多月前，借助吴某宁的知名度为花某直播平台进行宣传并支付酬劳，明显在通过直播人的行为谋利，故可以认定，直播平台对吴某宁持续进行该危险活动起到了一定的诱导作用。因此，法院认为花某直播未尽到安全保障义务是导致吴某宁坠亡的诱导性因素，二者具有一定的因果关系，花某直播对吴某宁的坠亡存在过错。

直播平台援引"自甘冒险"原则减轻责任有一定的合理性，但是，基于公平责任原则，花某直播应该为其行为不当之处承担责任，而不能完全免责。3万元的赔偿金额对于花某直播实属微小，但是其代表的责任分配和价值立场是具有导向意义的，花某直播存在未尽视频审核义务的过错，甚至存在通过放纵某些违法行为以获利的做法。在虚拟空间的应用不断增多的互联网时代，在网络侵权责任尚待以立法形式细化和完善的情况下，基于现有的法条和法律原则，确定直播平台负有一定的责任，有利于督促直播平台自主完善审核机制，积极履行安全保障义务。

三、案例启示

网络服务提供者安全保障义务相关法律法规的缺失所引发的现实问题，使我们不得不转变对于平台的定位，改变其发展初期所奉行的宽松的管制政策，以确立更为合理的安全保障义务边界和范围。从本案判决来看，直播平台所负的安全保障义务有其特定的法理基础和现实基础，作为直播平台，更应从以下方面落实安全保障义务。

（一）网络直播平台应理性认识安全保障的合规义务

从当前对平台主体责任的构建来看，国家市场监督管理总局于2021年10月29日发布的《互联网平台落实主体责任指南（征求意见稿）》对平台提出了更高要求，包括公平竞争示范，平等治理，开放生态，风险评估，内部治理，风险防控，信息核验、记录、公示等。其中针对这些主体责任的要求普遍表现为建立内部机制、定期发布报告、接受社会监督等。网络直播服务提供者（平台）在一般情况下不承担直接责任，但在未尽到合理审查和管理义务时，可能需要承担间接责任。而"合理的审查和管理义务"目前并未有明确化、具体化、可视化的标准，只笼统地规定"网络服务提供商要尽到高于普通人，理性、谨慎且具有专业知识的注意"，这意味着直播平台需要尽到平台的"最大化努力"。

由此出发，可以将平台安全保障义务拆解为主体身份核验义务，审查、处置和报告义务，身份信息和交易记录保存义务等。而为敦促平台完成主体责任建设，履行上述子义务，应以量化指标衡量其是否履行安全保障义务，这些标准包括：平台是否建立内容审核机制，以及是否严格审核内容；平台是否建立风险行

第五章
网络直播领域经典案例解析

为识别和防控机制；平台是否主动定期进行专项治理并发布公告；平台是否积极处理投诉举报内容；平台是否制定平台规则并进行管理等。在平台履行以上义务的情况下，应认定平台已经履行安全保障义务，不再为平台内危险行为造成的损害后果承担责任。

（二）直播平台在履行安全保障义务时可以采取的措施

从吴某宁一案的判决中可以总结出网络直播平台必须清晰界定并履行其安全保障义务，包括但不限于制定明确规则、保障用户信息安全、内容审查与管理、提示与协助义务以及应急响应与处置等。具体可采取以下措施：进行身份验证和实名制。内容强制审核，确保不出现违法、违规、暴力、色情等不适宜的内容。采用自动化审核技术和人工审核相结合的方式，提高审核的准确性和效率。建立健全的社区管理机制，设立专门的运营团队或管理员，及时处理违规行为和用户举报。提供用户举报违规行为的渠道，鼓励用户积极参与维护直播安全。及时处理用户举报，并采取相应的措施，如警告、封禁账号等。此外，关注主播和观众的心理健康问题，提供心理辅导和支持，建立心理健康服务机制。

其中，网络直播平台应对上传内容进行一定程度的审查和管理，防止违法和不良信息的传播。审查义务应根据具体情况合理评估，避免过度干预用户自由。网络直播平台应特别关注违法、违规以及意外性的直播内容，并进行重点监控和及时干预，防止风险事件再次发生。

针对违法行为，平台负有审核内容并严格限制违法内容上传和违法行为的职责，其义务的履行表现为账号禁言、封号、报警等合理、及时的处置措施。针对违规行为，应与针对违法行为的平台义务相同，但由于类似更改关键词的违规行为极具隐蔽性，为平台监督带来较大难度，因此平台完成形式审查就应当被认定为履行了安全保障义务。针对发生意外的正常行为，鉴于平台不在"网络案发第一线"，审核延迟问题难以避免，不宜苛求救助义务，但平台也应及时采取应急处置措施。

（三）建立多元共治机制共同保障网络直播行业有序发展

随着网络直播行业的迅猛发展，监管挑战也日益凸显，完善相关法律法规体系成为保障行业健康发展的关键。

总体而言，平台承担安全保障义务具有贯通性，即在时间维度上做到事前危险的防范与排查，事中危险的排除或警示与事后救济。分类分级管理制度能够根据平台的具体类别化情况实现更具合理性与针对性的监管措施，相较于不论平台性质、平台能力与平台负担等因素，均适用同一套标准的方法具有明显的优势。如以平台的连接属性和主要功能为划分标准，将平台分为网络销售类平台、生活服务类平台、社交娱乐类平台、信息咨询类平台、金融服务类平台、计算应用类平台等类型；综合考虑用户规模、业务种类以及限制能力将平台分为超大平台、大型平台、中小平台，进而根据平台类别与级别的不同让其承担不同限度和不同内容的安全保障义务。

四、结语

综上所述，花某直播在吴某宁坠亡事件中未能尽到其应有的合规义务，在一定程度上导致了悲剧的发生。这起案例不仅揭示了直播平台在内容监管与安全保障方面存在的漏洞，也反映出在当前法律框架下对于直播平台责任认定的复杂性与挑战。通过对吴某宁一案的分析，本书认识到在高风险直播活动中，平台必须承担更多的审查和监管责任，以防止类似悲剧的发生。同时，需在法律层面进一步明确平台的义务和责任，确保平台能够在合法合规的框架内运营，为用户提供一个安全、健康的网络环境。

案例二

熊某公司诉知名主播李某追索"巨额保证金"案

随着互联网技术的不断革新，网络平台直播作为互联网经济的新兴业态，近年来呈现出蓬勃发展的态势。这一新兴行业不仅为众多年轻人提供了展示自我、实现梦想的舞台，也极大地丰富了大众的娱乐生活。然而，在直播行业繁荣的背后，伴随着一系列的法律纠纷，尤其是网络平台主播违约涉诉案件频发，成为行业健康发展的隐忧。

第五章
网络直播领域经典案例解析

一、案例介绍

上海熊某互娱文化有限公司（以下简称熊某公司）诉李某、昆山播某游信息技术有限公司（以下简称播某游公司）合同纠纷案[①]，因涉及"巨额违约金"及广泛的行业影响力，成为业界的焦点。

2018年2月，熊某公司作为当时业界较大的直播平台之一，与知名主播李某及其经纪公司播某游公司签订了独家合作协议，约定李某在熊某直播平台独家进行"绝地求生"游戏的第一视角游戏直播和游戏解说，并且约定了高额的违约金条款，以期稳定主播资源，维护平台利益。2018年6月，李某发布微博内容称将至斗某直播平台进行直播，并公布了直播时间及房间号，播某游公司也于官方微信公众号上发布了李某在斗某直播平台的直播间链接。2018年6月29日，李某实际在斗某直播平台进行首播。

2018年8月24日，熊某公司向上海市静安区人民法院提起诉讼，请求判令两被告继续履行独家合作协议，立即停止在其他平台的直播活动并支付相应违约金。一审审理中，播某游公司提出反诉请求，要求确认熊某公司、播某游公司、李某三方间的合作协议已解除。一审法院经审理判决播某游公司支付熊某公司违约金260万元，李某承担连带清偿责任。李某不服一审判决，提起上诉。二审法院驳回上诉，维持原判。

二、法律分析

在探讨网络直播平台与主播之间的法律纠纷时，尤其需要深入剖析其背后复杂的合同关系及法律责任。随着网络直播行业的迅猛发展，主播与平台之间的合作日益紧密，但同时暴露出诸多法律问题。特别是在高额违约金、独家合作协议等条款的约束下，主播违约跳槽至其他平台的案例频发，成为行业关注的焦点。

（一）主播违反合同约定擅自在其他平台从事类似业务构成违约

为了增强网络直播平台的用户流量，一些平台频繁采取"挖墙脚"策略，此举非但未能促进健康竞争，反而加剧了行业内的混乱现象，主播未经许可擅自转

[①] 上海熊某互娱文化有限公司诉李某、昆山播某游信息技术有限公司合同纠纷案，最高人民法院指导性案例第189号（2022年）。

投其他竞争平台开展相似业务的情况屡见不鲜。鉴于主播是直播平台运营的核心驱动力，平台往往需投入高额成本进行维护与发展。为锁定这一关键资源，直播平台普遍采取与主播签订独家或排他性合作协议的策略，明确主播在合同期内未经正式解约不得在其他竞争平台上进行同类活动。然而，部分主播因法律意识不足，在未给予合理通知的情况下擅自跳槽至第三方平台直播，构成了根本性违约，应依法承担相应的违约责任。

在此类案件中主播方通常抗辩称平台欠付薪资已经构成违约，才导致自己跳槽到其他平台。[①] 本案中，结合双方合同约定、以往的支付惯例，以及熊某公司出现欠薪情况之后双方的沟通及催款事实来看，熊某公司确实存在一定程度的履约瑕疵，但难以认定上述履约瑕疵属于根本违约，故李某不能因熊某公司的上述履约瑕疵而享有法定解除权。

（二）主播与直播平台合同中约定的高额违约金应当适当予以调整

审视"斗某""虎某""熊某"等直播平台与主播间的合作合同，我们不难发现，其中针对主播违反合同、跳槽至其他平台的违约责任设定主要有四种形式：一是约定明确的违约金数额；二是依据主播在平台收益的比例或倍数来动态计算违约损失；三是包括对平台直接经济损失和未来可预见收益的补偿；四是要求主播返还其在平台期间已获得的所有收益。

具体到本案中，合同中不仅设定了高达5000万元的固定违约金，还附加了主播需返还合作期间支付的所有费用，并承担公司为其投入的培训及推广成本等条款。更进一步，合同中还包含了一项兜底条款，即在既定赔偿金不足以覆盖熊某公司实际损失时，违约方需额外赔偿所有因此造成的损害。法院认为，当事人主张约定的违约金过高，请求予以适当减少的，应当以实际损失为基础，兼顾合同的履行情况、当事人的过错程度以及预期利益等综合因素，根据公平原则和诚实信用原则予以衡量。

鉴于网络直播行业发展迅速，其行业规范与法律框架尚处于构建之中，高额违约金条款的泛滥已成事实，这些条款虽旨在遏制主播违约跳槽与平台间的不正

---

① 参见何云、及小同、李予霞：《〈上海熊猫互娱文化有限公司诉李岑、昆山播爱游信息技术有限公司合同纠纷案〉的理解与参照——网络主播违约跳槽的违约责任认定》，载《人民司法》2023年第23期。

第五章
网络直播领域经典案例解析

当竞争，但过度的高额违约金也引发了对其公平性与合理性的质疑。因此，法院对明显偏离市场逻辑、违反诚实信用与公平原则的畸高违约金数额进行调整，旨在平衡各方利益，推动网络直播行业的健康、可持续发展。

（三）调整高额违约金数额应当考虑网络直播行业的特点

在网络主播跳槽的违约责任认定上，司法实践中各地法院判断的标准并不统一。直播平台在提出高额的违约赔偿请求时，往往会结合平台对主播支出的培训、宣发成本，平台为主播付出的带宽资源、主播在平台已经获取的实际收益，主播的流量及知名度，以及主播在新平台的创收能力等各方面因素，评估主播跳槽为平台造成的实际损失。[①]

具体到本案中的"天价"违约金，法院认为，对于公平、诚实信用原则的适用尺度，与因违约所受损失的准确界定，应当充分考虑网络直播这一新兴行业的特点。网络直播平台是以互联网为必要媒介、以主播为核心资源的企业，在平台运营中通常需要在主播身上投入较多的前期成本，而主播违反合同在第三方平台进行直播的行为给直播平台造成损失的具体金额实际难以量化，如对网络直播平台苛求过重的举证责任，则有违公平原则。本案就根据公平与诚实信用原则以及直播平台与主播个人的利益平衡，酌情将违约金调整为 260 万元。

三、案例启示

随着网络直播行业的快速发展，平台与主播之间的法律纠纷日益增多，特别是类似"独家合作协议"下的高额违约金问题，成为社会关注的热点。通过深入分析本案，我们不仅能够洞察到网络直播行业的法律问题，还能从中汲取宝贵的经验和启示，为直播平台的健康发展和法律风险防范提供有力指导。

（一）直播平台应建立主播分级管理制度分别设定违约金

1. 综合考量不同因素，明确主播分级标准

根据主播的粉丝数量、互动率、观众留存率等指标，评估其市场影响力和商业价值并以此来综合判断主播的等级水平，附带性考察主播产出的内容是否优

[①] 参见何云、及小同、李予霞：《〈上海熊猫互娱文化有限公司诉李岑、昆山播爱游信息技术有限公司合同纠纷案〉的理解与参照——网络主播违约跳槽的违约责任认定》，载《人民司法》2023年第23期。

质、有创意、符合平台定位及法律法规要求。同时，应当做好合规性记录，评估主播的历史合规记录，包括是否遵守平台规则、是否存在违规行为等。

2. 根据主播不同特点建立健全主播分级体系

直播平台可以在平台规则中明确不同等级主播的参考因素。如新入驻或表现平平的主播属于一级主播，违约金设置相对较低，以鼓励成长；粉丝量和影响力有所提升的主播属于二级主播，其内容质量稳定，违约金数额可以适当上调，但保持灵活性以支持其进一步发展；拥有大量忠实粉丝、内容具有高度影响力和商业价值的主播属于三级主播，其违约金设定较高，以体现其市场价值和风险成本；平台头部主播属于四级主播，其对平台整体生态有重要影响，违约金应最高，但需与主播深入沟通，确保双方利益最大化。

3. 违约金设置应当公平合理，兼具一定的灵活性

违约金数额应基于主播的实际价值、合同期限、双方投入的资源及预期收益等因素合理确定，避免过高或过低。并且，考虑到市场变化及主播成长的不确定性，合同中可以设置违约金调整机制，如根据主播级别变动、业绩表现等因素进行调整。

总的来说，对于不同情况的主播分类别进行管理和制定不同的违约条款，不仅更便于管理，出现纠纷时平台能从分类管理中收集到更加精准的证据，也能减少一部分成本支出，更好地维护平台的利益。

（二）直播平台应合理利用竞业限制制度维护自身合法权益

对于互联网平台企业而言，网络主播背后的粉丝群体与其所代表的流量，构成了企业巨大的经营利益。企业在与主播进行协商并签订合作协议时，应合理利用竞业限制条款，做好风险防范，避免知名主播跳槽给企业造成不可弥补的损失。

具体而言，平台企业与大流量主播签订合作协议时，务必明确约定如下内容，以便在诉诸司法程序时尽可能实现诉请：①明确竞业限制条款，即约定在双方合作协议存续期间，该主播不得与第三方平台以任何方式开展合作、不得至第三方平台同时开展直播等；②明确约定违约责任及违约金的计算方式，即如果主播违反竞业限制条款，则主播将构成根本违约，需按照双方约定的金额向平台支付违约金；③明确约定企业因主张权益所支出的律师费、公证费等费用的承担，

第五章
网络直播领域经典案例解析

即约定如果平台与主播之间因主播违约而发生争议，则主播应承担企业由此而发生的相关费用；④明确约定主播一经通知应立刻停止在竞争公司的直播行为，以便平台在发现主播违约时及时进行行为保全，将主播违反竞业限制给企业带来的损失最小化。①

（三）注意完全履行合同义务并留存相关证据

直播平台在与主播签订合同之后，需承担严格遵守合同条款并全面履行其约定义务的责任。若合同中明确表述了对主播的包装策略及专业培训计划，则直播平台应着手制定实施时间表，确保各项措施得以无缝对接并有效推进。同时，针对合同中承诺的为主播提供的各类扶持资源，如直播间热度提升、显著位置的推荐机会以及丰富的商务合作机遇等，直播平台需诚信践行，以实际行动助力主播成长与发展，并确保按照协议约定的时间节点向主播分配其应享有的收益。

除此之外，在履行合同义务的过程中，直播平台还需高度重视对主播扶持成本的留痕，通过构建完善的证据链来证实其对主播的支持与投入已切实到位，以便于在主播可能发生的违约行为面前，有效防范其利用直播平台潜在的履行瑕疵进行抗辩的风险。鉴于此类纠纷中涉及的证据多以电子数据的形式存在，且网络平台的数据存储期限有限，直播平台在收集证据的同时，需对时效性较短或稳定性欠佳的电子数据进行及时的公证处理。

（四）恰当的管辖选择

民事诉讼纠纷的管辖，原则上由被告住所地法院管辖。但《民事诉讼法》第35条规定，②合同双方当事人可以在合同中约定选择被告住所地、合同履行地、合同签订地、原告住所地、标的物所在地等与争议有实际联系的地点的法院管辖。若直播平台与签约主播住所地不在同一地区，特别是在不同省、市，则在合同中约定管辖条款是非常有必要的，因为一旦合同履行过程中发生纠纷，对己方有利的管辖条款就可以节约不少维权成本。

---

① 参见周宁、杨伟国：《竞业限制是否能约束新型工作方式——以网络主播"跳槽"案为例》，载《中国人力资源开发》2019年第4期。
② 《民事诉讼法》第35条规定："合同或者其他财产权益纠纷的当事人可以书面协议选择被告住所地、合同履行地、合同签订地、原告住所地、标的物所在地等与争议有实际联系的地点的人民法院管辖，但不得违反本法对级别管辖和专属管辖的规定。"

直播平台在考虑约定管辖地点时，一般要考虑以下两个因素：一是便利诉讼原则。在选择约定管辖地点时，直播平台应优先考虑那些能够最大限度便利其提起诉讼及参与后续诉讼程序的地区法院，如选择平台总部所在地、主要运营地等具有直接关联且便于证据收集、出庭应诉的地点。二是降低诉讼成本原则。直播平台需评估不同管辖地法律服务的成本差异、诉讼周期的长短以及当地司法环境的稳定性等因素，尽量缩短诉讼周期，减少不必要的法律费用。

此外，除诉讼途径之外，直播平台亦可选择将仲裁作为解决争议的一种方式纳入双方的约定之中。与诉讼相比，仲裁程序简单、费用低廉、一裁终局、履行效率高，且同样具有强制执行力。互联网仲裁是直播平台有效解决争议的理想选择。在互联网仲裁中，仲裁全程数字化，无须纸质文件与现场开庭，能够显著节省时间与成本，降低仲裁费用，加速信息交流与审理进程。

四、结语

通过对熊某公司诉知名主播李某追索"巨额保证金"案的剖析，我们不仅认识到网络直播行业在快速发展过程中所面临法律问题的复杂性，也理解了高额违约金条款背后公平与效率的权衡。本案的审理结果不仅彰显了司法实践对于维护网络直播行业秩序、保障平台与主播合法权益的决心，也为行业未来的健康发展提供了重要参考。直播平台应从中汲取教训，建立健全主播分级管理制度，合理利用竞业限制制度，并加强合同管理，以预防和应对潜在的法律风险。

案例三

违反公序良俗向主播打赏被判令返还案

网络直播中的打赏功能，为观众与主播之间建立了更为紧密的互动关系。然而，当网络直播打赏与家庭财产权益发生冲突时，其法律性质及效力认定便成为亟待解决的问题。以下便是一起典型的网络直播打赏引发的家庭财产纠纷案例。

第五章
网络直播领域经典案例解析

一、案例介绍

原告曾某与被告王某于1995年1月14日登记结婚。被告王某通过"V聊平台"认识了主播柯某某。随后王某通过"V聊平台"不断向被告柯某某打赏，并私下通过支付宝代支付消费和微信转账的方式向被告柯某某赠与金额共计86,650.78元。2020年8月17日，原告曾某与被告王某达成《自愿离婚协议书》，办理离婚手续。

原告后来发现被告王某在婚姻存续期间，利用赠与夫妻共同财产来维系与被告柯某某的不正当关系，遂向法院提起诉讼请求，判令被告王某与被告柯某某之间的赠与行为无效，并返还接受赠与的款项暂计约86,650.78元给原告。该案争议的焦点是被告王某转账给被告柯某某款项的性质及给付的效力。

最终法院经审理认为王某的打赏行为属于赠与合同，但因违反公序良俗而无效，柯某某应当返还因此取得的全部财产。[1]

二、法律分析

（一）直播打赏的法律性质

关于网络直播打赏的法律性质认定问题，目前主要有服务合同说和赠与合同说两种观点。

服务合同说认为，主播提供表演、播报、互动等服务，用户获得精神享受或智识提高，这种非强制付费方式属于一种新型的服务合同，主播利用网络平台进行表演，打赏是对主播表演服务的购买。正如上海市普陀区人民法院所指出的："观众在使用虚拟货币打赏后，不仅观看了表演，还可获得个性化的体验，包括要求主播根据自己的喜好进行表演、使用虚拟礼物时产生的特效体验、管理直播间的特权、提升账户等级并享受等级特权等，在虚拟环境中获得了满足感，得到了精神上的法律利益。"[2]

赠与合同说则认为，用户观看直播并不受限制，并无付费、打赏等合同义

---

[1] 重庆市渝北区人民法院民事判决书，（2019）渝0112民初29094号；重庆市第一中级人民法院民事判决书，（2020）渝01民终3046号。

[2] 上海市普陀区人民法院民事判决书，（2019）沪0107民初6417号。

务，也无金额大小的限制，用户打赏纯属自愿，相关权利义务并不是对等对价关系，其强调的是财产的无偿转移，应属于赠与合同。换言之，赠与合同说主张有二：其一是主播与观众间就赠与达成了合意。此合意的认定是由"打赏者完全可以不支付价金只享受直播服务"[①]这一外部表征推理得出。无论直播表演本身蕴含的经济价值有多高，由于其并不排斥观众的无偿观看，因此不能认为直播表演具备与观众打赏构成对待给付的资格，主播与观众之间的法律关系符合赠与合同关系之自愿、无偿的特征。其二是即便主播的表演服务具备与打赏形成对待给付的资格，由于打赏金额完全由观众决定，二者并不具备价值上的相称性。[②]

从双方是否存在受意思表示拘束、双方是否约定负担对价义务等方面分析，网络直播打赏更符合赠与合同的法律特征和当事人的心理预期。赠与合同是典型的单务、无偿合同。结合网络直播打赏的案件事实来看，首先，主播的直播展示并不是按照打赏人的意愿进行的表演，直播打赏并没有要求给付义务，打赏不能看作直播服务的对价；其次，打赏人对主播的打赏具有任意性、随机性特点，其金额不固定，更符合赠与合同无偿性的特征；最后，用户高额打赏超出了直播价值，体现意思自治，也符合赠与合同的性质。

（二）直播打赏行为下的合同效力分析

据前文所述，网络直播打赏在司法实践中更倾向于被认定为赠与合同，笔者将结合本案对直播打赏合同无效和可撤销的情形进行分析。

第一，违反公序良俗的直播打赏行为无效。根据我国《民法典》第 8 条和第 153 条第 2 款的规定，违背公序良俗的民事法律行为无效。若配偶非打赏一方主张用户与主播间的关系违反了公序良俗，即用户以直播打赏为手段与主播建立、维持、恢复婚外不正当男女关系，此时用户的打赏行为应被认定为是对社会一般秩序与道德的损害，违背公序良俗，其直播打赏行为无效。

在实务中认定是否违背公序良俗，需要结合用户和主播线上、线下的互动行

[①] 谭峰艺、赵冠旭、徐恭平等：《网络打赏性质及主体间法律关系研究——以斗鱼直播平台为例》，载《采写编》2018 年第 5 期。

[②] 参见朱晓娟、卢世际：《直播平台内观众与主播间法律关系的性质研究》，载《河南财经政法大学学报》2024 年第 4 期。

第五章
网络直播领域经典案例解析

为来判断,如若超出普通粉丝与主播间的交流互动,就应当认定是有违社会公德和伦理道德,属于违背公序良俗,本案中被告王某的行为即属于上述情形。

第二,若直播内容本身存在违法违规内容,直播打赏行为无效,即主播的直播存在色情、低俗、宣传不当言论等违法违规的内容,直播行为本身违背公序良俗,甚至属于违法行为,此时用户的打赏行为无效。

第三,在直播打赏中,主要存在以下两种可撤销的情形:①赠与合同的法定撤销,根据我国《民法典》第663条第1款第1项的规定,严重侵害赠与人或者赠与人近亲属的合法权益的,可以撤销赠与。②赠与合同的法定解除,即赠与人的经济状况显著恶化,严重影响其生产经营或者家庭生活。在直播打赏行为中,其表现为用户对主播进行大额打赏,其打赏行为远远超出家庭经济可承受范围,侵犯了夫妻共同财产,使家庭陷入负债甚至其他严峻情况。但是,主播作为接受打赏赠与的一方,要判断主播是否明知用户进行该打赏行为的后果却仍诱导其打赏,即是否有促使赠与人家庭陷入困境的"故意"。若非故意,则为善意第三人,赠与合同不可撤销。

(三) 直播打赏能否请求返还

在认定直播打赏法律性质为赠与合同的基础上,可以通过行使撤销权、主张违背公序良俗等方式请求返还,而服务合同则很难请求返还。本案法院认为,基于主播对其表演活动的完全自主性和其表演内容的非具体明确性、观众打赏的完全自愿性和无对价给付性,主播与观众之间的法律关系系赠与合同关系。本案被告王某的行为违反夫妻忠实的法定义务,违背公序良俗,依法应当确认无效,无效合同依法自始无效,对方取得的财产应当予以返还。

此外,关于返还主体的问题,在司法实践中,也存在平台和主播需要共同返还的情形。让平台和主播共同返还虽然打破了合同相对性,但是根据分成协议,平台和主播"存在内在联系,两者进行利益分配,具有利益一致性和行为连贯性、关联性"①,用户打赏的金额必然决定着平台的获益金额,打赏一方的配偶当然可以请求平台返还打赏金额。

---

① 浙江省温州市洞头区人民法院(原浙江省洞头县人民法院)民事判决书,(2020)浙0305民初188号。

三、案例启示

随着互联网直播技术的不断完善，网络直播打赏越来越普遍、方便，观看直播活动占据着人们不少的休闲娱乐时间，由此产生的直播打赏法律纠纷也日益增加。前一部分就夫妻一方直播打赏行为的法律性质、效力以及能否返还问题进行了论述和分析，本部分将在此基础上，继续探讨直播打赏涉及的直播平台的责任义务、平台如何妥善处理与主播的法律关系以及设立"冷静期"帮助直播打赏钱款顺利返还三个方面内容。

（一）直播打赏纠纷中平台的责任义务

在平台责任如何归责问题上，平台作为打赏行为的中介，应在法律框架内承担相应的责任，但不应过度强调平台的责任。应根据主播与平台之间的关系，采取不同情况划分不同责任的方式，过度强调平台责任可能引发恶意退款现象，例如用户在打赏后因后悔情绪申请退款。

此外，主播和打赏者可能"恶意串通"，利用规则获取不当利益。如主播和（或）打赏者（可能是虚假的"打赏者"角色）提前串通好，利用平台的 PK 规则和粉丝的贪心心理，获取不当利益。对此，平台可以通过平台公告、弹窗提示等方式，向用户普及直播打赏的风险和注意事项，增强用户的防范意识和自我保护能力。

同时，平台应切实加强对主播背景的筛查并大力培养和发掘优质主播，管控好准入门槛，日常审核注意加强对主播行为的监管，防止主播利用低俗内容引诱用户进行打赏。

在法律层面，平台作为中介服务提供者，需要在法律框架内承担相应的责任，平台应当履行对主播行为的监管责任，确保直播内容的合法性和合规性。此外，平台还应建立完善的投诉处理机制，及时处理用户的投诉和举报，确保用户的合法权益得到有效保护。

平台的责任不应过度扩展。如果平台已经尽到了合理的监管责任，但用户和主播之间仍然发生了违法行为，则平台不应承担全部责任。在具体操作中，平台可以通过制定和实施严格的行为规范，加强对主播行为的管理，防止违法行为的发生。防范恶意退款是平台责任的重要组成部分，由于直播打赏行为具有即时性

第五章
网络直播领域经典案例解析

和不可逆性,用户在打赏后很难撤回。因此,一方面,平台需要建立完善的退款机制,确保用户合理的退款请求得到及时处理。另一方面,平台还应加强对恶意退款行为的防范,确保交易的公平和安全,例如制定清晰、明确的退款政策,包括退款条件、退款金额、退款时间等,避免买家利用模糊条款进行恶意退款;利用大数据和人工智能技术,对用户的信用进行评估,对信用等级较低的用户进行交易限制或特别监控,以减少恶意退款行为的发生。

(二) 直播平台应当妥善处理与主播的法律关系

关于主播和直播平台之间的法律关系,目前主要有三种观点:一是劳动关系;二是劳务关系;三是合作关系。

具体来说,劳动关系强调主播与直播平台之间存在明确的从属关系,类似于传统意义上的雇佣关系。在这种关系下,双方会签订劳动合同,直播平台作为用人单位,对主播进行日常的管理、指挥和监督,包括但不限于工作时间、内容安排、奖惩制度等。主播则按照直播平台的要求提供直播服务,并享受劳动法规定的各项权益,如工资、社会保险、休息休假等。在此种模式下,平台应与主播签订正式的劳动合同,明确双方的权利义务,包括工作内容、工作时间、劳动报酬、社会保险、休息休假等关键条款,确保合同内容符合劳动法律法规的要求,并在实际履行过程中按时支付劳动报酬,为主播缴纳社会保险,保障主播的休息休假权利等。同时,平台应建立完善的主播管理制度,包括日常管理制度、奖惩制度、培训制度等,确保对主播的管理有章可循,同时尊重主播的合法权益。

劳务关系相对劳动关系而言,更加灵活和松散。在这种关系下,主播与直播平台之间虽然存在一定的关联性,但缺乏明显的从属性。主播通常以自己的技能或劳动为直播平台提供服务,并获取相应的报酬;直播平台主要承担支付报酬的责任,对主播的日常管理较为有限。对此,平台应与主播签订明确的劳务合同或服务合同,明确双方的法律关系为劳务关系,避免产生误解和纠纷。合同中应明确约定主播的服务内容、服务期限、报酬标准、支付方式等关键条款,确保双方权利义务清晰明确。并且,由于在劳务关系下主播通常拥有较大的自主权,平台应尊重主播的意愿和选择,避免过度干预其直播内容和方式。

合作关系强调主播与直播平台之间是两个平等且独立的主体,共同为实现某种商业目标而合作。在这种关系下,主播拥有较大的自主权,可以自行决定直播内容、时间等，而直播平台则提供技术支持、宣传推广等服务，并根据合同约定分享直播产生的收益。双方之间没有明显的从属关系，更多是基于互利共赢的原则进行合作。在合作关系模式下，平台应与主播签订详细的合作协议，明确双方的合作内容、合作期限、收益分配方式等关键条款，确保合作关系的稳定性和可持续性。并且，平台应秉持互利共赢的原则，为主播提供技术支持、宣传推广等服务，帮助其提升影响力和收益；主播也应积极履行合作义务，共同推动直播业务的发展。

总之，无论在哪种法律关系下，平台都应秉持诚信、公平的原则，规范自身行为，履行好相应的义务，维护主播的合法权益，推动网络直播行业的健康发展。

（三）设立"冷静期"帮助直播打赏钱款顺利返还

鉴于直播打赏的网络消费属性，用户很容易被诱导而冲动打赏，从消费者保护的角度出发，直播平台可以考虑设立类似银行转账撤回的缓冲机制，由平台特定部门或政府有关部门介入负责有关资金的监管和保存，给予打赏者一定的冷静期限，基于特定事由允许用户撤回打赏。

具体来说，在打赏后的"冷静期"内，用户可以单方解除合同，且无须承担过重的违约责任。但是设立"冷静期"需要配备一定的限制条件，否则用户任意退款会对交易秩序的稳定造成巨大威胁。首先，限制条件可以包括受诱导、受索取、受虚假宣传等正当理由，同时，基于打赏冷静期的制度定位，主播实施前述诱导、索取、虚假宣传等行为不要求达到合同无效或可撤销事由所要求的程度。[①] 其次，打赏冷静期的适用应针对特定直播类型，如八卦新闻网络直播、"纯颜值"直播和非专业"舞蹈"直播等技术性较低、娱乐性较强、主播素质参差不齐的直播表演，因为这种类型的直播市场份额占比较大，且多发激情打赏问题，适用打赏冷静期。[②] 再次，用户主张退款时，主播及平台可以扣除一定的费用，参考高铁、飞机退票收取手续费的机制，以维护交易稳定。最后，针对用户

[①] 参见朱晓娟、卢世际：《直播平台内观众与主播间法律关系的性质研究》，载《河南财经政法大学学报》2024 年第 4 期。

[②] 参见张建利：《全国人大代表肖胜方：建议直播打赏设三天冷静期，但要限制恶意撤回打赏》，载新浪网，https：//news.sina.com.cn/c/2022-03-04/doc-imcwiwss4176586.shtml。

第五章
网络直播领域经典案例解析

可能的恶意退款设计专门规制策略，如在一定期限内，针对同一主播多次打赏主张退还，可以认定为恶意反悔，该用户在一定时期内禁止适用"冷静期"规则。情节严重时，也可对其禁言、禁止观看直播等。

四、结语

在探讨网络直播打赏所引发的家庭财产纠纷案例中，本文深入分析了直播打赏的法律性质、直播打赏行为下的合同效力以及能否请求返还等问题。通过本案例，可以认识到网络直播打赏行为在便捷与娱乐的同时，潜藏着法律风险与道德挑战。特别是当打赏行为涉及夫妻共同财产，并违背公序良俗原则时，其法律效力将受到法律的否定性评价。本文在此基础上为规制直播打赏乱象提供了参考，直播平台应切实履行监管责任，确保直播内容的合法性和合规性，同时建立完善的投诉处理机制和退款机制，保护用户的合法权益。最后，本文呼吁社会各界共同关注网络直播打赏现象，提高公众的法律意识和道德水平，共同营造一个文明、有序的网络直播环境，推动网络直播行业健康发展。

案例四
网络直播带货主播商业诋毁第一案
——好某牌婴儿纸尿裤遭恶意贬低构成商业诋毁

在数字经济发展壮大的背景下，网络直播带货日益繁荣，琳琅满目的商品给予了消费者更大的选择空间，也使得同类产品的竞争越发激烈。为了抢占市场份额，一些品牌商和视频制作者、自媒体不当地利用自身影响力，通过"粉丝效应"拉踩、贬损竞争对手，在直播间或者短视频中肆意对竞争对手发表超出客观合理界限的负面言论。这类营销行为既不利于消费者获得客观、真实的产品评价，帮助消费者更有效地作出消费决策，也带来了恶性竞争的不良风气，扰乱了市场的正常竞争秩序，需要依法进行规制。金某利国际公司（以下简称金某利）作为知名品牌好某婴儿纸尿裤的生产商，曾遭遇"双十一"直播带货商业诋毁风波。

一、案例介绍

金某利与朱某慧、杭州辰某网络科技有限公司（以下简称辰某公司）、杭州宸某电子商务有限责任公司（以下简称宸某公司）的商业诋毁纠纷、虚假宣传纠纷一案[①]被称为网络直播带货主播商业诋毁第一案。该案判决对于厘清此类案件中主播和其公司对商业诋毁的责任承担及规范主播行为、防止商业诋毁和虚假宣传行为、确保市场公平竞争、保护消费者权益都有着深远的指导意义。

原告金某利发现，2020年11月2日，在"雪某双十一母婴超品日"淘宝直播中，主播朱某慧以"雪某_Cherie"的名义在直播中推销帮某适品牌纸尿裤，将好某纸尿裤与帮某适纸尿裤进行直接比对，没有任何根据就声称好某纸尿裤"就是不好"，发表了一系列针对好某纸尿裤的负面言论，明显对好某纸尿裤的质量进行了贬低和诋毁。基于此，金某利起诉要求三被告共同承担停止侵权、赔礼道歉、消除影响及连带赔偿的法律责任。被告朱某慧、宸某公司共同辩称：被告朱某慧直播过程中所做个人评价不是虚假、误导信息，被告朱某慧对此作出的是"价格不好"的言论，并不是指质量不好。被告辰某公司辩称：原告主张的商业诋毁由被告朱某慧突发，与被告辰某公司没有意思联络，辰某公司与另外两被告不构成共同侵权。

法院经审理认为，朱某慧在直播间对竞争产品作出的这些言论，缺乏事实依据，构成了对金某利公司的误导性评论，属于商业诋毁行为。同时认为朱某慧的涉案行为系履行宸某公司的有关职务行为，因此应由该公司承担相应的民事责任；而辰某公司作为直播账号的注册人，也应承担连带责任。最终，法院判决两公司向金某利提交书面声明，由金某利刊登于其微博消除影响，同时两公司连带赔偿金某利经济损失及合理开支共计20万元。

二、法律分析

（一）商业诋毁行为的法律认定

商业诋毁行为最早见于《反不正当竞争法》第11条的规定，经营者不得编

[①] 上海市杨浦区人民法院民事判决书，（2021）沪0110民初11719号。

第五章
网络直播领域经典案例解析

造、传播虚假信息或者误导性信息,损害竞争对手的商业信誉、商品声誉。之后,最高人民法院《关于适用〈中华人民共和国反不正当竞争法〉若干问题的解释》第20条规定,"经营者传播他人编造的虚假信息或者误导性信息,损害竞争对手的商业信誉、商品声誉的,人民法院应当依照反不正当竞争法第十一条予以认定"。

1. 行为主体

《反不正当竞争法》中的经营者,一般指具有相同或类似经营内容,直接或间接存在市场竞争关系,从事商品生产、经营或者提供服务的自然人、法人或非法人组织。本案的第一个争议焦点系当事人之间是否存在竞争关系。原告作为婴儿纸尿裤市场的实体经营者,其业务核心紧密围绕为婴幼儿提供高质量的纸尿裤产品展开。被告方则构成了多层次、多角色的经营生态,具体而言:辰某公司作为淘宝直播平台上知名账号"雪某_Cherie"的官方注册者,其角色是账号的持有者;宸某公司为该直播账号的实际运营者,负责内容的策划、执行及日常管理;核心人物朱某慧,作为"雪某_Cherie"直播账号的知名主播,凭借其粉丝基础与带货能力,进行直接的推介与消费引导本案中的婴儿纸尿裤产品。

鉴于上述背景,原告与被告之间虽未直接形成传统意义上的竞争对手关系,但双方因共同涉足婴儿纸尿裤这一细分市场,在实质上建立了间接的市场竞争关系。更为重要的是,原告指出,在被告的直播活动中发表的关于纸尿裤产品的言论及推广方式,已对其在市场上的竞争优势构成了不利影响。因此,原被告双方存在市场竞争关系。竞争性利益冲突的经营者,可以适用《反不正当竞争法》予以评价,被告商业诋毁行为主体适格。

2. 客观行为

商业诋毁案件中,客观行为包括编造、传播虚假信息或误导性信息。虚假信息,指的是那些完全背离事实、毫无真实依据的内容。而误导性信息则通过扭曲、省略关键信息或采用模糊表述等手段,误导公众对整体事实的认知,引发不恰当或错误的联想。

被告朱某慧作为淘宝直播账号"雪某_Cherie"的直播人员,在对"帮某适拉拉裤"商品进行直播推介的过程中,在介绍"帮某适拉拉裤"的同时,发表言论"有人说好某便宜,我跟你说,好某就是不好"。"不好"一词显然属于负面评价,可以被受众引申理解为质量、品质、体验等方面存在不足。并且直播主播朱某慧随后的言论提及"便宜不是唯一标准"以及"比过其他的尿布"、"渗透性很差",也容易导致观众在一个连续对话场合,将"好某不好"的原因同"渗透性很差、吸水性不好"相联系,也即容易导致观众形成"好某"品质不好的结论。"雪某_Cherie"直播账号的直播人员作为对婴儿纸尿裤进行直播推荐的人,在进行有关商业活动时,对竞争产品作出误导性评论,达到了"足以产生错误联想"的程度,符合客观行为要件。

3. 主观方面

行为人主观上必须是故意。本案中,朱某慧明显知晓其所发布的商品宣传信息存在误导性,却仍通过直播广泛传播,意图以此吸引更多消费者的关注与购买,符合主观要件。

4. 损害后果

商业诋毁损害的是商业信誉、商品声誉,不要求有实际的损失,只要具有受损可能性即可。本案中,原告称诋毁信息被大范围传播,三被告侵权行为获利巨大,并给原告造成重大经济损失,虽原告未举证证明其因侵权所受到的实际损失,但法院亦认定了被告的行为对原告造成了不利影响,并且认定被告在直播临近结束时发布的有关澄清言论既不能阻却商业诋毁行为的构成,亦不足以消除对原告造成的不利影响。

《网络反不正当竞争暂行规定》第11条对《反不正当竞争法》中的商业诋毁行为作出了进一步细化。当行为人实施了编造、传播虚假信息或误导性信息的行为,只要根据现有证据材料能够合理推断出这些行为足以对竞争对手的商业信誉及商品声誉构成潜在或实际的损害,即应认定存在"损害后果"。

(二)商业诋毁的侵权责任认定

首先是责任主体问题,带货主播是否作为被告主要取决于其直播行为是否属于职务行为,即带货主播在直播过程中是否代表或受雇于某一经营者(如电商平台、品牌方或MCN机构)进行商品推广。

本案中被告朱某慧与被告宸某公司存在劳动合同,宸某公司为朱某慧缴纳社会保险,在宸某公司网站内亦展示朱某慧系其主播,加之朱某慧确系宸某公司股东、法人,宸某公司明确其实际运营淘宝直播账号"雪某_Cherie"、涉案有关直播系其组织,因此法院认可涉案直播行为系朱某慧履行宸某公司有关职

第五章
网络直播领域经典案例解析

务时所实施的行为,故就朱某慧在直播中发表的商业诋毁行为,根据《民法典》第1191条第1款"用人单位的工作人员因执行工作任务造成他人损害的,由用人单位承担侵权责任"的规定,认定应由宸某公司承担相应的民事责任。而被告辰某公司系直播账号"雪某_Cherie"的注册人,虽并未实际运营该直播账号,但其应知直播活动存在对他人造成损害的风险,却仍将直播账号交给宸某公司使用,故对宸某公司使用该账号所产生的民事责任,辰某公司应承担连带责任。

其次是侵权责任的承担方式问题。根据《反不正当竞争法》第17条第3款的规定,本案法院最终综合考虑原告及其商品知名度、涉案言论由知名度高的主播朱某慧发表、发表的场合、相关直播活动的观看人数、相关言论的影响范围、涉案直播视频存在的时间、被告的过错程度等因素,判决宸某公司和辰某公司向金某利公司提交书面声明以消除影响,并连带赔偿经济损失及合理开支共计20万元。

(三)由对比广告分析虚假宣传与商业诋毁

对比广告,又称比较性广告,通常是指广告主将其自身公司、产品或服务在整体或特定方面与行业内其他竞争者的相应内容进行比较,以此来突出自身优势的广告形式。在本案中,原告主张被诉直播账号在为"帮某适"品牌产品进行直播带货时,为"帮某适"开展透气性实验,以说明商品透气性,属于对比广告,构成对"帮某适"品牌的虚假宣传。我国并不禁止对比广告的使用,但是对比广告的使用需遵循最基本的法律规定及商业道德。

然而,在实践中,一些经营者为了打击竞争对手,拓展自身产品市场,不当使用对比广告,很有可能会构成虚假宣传或商业诋毁。如重庆美某制冷产品销售有限公司诉重庆明某格力电器销售有限公司不正当竞争纠纷一案中,法院判决指出"《反不正当竞争法》中关于虚假宣传和商业诋毁的规定存在一定竞合关系。在对比性广告中,将同类产品进行直接、明显、肯定的优劣对比,必然影响其中被列为较劣一方的产品在公众中的评价,在构成虚假宣传的同时又可能构成商业诋毁"[①]。

---

① 重庆市第五中级人民法院民事判决书,(2012)渝五中法民终字第04749号。

本文认为，根据《反不正当竞争法》第8条①和第11条②的规定可知，虚假宣传和商业诋毁的主要区别在于造成损害的对象不同，虚假宣传针对的是消费者群体，是利用广告或其他宣传手段误导消费者作出购买决策，而商业诋毁针对的是特定的竞争对手，是通过不实言论或行为，故意损害其他经营者的商业信誉或商品声誉，以削弱其竞争能力。因此，在对比广告中可能出现编造或传播虚假信息既为诋毁竞争对手，也为诱导消费者进行消费。

而在本案中，法院认为构成虚假宣传的不正当竞争行为，应以经营者宣传的信息虚假或引人误解为前提。被告朱某慧通过简易实验客观展示有关商品的透气性，即便该实验的严谨、科学性达不到国家质量检测机构的透气性检测程度，但该对比方式尚未构成对消费者宣传虚假或误导性信息，因而对此行为不认定为虚假宣传。

三、案例启示

随着网络直播带货模式的兴起，网络主播数量飙升，在无事实和科学依据的前提下，公开对竞争对手的商品进行负面评价等不正当竞争行为层出不穷，《反不正当竞争法》《网络反不正当竞争暂行规定》等法律法规对商业诋毁、虚假宣传等行为进行规制，各地政府也积极响应，纷纷出台地方性直播带货合规指引，进一步细化规定，加强对网络直播行业的监管与引导。

（一）避免虚假和误导性宣传

主播在直播中应充分披露产品的相关信息，包括但不限于价格、性能、产地、生产日期、保质期等，以确保消费者能够全面了解产品信息。同时，主播有互相进行商业评论的权利，有权将自身商品与其他商品进行比较，向消费者介绍、推荐自身品牌商品，但应以客观、真实为边界进行介绍比较，引导观众进行理性消费。

主播和直播平台应遵守《反不正当竞争法》等法律法规，诚信经营，不得损

---

① 《反不正当竞争法》第8条第1款规定：经营者不得对其商品的性能、功能、质量、销售状况、用户评价、曾获荣誉等作虚假或者引人误解的商业宣传，欺骗、误导消费者。
② 《反不正当竞争法》第11条规定：经营者不得编造、传播虚假信息或者误导性信息，损害竞争对手的商业信誉、商品声誉。

第五章
网络直播领域经典案例解析

害竞争对手的商业信誉和商品声誉,在推介商品时,应注意措辞,避免对竞争产品作出误导性评论。若主播在直播过程中有口误或错误言论,应及时澄清,以消除对竞争对手造成的不利影响。本案中,虽然朱某慧在直播过程中有捂嘴动作和后续澄清行为,但因时间跨度过长,未能有效阻却商业诋毁行为的构成。

(二)审慎使用对比广告

本文建议主播在进行直播活动时,尽量避免采用直接比较的方法,尽量避免明示或暗示地指明比较对象。如果采用产品对比进行直播,主播应确保所比较的产品或服务在功能、性能、价格等方面具有可比性,以免误导消费者。在展示对比的依据和数据来源时,应当清晰准确,确保观众能够基于充分的信息作出自己的判断。此外,主播还应避免通过联想方式误导消费者,使观众产生对产品或服务的不当联想。例如,不应将其他竞争性的品牌产品与负面事件或形象相联系,损害其商业信誉。

(三)加强直播营销平台监管责任

直播营销平台应建立内容预审和实时监控机制,对主播的直播内容进行把关,及时发现并纠正违规行为,例如对直播间进行弹窗提示;还可以指定专门的部门和人员进行合规审核工作,对现有的宣传内容进行全面审查。

直播营销平台可以制定直播宣传的负面清单,详细列明宣传形式、发布内容和禁止性词语等形式和内容规范,并注重关注推介商品时使用的数据对比内容是否已被证实,宣传的产品效果是否与实际情况相符等。根据负面清单,定期抽查附随的内控记录文件,确保直播营销平台所有已经发布的广告均按照规定履行了必要的内部审核程序;对于该负面清单平台还应定期更新,以保证其有效性。

四、结语

在深入分析金某利与朱某慧案这一网络直播营销领域的标志性案例后,可以深刻认识到,合规经营不仅是企业长远发展的基石,更是维护市场公平竞争、保障消费者权益的必然要求。随着网络直播行业的持续繁荣,每一位从业者都应以此为鉴,树立高度的法律意识和道德自觉,避免使用商业诋毁等不正当竞争手段,确保直播营销行为合法合规。

> 案例五

全国首例认定直播带货场景下的直播平台为电商平台的侵害商标权案
——赛某公司与弘某公司、微某公司商标权纠纷案

在当今数字经济蓬勃发展的时代背景下，网络直播营销作为一种新兴的商业模式，正以前所未有的速度渗透到人们的日常生活中，各类电商平台和直播平台纷纷布局，力求在这一新兴市场中占据一席之地。而随着市场规模的迅速扩大，一系列法律问题也随之浮现，尤其是关于直播平台在直播带货场景下的法律定位及其应承担的责任边界，成了业界和法律界关注的焦点。

一、案例介绍

北京市海淀区人民法院发布的《知识产权审判白皮书（2023年度）》里收录了全国首例认定直播带货场景下的直播平台为电商平台的侵害商标权案，即赛某贸易（上海）有限公司（以下简称赛某公司）与莱州市弘某工艺品有限公司（以下简称弘某公司）、微某公司侵害商标权纠纷案。

该案中，赛某公司持有"A*ATHA"及其特定图标的商标独占许可使用权，其发现弘某公司在抖某平台通过直播销售带有该商标的手提包，遂以侵害商标权为由将弘某公司及抖某平台运营者微某公司诉至法院。赛某公司主张弘某公司未经授权，在抖某平台销售侵权商品，同时微某公司作为抖某平台运营者，对侵权行为未尽合理注意义务，应共同承担侵权责任。弘某公司辩称其销售商品有合法来源，且不知晓侵权，不应赔偿；微某公司辩称抖某平台并非电子商务平台，已尽合理注意义务，不应担责。

本案的争议焦点是：①弘某公司是否构成商标侵权；②抖某平台是否应被认定为电子商务平台，并承担侵权责任。法院经过审理后认定：弘某公司销售侵权商品且未核实来源合法性，构成商标侵权；抖某平台提供交易撮合、信息发布服务，符合电子商务平台定义，微某公司为电子商务平台经营者；微某公司已制定

第五章
网络直播领域经典案例解析

并公示规则，进行事前审核，并在接到诉讼后及时处理侵权商品，已尽到合理注意义务。因此，法院判决：弘某公司赔偿赛某公司经济损失 30 万元及合理开支 10,598 元；驳回赛某公司对微某公司的诉讼请求。[①]

二、法律分析

随着网络直播营销模式的兴起，电商平台与直播平台的融合日益加深，这不仅改变了传统的商业模式，也对新业态合规监管提出了新的挑战。该案是全国首例认定直播带货场景下的直播平台为电商平台的侵害商标权案，本文将就直播带货场景中，电商平台法律地位的界定以及平台应当如何履行其合理注意义务进行分析，以期为行业及法律实践提供清晰的指导。

（一）将互联网平台认定为电子商务平台的考量因素

互联网技术的飞速发展和网络营销模式的创新，不仅让传统意义上的以电子商务为核心业务的平台提供直播营销服务，也让诸如互联网直播平台与互联网音视频平台等原本以内容生产与传播为主旨的平台开始为用户提供网络直播营销服务。而界定平台的类型，是讨论网络平台法律义务和法律责任的前提。电子商务平台通常会涉及审查平台内经营者的资质、保护消费者权益等义务，和直播平台、视频平台等的义务明显存在差异。回归到本案，案件的争议焦点之一就是抖某平台是否属于电子商务平台。

《电子商务法》作为我国电子商务领域最高位阶的法律，全文不含"直播""营销"二词，说明当时立法并未考虑到直播营销模式未来的发展对电子商务产业与合规可能造成的重大影响。但是，该法对电子商务平台经营者的规定构成了我国规范电子商务平台经营者的顶层规范设计：其第 9 条创造性地确立了以功能要素确定网络平台电子商务平台经营者法律地位的规制逻辑，即网络平台为电子商务交易双方或者多方提供网络经营场所、交易撮合、信息发布等服务的，依该法认定为电子商务平台经营者并承担相应法律义务与责任。

而该案裁判观点更进一步明确了将互联网平台认定为电子商务平台的考量因素包括以下三点（见表 5-1）。

---

① 北京市海淀区人民法院民事判决书，（2021）京 0108 民初 6194 号。

表5-1　认定电子商务平台的考量因素

序号	内容
1	直播平台经营者为主播提供购物链接、商品价格、名称、信息介绍等展示推广界面
2	用户可以通过直播平台进行在线支付、完成商品交易
3	直播平台经营者为交易当事人提供订单查询、客服交流、物流跟踪等服务

结合本案事实，法院认为，抖某直播界面展示了商品详细信息，如名称、价格、评价等，且主播直播时亦展示商品信息。用户点击"商品橱窗"可直达商品页面，无须跳转，并能查询订单信息，但完成购买需通过购物车进入小店平台。综合此系列事实，可认定抖某平台不仅提供内容服务，还以网络直播营销形式为交易双方提供交易撮合、信息发布等服务，是支持独立交易活动的电子商务平台。微某公司作为抖某平台运营者，即为电子商务平台经营者。因此，如果直播平台、视频平台等符合《电子商务法》的定义，也应当认定其为电子商务平台，在电子商务相关法律法规体系下进行监管和规范。

（二）直播带货类电子商务平台的合理注意义务探析

虽然《电子商务法》第二章第二节专门就电子商务平台经营者应尽的义务进行了规定，但主播带货已经成为一类新的商业模式，直播平台也演变成了兼具内容生产者和产品营销者身份的网络服务提供者。该模式有别于通过网页页面静态展示商品信息的传统模式，一般系主播自行编辑、上传产品信息，并在直播讲解的过程中展示、销售产品。因此，除非主播发布的产品信息中含有明显的侵权信息或权利人事先发送了权利预警通知，否则电子商务平台经营者较难事前筛查侵权信息，对海量主播的直播内容进行实时监控亦存在很大困难。因此，如何判断个案中直播平台的性质并合理界定其合理注意义务边界显得尤为重要。该案法院在强调此类电商活动具有其特殊性，不宜对其采取过于严苛的事前审核标准的同时，详细论述了直播带货类电子商务平台的合理义务边界，提出可以从以下方面综合认定网络直播营销类电子商务平台是否对直播营销经营者的侵权行为尽到了合理注意义务（见表5-2）。

第五章
网络直播领域经典案例解析

表5-2 网络直播营销类电子商务平台注意义务边界

序号	内容
1	平台是否建立了账号及直播营销功能注册注销、营销行为规范等机制
2	平台是否根据相关法律法规和国家有关规定,制定并公开了网络直播营销管理规则、平台公约
3	平台是否履行了对直播间运营者资质,直播营销内容、商品和服务的真实性、合法性等进行审核的义务
4	平台是否制定直播营销商品和服务负面目录,列明依法应予禁止或不适宜以直播形式营销的商品和服务类别
5	平台是否对直播间运营者、直播营销人员进行基于身份证件信息、统一社会信用代码等真实身份的信息认证
6	平台是否建立知识产权保护规则
7	平台是否建立健全了投诉、举报机制,并及时处理权利人对于违法违规信息内容、营销行为的投诉举报
8	平台知道或应当知道平台内经营者实施了侵犯知识产权等违反法律法规和服务协议的行为时,是否采取删除、屏蔽、断开链接等必要处置措施
9	消费者或其他权利人通过直播间内链接等跳转到其他平台购买商品或者接受服务并发生争议时,直播营销平台是否积极协助其维护合法权益,提供必要的证据等支持

最终,法院认定微某公司就被诉行为履行了事前审核、提示,以及事后及时处置等措施,已尽到合理注意义务,进而认定微某公司对弘某公司被诉行为不承担连带责任。

三、案例启示

在数字经济蓬勃发展的今天,电子商务平台的发展取得了瞩目的成就,但随着监管的不断加强,在相关法律法规的框架下,网络平台作为连接商家与消费者的桥梁,其法律地位和责任也更加凸显。

(一)全面认识网络平台法律地位的多重属性

如今,直播平台的角色正随着自身功能的拓展而不断丰富,实践中应以具体行为作为划分标准进行界定。本案判决明确了直播平台系电子商务平台的认定不影响其可以同时被认定为其他性质的平台，为类似案件的裁判提供了重要参考。因此，网络平台应清晰地认识自身属性，既要发挥内容创新的优势，也要承担起电子商务平台应有的责任。

（二）知识产权保护视角下直播带货类电商平台应恰当履行合理注意义务

在结合本案判决和最高人民法院《关于审理涉电子商务平台知识产权民事案件的指导意见》以及相关法律法规的基础上，本部分将梳理直播带货类电商平台在知识产权保护视角下应履行的合理注意义务。

1. 建立健全知识产权保护规则

《电子商务法》第41条至第44条要求电子商务平台经营者建立平台内部规则，与知识产权权利人加强合作。自行制定的知识产权保护规则应当包含平台内经营者的义务类型、保护知识产权的措施、管理知识产权的程序、违反该规则的后果和争议解决的办法。电子商务平台经营者应根据平台特性、经营范围、业务特点，建立适合该平台的运营规则，确保每一个进入该平台的主体都熟知规则。[1] 例如，可以在用户注册、登录等关键节点设置规则引导，引导用户阅读并理解平台规则；设立互动问答专区，解答用户对平台规则的疑问和困惑；如对规则进行修改，应设置弹窗进行提醒。

2. 严格审核平台内经营者的资质与商品质量

根据《网络直播营销管理办法（试行）》的规定，平台应对入驻的主播及商品供应商进行严格的资质审核，包括但不限于营业执照、产品合格证明等，确保经营者具备合法经营的资格；对于店铺类型标注为"旗舰店""品牌店"等字样的经营者，平台还应要求其提供有效的品牌授权证明或商标注册证书等权利证明文件，防止销售假冒伪劣商品。

3. 采取有效技术手段预防侵权

经营者应当建立直播带货信息检查巡查制度，通过综合运用这些先进技术手段，结合快速响应的投诉处理机制和严格的后续防控措施，有效遏制直播带货中

---

[1] 参见李晓秋、郭沁璇：《电子商务平台经营者专利侵权合理注意义务的司法判定》，载《重庆理工大学学报（社会科学版）》2022年第1期。

第五章
网络直播领域经典案例解析

的侵权行为，维护市场的公平竞争和消费者的合法权益。例如，在文字方面，平台可以建立关键词库，并不断通过机器学习算法进行智能学习与动态更新，以适应新型侵权词汇和变种，这样即便侵权者使用隐蔽或变体的词汇试图规避检测，系统也能迅速识别并作出反应。图像与视频方面，平台可以利用深度学习算法，对直播中展示的商品图片与品牌官方提供的正品图片进行高精度比对，快速识别出疑似"高仿"或"假货"的商品，并结合商品包装、标签、防伪标识等细节特征，进一步提升识别的准确性和效率。

4. 建立高效的投诉与争议解决机制

平台应建立高效的投诉处理流程，以确保消费者在发现侵权商品后能迅速向平台反馈。平台在收到投诉后，应立即启动核查程序，利用技术手段辅助人工审核，确保投诉处理的准确性和时效性。一旦核实商品确属侵权，平台应立即采取下架、删除等措施，从源头上切断侵权商品的传播渠道。同时，平台还应记录侵权商家信息，建立黑名单制度，防止其通过更换账号等方式再次上架侵权商品。对于已处理过的侵权商家或商品，平台应实施长期监控，利用技术手段提前预警。

5. 制定并公开直播营销管理规范或平台公约

直播平台制定并公开直播营销管理规范是保障直播内容健康、促进行业健康发展的重要举措。《网络直播营销管理办法（试行）》第 7 条第 1 款明确规定："直播营销平台应当依据相关法律法规和国家有关规定，制定并公开网络直播营销管理规则、平台公约。"直播营销管理规则或平台公约的内容应包含对直播营销人员服务机构、直播间运营者的行为规范要求，包括信用评价机制、产品质量抽查机制、广告发布管理机制、知识产权保护机制、消费者维权保障机制等内容。

直播营销管理规范或平台公约制定后，应当通过官方网站、社交媒体等渠道公开，确保所有用户都能知晓并遵守。此外，平台还应定期评估规范或公约的执行情况，根据需要进行修订和完善。同时，平台应建立有效的监督机制，鼓励用户举报违规行为，并对举报情况及时进行核实和处理。

6. 事后及时采取必要措施

《电子商务法》对于电商平台知道侵权后应当采取的必要措施仅作了宽泛的

规定。① 浙江省高级人民法院发布的《涉电商平台知识产权案件审理指南》第14条对必要措施类型进行了细化，包括但不限于删除、屏蔽、断开链接、终止交易和服务、冻结被通知人账户或者要求其提供保证金，为法院判断平台是否采取了必要措施、采取必要措施是否及时提供了参考因素，也为电商平台提供了应对侵权的参考措施。

平台在尽到上述义务的基础上，如仍难以完全避免侵权行为的发生，可依法主张其已尽到合理注意义务，以减轻或免除相应的法律责任，这也应成为平台持续优化监管机制、加强技术创新以更有效预防和打击侵权行为的动力。

四、结语

本案以促进平台经济规范健康高质量发展为起点，结合规范依据，对在认定主播带货场景下的直播平台为电子商务平台时应考虑的因素进行总结，既及时回应了直播平台主播带货模式下的相关法律争议，也为网络直播营销平台进一步规范行为、完善平台审核机制建设等提供了指引。

案例六

知名主播薇某逃税行政处罚案

近年来，直播电商平台发展势头强劲，在"风口"之下，掌握用户流量的头部主播展现出惊人的带货能力，频频创下销售"奇迹"，由此也吸引越来越多的企业和新人主播加入直播行业。然而直播行业发展日新月异的背后，税务问题也逐渐凸显，偷税漏税一旦"东窗事发"，不仅要被处以高额罚款，而且会导致"星途""钱途"尽毁，薇某逃税行政处罚案无疑是这一领域的标志性案件。

---

① 《电子商务法》第45条规定：电子商务平台经营者知道或者应当知道平台内经营者侵犯知识产权的，应当采取删除、屏蔽、断开链接、终止交易和服务等必要措施；未采取必要措施的，与侵权人承担连带责任。

第五章
网络直播领域经典案例解析

一、案例介绍

曾被誉为"直播电商女王"的知名主播薇某，不仅拥有近1.2亿的全网粉丝，更在直播带货领域创造了惊人的成绩，如2021年"双十一"期间首日成交额达82亿元。然而，税务机关通过大数据分析等先进技术手段，发现了薇某及其关联企业在2019年至2020年，通过隐匿个人收入、虚构业务转换收入性质、未依法申报其他收入等方式，偷逃巨额税款。

案件曝光后，税务机关迅速行动，对薇某及其关联企业进行了深入的税务检查，并作出了行政处罚决定。具体处罚为：薇某隐匿收入偷税但主动补缴的5亿元和主动报告的少缴税款0.31亿元，处0.6倍罚款，计3.19亿元。薇某隐匿收入偷税且未主动补缴0.27亿元的行为性质恶劣，严重危害国家税收安全、扰乱税收征管秩序，根据《税收征收管理法》的规定，按照《浙江省税务行政处罚裁量基准》（当时有效），对薇某予以从重处罚，处4倍罚款，计1.09亿元。薇某虚构业务转换收入性质偷税少缴的1.16亿元，处1倍罚款，计1.16亿元。总罚款金额为5.44亿元。最终杭州市税务局稽查局依据相关法律法规，对薇某追缴税款6.43亿元及少缴的税款0.6亿元、加收滞纳金并处罚款，共计13.41亿元。鉴于薇某首次被税务机关按偷税予以行政处罚且此前未因逃避缴纳税款受过刑事处罚，其在规定期限内缴清了税款、滞纳金和罚款，依法不予追究刑事责任。

二、法律分析

（一）网络主播的税收问题

网络主播的税收问题，主要涉及网络主播的交易身份与所得的性质、扣缴义务人这几个方面。

1. 交易身份与所得的性质

（1）以主播个人名义签订合同

若合同内容涉及影视、演出、表演、广告、经纪服务等项目，其所得通常被归类为《个人所得税法实施条例》所明确的劳务报酬所得。因此，主播从事这些活动所取得的收入，应依法按照劳务报酬所得缴纳个人所得税。若主播从事销售货物等活动，由于这不属于劳务报酬的列明项目，根据业务实际性质，其所得更可能被视为经营所得进行税务处理。

（2）以主播工作室（个人独资企业或合伙企业）名义签订合同

虽然从合同主体看，此类收入应归类为经营所得，但税务机关在判定所得性质时合同形式仅为考量因素之一，而是否存在团队协作或雇佣关系、是否承担经营风险及盈亏责任、成本费用的合理性，以及发票开具主体等信息才是考量的主要内容。特别是在税务合规与稽查的过程中，税务机关会特别警惕主播试图将本应作为薪资或劳务报酬的收入转化为经营所得以规避税收的行为，就如本书讨论的薇某逃税行政处罚案所揭示的税务争议。

2. 扣缴义务人

扣缴义务人是指依照法律、行政法规负有代扣代缴、代收代缴税款义务的单位和个人。目前，网络直播活动存在多种模式，不同模式下的扣缴义务人不同，以下从主播的视角出发对网络直播税务扣缴义务人进行分析。

（1）主播与平台签约

当带货主播与平台签订劳动合同，形成劳动关系时，平台企业应作为扣缴义务人，按工资薪金所得代扣代缴主播的个人所得税。

（2）主播与经纪公司签约

此种情形下，由经纪公司负责主播的宣传、公关、签约谈判等服务，并从主播的收入中抽取一部分作为回报。平台直接与经纪公司对接，主播的收入通过经纪公司发放，网络主播个人所得税的扣缴义务人通常被认为是经纪公司。

（3）主播成立个体工商户或者个人独资企业的工作室

若主播以工作室的名义入驻，对于平台而言，由于个体工商户或者个人独资企业属于经营主体，其所有者对其经营所得负有直接的纳税责任，应根据相关税法规定，自行计算其应纳税额，并在规定的期限内向税务机关申报并缴纳税款。

但是，如果出现资金、财产、业务混同，或者工作室虽然进行了注册登记，但实际上并未开展任何实质性的经营活动，或者其经营活动仅作为避税、洗钱等非法目的的工具等情况，税务机关会对工作室的性质进行否认，认定收入属于劳动报酬，扣缴义务人就应当为平台。

（4）独立主播

主播以自然人的身份入驻平台，并自己决定直播活动的开展，则如前述依据

第五章
网络直播领域经典案例解析

直播的具体内容确定是按照经营所得还是劳务报酬所得缴纳个人所得税。如果网络平台与独立主播之间有明确的协议约定，网络平台可能需要根据协议内容履行代扣代缴义务。然而，如果协议中没有明确约定或约定不清，可能需要由主播自行向税务机关申报纳税。

（二）网络主播税收问题的相关法规和政策

我国针对网络直播行业的税收征管问题，已经采取了一系列积极措施，通过颁布和修订多项法律法规全面覆盖网络主播的各类收入来源，如《个人所得税法》《个人所得税法实施条例》《网络直播营销管理办法（试行）》《网络主播行为规范》等，并于2022年发布了《关于进一步规范网络直播营利行为促进行业健康发展的意见》《网络直播行业税收检查指引》，进一步规范网络直播营利行为，为网络直播企业日常税务合规检查提供操作指引。

根据现行《个人所得税法》的规定，我国采用了综合与分类相结合的征收方法。这一制度的核心在于，不同类型的所得将按照不同的税率、税款计算方法和征收方式进行处理。在直播行业中，尤其要对工资薪金所得、劳务报酬所得、经营所得等作出区分。

1. 工资薪金所得。工资薪金所得是指个人因任职或受雇而取得的工资、薪金、奖金、年终加薪、劳动分红、津贴、补贴以及与任职或受雇有关的其他所得。这部分所得按月或按次预扣预缴个人所得税，并在年度终了时进行汇算清缴，统一按照综合所得的税率表（3%—45%的七级超额累进税率）计算全年应纳个人所得税，多退少补。它适用于与公会、MCN机构或者平台签订劳动合同或形成劳动雇佣关系的主播。主播从平台或者机构获得的打赏分成收入、佣金/坑位费收入，可定性为工资薪金所得。

2. 劳务报酬所得。对于这部分收入，税法规定在预扣预缴时采用较高的比例税率（如20%—40%的累进或比例税率）。在年度汇算清缴时，如果纳税人同时有工资薪金所得，劳务报酬所得将并入综合所得，按照3%—45%的七级超额累进税率计税。由于签订劳动合同后，平台或机构需要付出的运营成本较高且主播职业本身具有较强的流动性，因而平台或机构会与主播签订劳务合同或合作协议，而不确立劳动关系。此时主播的大部分收入属于劳务报酬，平台会按月向主播支付固定的"维稳费"，这笔费用并不与主播的直播时长、观众数量或打赏金额等直播活动指标直接关联，而是作为一种长期合作关系的稳定支持，也应属于劳务报酬所得，由平台或机构代扣代缴个人所得税。而主播以个人名义进行直播，除进行销售经营的收入外的其他收入，也可以作为劳务报酬依照个人所得税法相关规定计算缴纳个人所得税。

3. 经营所得。主播设立个体工商户、个人独资企业以及合伙企业，从事生产经营活动时，在业务真实的前提下，取得的收入为经营所得，应按经营所得缴纳个人所得税，适用5%—35%的五级超额累进税率，并实行按年计算、分月或分季预缴、年终汇算清缴的征收方式。《关于进一步规范网络直播营利行为促进行业健康发展的意见》指出"网络直播发布者开办的企业和个人工作室，应按照国家有关规定设置账簿，对其原则上采用查账征收方式计征所得税"。而经营所得没有代扣代缴的义务人，因此需要纳税人主动进行税务申报。

4. 偶然所得。主播进行直播活动达到平台规定的，会收到平台的额外奖励，该奖励属于偶然所得，由平台代扣代缴个人所得税，税率为20%。

（三）网络主播常见的税收违法行为

《税收征收管理法》第25条第1款①所强调的纳税人依法、准确、及时地进行纳税申报的义务，为所有行业，包括近年来蓬勃发展的网络直播行业，设定了明确的法律框架。在网络直播这一新兴且快速发展的领域内，尽管其商业模式和运营方式具有独特性，但其纳税义务同样不容忽视。基于该条款，网络直播行业常见的涉税违法主要情形包括但不限于以下几种。

1. 隐匿收入

隐匿收入属于《税收征收管理法》规定的偷税行为，而且2024年3月20日施行的最高人民法院、最高人民检察院《关于办理危害税收征管刑事案件适用法律若干问题的解释》第1条第1款第2项中也明确规定，逃税罪的"欺骗、隐瞒手段"包括以签订"阴阳合同"等隐匿收入、财产的形式。

2. 转换收入性质

财政部、国家税务总局发布的《进一步支持小微企业和个体工商户发展有关

---

① 《税收征收管理法》第25条第1款规定："纳税人必须依照法律、行政法规规定或者税务机关依照法律、行政法规的规定确定的申报期限、申报内容如实办理纳税申报，报送纳税申报表、财务会计报表以及税务机关根据实际需要要求纳税人报送的其他纳税资料。"

第 五 章
网络直播领域经典案例解析

税费政策的公告》在全国范围内减免小微企业和个体工商户的税收，小型微利企业年应纳税所得额不超过一定额度（如 100 万元或 300 万元）的部分，可以享受企业所得税的减免政策。具体来说，这部分应纳税所得额可能减按一定比例（如 25%）计入应纳税所得额，再按较低的税率（如 20%）缴纳企业所得税。在某些税收优惠区域，政府可能会进一步加大优惠力度，使得小微企业的实际税负接近或低于 5%。正是这种情况促使众多头部直播行业主播倾向于在这些"税收优惠区域"内设立个人独资企业。

从网络主播取得的收入性质来看，其作为"在网络直播营销中直接向社会公众开展营销的个人"，被划为直播营销人员，提供广告、展览、介绍等服务，其取得的收入应当认定为个人劳务报酬所得，而非经营所得，因而适用超额累进税率。如果主播建立多家个人独资企业，在缺少真实经营目的，且普遍不从事制造、经销、管理等实质性经营活动的情形下虚构交易业务，将个人劳务所得转移至这些企业内部，改变个人所得的性质，无正常理由地人为拆分业务收入就可能会被认定为恶意转换收入性质的偷税。

以本案为例，薇某作为个人劳务报酬所得者，负有依法申报并缴纳个人所得税的义务。然而，2019 年至 2020 年，薇某通过隐匿其从直播平台取得的佣金收入虚假申报，偷逃税款；通过设立上海蔚某企业管理咨询中心、上海独某企业管理咨询合伙企业等多家个人独资企业、合伙企业虚构业务，将个人所得转换为税率更低的企业经营所得进行虚假申报，试图逃避高额税款。这些行为严重违反了纳税人的如实申报义务，而在最高人民法院、最高人民检察院《关于办理危害税收征管刑事案件适用法律若干问题的解释》第 1 条第 1 款中规定，隐匿或者以他人名义分解收入、财产，编造虚假计税依据等为不缴、少缴税款而采取的欺骗、隐瞒手段都属于虚假纳税申报。因此税务部门依法对其进行了全面的税务稽查，追缴了税款、加收了滞纳金，并处以高额罚款。

3. 将个人消费性支出违规税前列支

根据税法相关规定，企业发生的与生产经营无关的支出，是不能在企业所得税前扣除的，增值税上也不得进行进项税额抵扣。当企业或个人将个人消费性支出以虚假名义或方式列支于企业账目中，并试图在税前进行扣除时，就构成了逃税或偷税行为。税务机关一旦发现此类违法行为，将依法追缴税款，并对违法者处以罚款等行政处罚，甚至可能追究其刑事责任。

4. 取得虚开的普通发票入账

取得虚开的普通发票入账指一些支出没有取得发票，便从其他地方取得发票入账，抑或为了不缴或少缴税款，利用虚开普通发票列支成本、费用。《发票管理办法》《关于办理危害税收征管刑事案件适用法律若干问题的解释》均有不得虚开普通发票的禁止性规定。虚开普通发票，票面金额达到 50 万元及以上或者有其他严重情节的，可以判处 2 年以下有期徒刑、拘役或者管制，并处罚金；票面金额达到 250 万元及以上或者有其他特别严重情节的，处 2 年以上 7 年以下有期徒刑，并处罚金。

5. 虚开增值税专用发票

虚开增值税专用发票，即在没有真实交易或交易金额不符的情况下开具发票，违反了发票管理的法律法规。在直播领域中，常见通过出售直播平台账号虚开增值税专用发票。出售直播账号本身就可能涉及违反直播平台的使用协议和相关法律法规，如果出售的账号被用于非法活动，还可能进一步引发法律责任。

三、案例启示

2022 年国家网信办、国家税务总局、国家市场监督管理总局发布了《关于进一步规范网络直播营利行为促进行业健康发展的意见》，强调要进一步加强税收监管，依法查处偷逃税等涉税违法犯罪行为。

（一）强化税务合规意识

该案明确展示了税务部门对网络直播行业税收监管的严肃态度，以及对偷逃税行为的零容忍政策。这要求网络主播及其团队必须增强税法遵从度，认识到依法纳税是每个公民和企业应尽的义务。

网络主播应定期自查税务情况，发现问题及时整改，主动补缴税款并报告涉税违法行为；建立起与税务部门的良好沟通机制，通过定期汇报、交流学习等方式，增进对税收政策的理解；了解最新的税收政策和法规要求，确保自身税务处理的合规性，避免误解和疏忽导致的税务风险。出现税务问题时，应当及时与税务部门沟通，寻求解决方案，避免问题扩大化。

（二）加强税务合规管理

对于网络主播及其团队而言，应当聘请专业税务顾问或律师，进行全面的税

第 五 章
网络直播领域经典案例解析

务风险评估和规划，避免缺乏实质商业目的、利用空壳化主体的税收筹划工作，自觉纠正设立个人独资企业虚构业务转换收入性质的行为。同时，主播还应当审慎识别各项业务的性质，采用符合规定的方式进行账务处理，结合直播行业的财税核算特点，在遵循税法相关规定的前提下，进行专业的税务筹划，审慎评估是否申请适用税收优惠及财政返还政策。

在具体业务执行过程中，还应注重保留全面、准确的业务凭证和证明材料，构建完整的证据链条，以便在需要时能够清晰、有力地证明税务处理的合理性与合法性，确保税务决策紧密贴合经济活动的真实面貌，避免任何形式的税务规避。

（三）直播营销平台加强税务监管责任

该案也暴露了直播营销平台在税务监管中的责任问题。直播营销平台作为支付报酬和深度掌握主播收入情况的主体，应切实履行好告知纳税义务和代扣代缴义务，并定期向税务部门报送重点网络主播身份、平台收入等信息。直播营销平台应设立专门的税务合规部门或岗位，负责监督和管理平台内所有涉税事务，确保所有交易和收入的合法性和合规性。此外，还应当加强财务管理，特别是对于大额收入和支出，要进行严格的审核和记录，避免出现账务与实际不符的情况。对于遵守税法规定、积极履行纳税义务的主播和商家，平台可以给予一定的优惠政策；对于存在税务违规行为的主播和商家，平台应依法依规进行处罚，并公开披露相关案例。

四、结语

本文以薇某逃税行政处罚案为切入口，从网络主播的税收问题、相关政策、常见税务违规情形进行法律剖析，指出网络主播必须严格避免隐匿收入、转换收入性质、虚开发票等税务违法行为。通过该案可以清晰地认识到，在数字经济蓬勃发展的今天，网络直播作为新兴业态，其税务合规的重要性不容忽视。每一位网络主播都应以此为鉴，增强税法意识，主动践行税务合规，共同维护公平、透明、有序的税收环境。

案例七
电商头部主播李某琦与海氏"底价协议"事件

一、案例介绍

2023年"双十一"前夕，电商头部主播李某琦的"二选一"事件引起社会关注。事件起源于京某采销部门的一名员工在朋友圈公开发声，指责李某琦及其团队存在"二选一"的行为，即要求品牌商只能在李某琦的直播间或京某平台中选择一方进行最低价销售。这一言论迅速登上微博热搜，引发了网友的热议。

具体而言，事件的起因是京某平台在未与李某琦方面沟通的情况下，擅自更改了某款海氏烤箱的售价，导致该商品在京某平台上的售价低于李某琦直播间的售价。这一行为被指违反了海氏品牌与李某琦之间签订的"底价协议"，即双方约定李某琦直播间内的售价为全平台最低价。因此，海氏品牌通过律师函向京某提出了巨额违约金的赔偿要求。

面对这一指责，李某琦所属的美某公司迅速作出回应，否认了"底价协议"和"二选一"的存在，并表示李某琦直播间与品牌方签订的合约中并未包含"全网最低价"和"二选一"的约束条款，商品的定价权完全在于品牌方。同时，海氏品牌官方微博也发表声明，指责京某采销人员造谣，强调双方签署的协议明确规定了经营行为必须基于双方协商一致的基础之上，京某采销人员无权擅自改价。

京某与海氏品牌、美某公司的争议核心主要在于"底价协议"的真实性。虽然后两者相继否认存在"底价协议"，但海氏品牌向京某所发的律师函中曾提及，因为京某的压价操作，海氏品牌与其他客户被动违约，可能触发巨额赔偿风险。

据相关报道，"底价协议"在行业内普遍存在。从表面上看，"底价协议"方便了消费者，是为消费者谋福利。然而，所谓"底价"具有相对性，随着市场变化，产品价格也将发生变化。如果不能随行就市，"底价协议"就可能成为套住企业的枷锁、排除竞争的工具，最终受损的还是消费者的利益。

第五章
网络直播领域经典案例解析

二、法律分析

（一）"底价协议"是否构成垄断协议

垄断协议主要指的是经营者之间达成的排除、限制竞争的协议、决定或其他协同行为。具体到涉案直播带货领域的"底价协议"，如果协议要求品牌商在李某琦直播间或某特定平台设置全平台最低价，这种行为可能限制了品牌商在其他平台的定价自由，从而限制了市场竞争。然而，就"底价协议"这一特定形式而言，其本质更侧重于双方之间的内部约定，并不自动蕴含对第三方转售行为的直接规制内容，因此亦非必然触发《反垄断法》所规定的旨在防范"扰乱市场竞争秩序"之情形。所以在评估此类协议时，需具体考察其实际具体内容与市场影响，不能一概而论。

是否构成垄断协议需考虑多个因素，最高人民法院《关于审理垄断民事纠纷案件适用法律若干问题的解释》第22条为判断垄断协议是否具有排除、限制竞争效果提供了参考因素：被告在相关市场的市场力量和协议对相关市场类似不利竞争效果的累积作用；协议是否具有提高市场进入壁垒、阻碍更有效率的经营者或者经营模式、限制品牌间或者品牌内竞争等不利竞争效果；协议是否具有防止搭便车、促进品牌间竞争、维护品牌形象、提升售前或者售后服务水平、促进创新等有利竞争效果，且为实现该效果所必需等。

因此，如果该案中的"底价协议"确实存在且广泛执行，显著影响了其他电商平台的定价和市场竞争，那么这种行为很可能被认定为垄断协议。但若协议仅在特定品牌或商品上实施，且未对市场造成显著影响，那么其性质可能就需要进一步评估。

（二）反垄断分析视角下的"相关市场"界定问题

在反垄断分析中，"相关市场"的界定是关键一环。对于主播直播带货这一新兴业态，其"相关市场"的界定存在一定的复杂性。

根据《反垄断法》的一般原则，相关市场是指经营者在一定时期内就特定商品或者服务进行竞争的商品范围和地域范围，包括相关产品市场和相关地域市场。在直播带货领域，相关产品市场可能不仅限于主播销售的商品本身，还包括与这些商品具有替代关系的商品，以及直播带货这一服务本身。而相关地域市场，则可能涉及全国范围甚至全球市场，因为互联网使得直播带货具有跨地域的特性。因此，在界定直播带货的"相关市场"时，需要综合考虑多种因素，如商品的性质、用途、价格、消费者偏好、运输成本等，同时需要关注直播带货这一新兴业态的特殊性，如主播的影响力、粉丝基础、直播平台的用户规模等。

最高人民法院《关于审理垄断民事纠纷案件适用法律若干问题的解释》第16条第2款为界定互联网所涉相关商品市场提供了一些指引：结合被诉垄断行为的特点、产生或者可能产生排除、限制竞争效果的具体情况、平台的类型等因素，一般可以根据该平台与被诉垄断行为最相关一边的商品界定相关商品市场，也可以根据被诉垄断行为所涉及的多边商品分别界定多个相关商品市场，必要时也可以根据特定平台整体界定相关商品市场。特定平台存在跨边网络效应，并给该平台经营者施加了足够的竞争约束的，可以根据该平台整体界定相关商品市场，也可以根据跨边网络效应所涉及的多边商品分别界定多个相关商品市场，并考虑各个相关商品市场之间的相互关系和影响。至于相关地域市场，该司法解释第17条也列举了一些参考因素，如从需求替代的角度分析时，可以综合考虑需求者因商品价格或者其他竞争因素的变化而转向其他地域购买商品的情况、商品的运输成本和运输特征、多数需求者选择商品的实际区域和主要经营者的商品销售分布、地域间的市场障碍、特定区域需求者偏好等因素；从供给替代的角度分析时，可以综合考虑其他地域的经营者对商品价格等竞争因素的变化作出的反应、其他地域的经营者供应或者销售相关商品的及时性和可行性等因素；分析界定平台所涉相关地域市场时，则可以重点考虑多数需求者选择商品的实际区域、需求者的语言偏好和消费习惯、相关法律法规的要求、其他地域竞争者的现状及其进入相关地域市场的及时性等因素。

综上所述，界定互联网所涉相关市场是一个多维度、多层次的过程，需要综合考虑多个方面的因素。在进行法律分析时，需要紧密结合互联网行业的特性、反垄断法的规则原则、市场竞争的实际情况以及政策环境的变化等因素，以确保分析的准确性和有效性。

（三）"底价协议"是否违反《反不正当竞争法》

虽然当前的《反不正当竞争法》尚未对"底价协议"等作出明确规定，但《反不正当竞争法（修订草案征求意见稿）》（2022）第13条规定了：具有相对

第五章
网络直播领域经典案例解析

优势地位的经营者无正当理由不得实施下列行为，对交易相对方的经营活动进行不合理限制或者附加不合理条件，影响公平交易，扰乱市场公平竞争秩序：（1）强迫交易相对方签订排他性协议；（2）不合理限定交易相对方的交易对象或者交易条件；（3）提供商品时强制搭配其他商品；（4）不合理限定商品的价格、销售对象、销售区域、销售时间或者参与促销推广活动；（5）不合理设定扣取保证金，削减补贴、优惠和流量资源等限制；（6）通过影响用户选择、限流、屏蔽、搜索降权、商品下架等方式，干扰正常交易；（7）其他进行不合理限制或者附加不合理条件，影响公平交易的行为。因此，根据《反不正当竞争法（修订草案征求意见稿）》的规定，如果"底价协议"符合该条情形，经营者可能需要承担责令停止违法行为、没收违法所得、罚款等行政处罚。

此外，《网络反不正当竞争暂行规定》第24条规定平台经营者不得利用服务协议、交易规则等手段，对平台内经营者在平台内的交易、交易价格以及与其他经营者的交易等进行不合理限制或者附加不合理条件。该条主要吸收了《关于平台经济领域的反垄断指南》第15条中关于限制交易的相关规定，进一步细化规定"限定交易"的行为类型，并明确将禁止"二选一"行为适用于全部平台经营者，以解决实践中"市场支配地位"限制导致的反垄断法相关规定适用困境。和《反不正当竞争法（修订草案征求意见稿）》相比，《网络反不正当竞争暂行规定》更为精简，但对于具体案件中的"底价协议"是否违反相关规定的问题，实践中都应当综合考量协议是否对交易活动进行不合理限制或者附加不合理条件，是否影响公平交易、扰乱市场公平竞争秩序，综合判断该协议是否符合前述法律法规所明确规定的情形。

因此，如该案中的"底价协议"存在上述情形，则可能违反反不正当竞争法体系下的相关法律法规，应承担相应的责任。

三、案例启示

在深入探讨李某琦"底价协议"一案背后涉及的法律问题时，我们不得不正视其对于直播带货行业乃至整个电商经济领域的深刻启示。这一案例不仅暴露了直播带货行业快速发展过程中潜藏的法律风险与合规挑战，更促使我们反思如何在保障消费者权益、维护市场公平竞争与鼓励行业创新之间找到最佳平衡点。以下，本文将从多个维度出发，剖析这一案例所带来的重要启示。

（一）推动行业自律，促进健康发展

为规范直播带货行业发展，培养高素质网络主播人才队伍，全国各地已经成立了许多互联网直播行业协会，这为建立带货主播行业协会奠定了坚实基础。作为直播行业的重要参与主体，带货主播的群体规模越来越大，从业人数越来越多，已形成一定程度的行业规模。在此基础上，应当推动建立带货主播行业协会，以统一指导和规范带货主播的个人行为和商业行为。《反垄断法》第14条规定："行业协会应当加强行业自律，引导本行业的经营者依法竞争，合规经营，维护市场竞争秩序。"建立带货主播行业协会，制定带货主播执业规范，不仅有利于发挥行业协会的组织、协调、规范作用，促进带货主播行业内部的良性竞争和带货主播与商家之间的合规合作，维护带货主播行业的竞争秩序，而且有利于扩大带货主播群体的凝聚力和影响力，促进行业发展壮大，依法保障带货主播群体的合法权益。[1]

因此，应加强行业自律，推动建立行业标准和规范，引导从业者诚信经营、公平竞争。可以通过成立行业协会或联盟，制定行业自律准则，对违规行为进行联合惩戒，提高整个行业的合规水平。此外，行业协会还可以为从业者提供法律咨询和培训服务，帮助其更好地理解和遵守相关法律法规。

（二）完善法律法规，加大监管力度

2021年2月7日，针对互联网平台的相关经营者可能存在的垄断性经济行为，国务院反垄断委员会印发了《关于平台经济领域的反垄断指南》，列举了平台经济领域垄断行为的具体类型及认定标准，基本涵盖了平台经济领域经营者可能构成垄断的各类行为，但是并未明确涵盖带货主播与商家之间可能存在的涉嫌垄断的商业行为。针对当前蓬勃发展的直播带货行业和逐渐壮大的带货主播群体，可采取两种方案对带货主播行业涉嫌垄断的商业行为进行规制：一是研究拟定专门的带货主播行业的反垄断指南；二是在已有的平台经济领域反垄断指南中，纳入带货主播行业可能存在的涉嫌垄断的行为类型及其认定标准。[2]

---

[1] 参见靳景涛：《直播带货纵向价格垄断的形成与规制——以李佳琦陷"二选一"事件为例》，载《价格月刊》2024年第8期。

[2] 参见靳景涛：《直播带货纵向价格垄断的形成与规制——以李佳琦陷"二选一"事件为例》，载《价格月刊》2024年第8期。

第五章
网络直播领域经典案例解析

除此之外，相关法律法规可以进一步明确"底价协议"等行为的法律性质，明确其是否构成垄断协议的判断标准。同时，加大对直播带货行业的监管力度，建立健全监管机制，对违规行为进行严厉打击，形成有效震慑。有必要的话，还可以借助技术手段提高监管效率，如利用大数据、人工智能等技术对直播带货活动进行实时监测和预警。

（三）加强消费者权益保护

直播带货行业的健康发展离不开对消费者权益的有效保护。在李某琦"底价协议"风波中，消费者可能因价格差异而遭受不公平待遇。因此，应加大对消费者权益的保护力度，建立健全的投诉举报机制，确保消费者遇到的问题能够及时得到解决。同时，加强对直播带货产品的质量监管，防止假冒伪劣产品流入市场，损害消费者利益。通过加强消费者权益保护，可以进一步提升消费者对直播带货行业的信任度，促进其持续健康发展。具体来说，主播和商家不得通过"底价协议"限制消费者的选择权，如捆绑销售、限制购买数量等。消费者应享有自主选择商品或服务的权利。主播在直播中应全面、准确地描述商品或服务的真实情况，不得因"底价协议"而隐瞒或误导消费者，消费者有权知悉商品或服务的真实价格、性能、质量等信息。

（四）鼓励创新和竞争，推动产业升级

在规范行业行为和加强监管的同时，还应鼓励创新和竞争，推动直播带货行业的产业升级。直播带货作为一种新兴的销售模式，具有巨大的发展潜力。应通过技术创新、模式创新等方式不断提升行业竞争力，为消费者提供更加优质、便捷的购物体验。同时，鼓励不同平台、不同主播之间的竞争，打破垄断和壁垒，促进市场的多元化和繁荣发展。通过创新和竞争的结合，可以推动直播带货行业不断向前发展，为数字经济注入新的活力。

四、结语

李某琦"底价协议"事件不仅揭示了直播带货行业在快速发展的过程中所面临的复杂法律挑战和市场竞争态势，也引发了公众、行业以及相关监管部门对于电商经济法律实践问题的广泛关注和深刻思考。随着相关法律法规的不断完善和市场监管力度的加强，我们有理由相信，直播带货行业将朝着更加规范、健康、有序的方向发展，为电商经济注入新的活力，为消费者带来更加优质、便捷的购物体验。

案例八
"秦某"作业本遗失事件
——网络谣言传播的法律边界与责任

在信息爆炸的互联网时代，自媒体以其独特的魅力和广泛的传播力，成为人们获取信息、娱乐休闲的重要渠道。然而，随着自媒体行业的迅猛发展，一些博主为了引人注意、获取流量，不惜编造虚假故事，挑战法律和道德的底线。该案不仅揭示了自媒体行业中的造假乱象，更对社会诚信体系和网络环境造成了不良影响。

一、案例介绍

"秦某"丢失的作业本——"寒假作业丢巴黎"摆拍引流案系一起公安机关打击整治网络谣言的典型案例。该案起源于2024年2月16日网红博主"Thurman某一杯"发布的一段短视频，视频中徐某艺声称在巴黎一家饭店内，服务员递给她两本遗留在厕所内的小学一年级寒假作业，作业封页上写有"失主"的详细学校、班级和姓名"秦某"，并承诺将作业带回国并归还给"失主"。此视频迅速在网络上走红。之后江苏省南通市杨某在该视频评论区假冒"秦某舅舅"引流并进行造谣、摆拍、直播，引发了一场"全网寻人"行动。然而，随着事件的发酵，众多质疑声也随之而来，后经警方调查证实，该视频系徐某艺与其公司编导薛某编造剧本，为吸引粉丝和流量而摆拍的视频。

杭州市公安局西湖分局对徐某艺、薛某以及涉事公司处以行政处罚，并责令其公开道歉，随后对其账号予以阶段性禁言。江苏省南通市公安机关已对杨某处以行政处罚，并关停账号。最终，微信官方也表示，对"Thurman某一杯"视频账号封号处置，抖音、微博、小红书、哔哩哔哩等平台也相继对其账号进行永久封禁。

第五章
网络直播领域经典案例解析

二、法律分析

该案的核心聚焦于网络环境中信息传播链条上主播、直播营销平台及 MCN 机构三方主体之法律责任的界定。依据《民法典》《治安管理处罚法》等相关法律法规，主播作为信息发布的源头，需恪守真实性原则，避免虚构事实；直播营销平台作为信息服务提供者，负有内容审核与监管的法定义务；而 MCN 机构作为内容生产与运营的组织者，其内部管理的规范性与有效性直接关系到信息传播的质量。

（一）主播责任分析

在该案中，网红博主"Thurman 某一杯"实施的"编热点""抢流量"行为，实际就是对互联网环境下资源的不当占用。该短视频一经发出，迅速引发了众多自媒体平台的竞相传播与再创作。作为一位拥有庞大粉丝基础的网红博主，一旦其主动制造并引领热点话题，便会立刻转化为当时互联网生态中的一个"流动的流量引擎"。此情境下，大量寻求"流量红利"的行为将不可避免地加剧对网络资源的无序占用，进而深化其对社会公共利益潜在损害的程度。

根据我国《治安管理处罚法》第 25 条的规定，[①] 在网络谣言案件中，如果主播编造并散布虚假信息，扰乱公共秩序，就可能被公安机关依法处以行政拘留和罚款的行政处罚。此外，根据相关司法解释[②]，若博主实施编造并广泛散布虚假信息等行为，导致公共秩序严重混乱，便可能构成寻衅滋事罪，受到刑罚处罚。

（二）直播营销平台责任分析

在涉及网络谣言的案件中，网络直播营销平台作为信息传播的重要载体，其法律责任的界定显得尤为重要。网络直播营销平台虽然并非直接的侵权者，但是其对于平台的用户内容具有管理职能。《网络安全法》第 47 条规定："网络运营

[①]《治安管理处罚法》第 25 条规定："有下列行为之一的，处五日以上十日以下拘留，可以并处五百元以下罚款；情节较轻的，处五日以下拘留或者五百元以下罚款：（一）散布谣言，谎报险情、疫情、警情或者以其他方法故意扰乱公共秩序的；……"

[②] 最高人民法院、最高人民检察院《关于办理利用信息网络实施诽谤等刑事案件适用法律若干问题的解释》第 5 条第 2 款规定："编造虚假信息，或者明知是编造的虚假信息，在信息网络上散布，或者组织、指使人员在信息网络上散布，起哄闹事，造成公共秩序严重混乱的，依照刑法第二百九十三条第一款（四）项的规定，以寻衅滋事罪定罪处罚。"

者应当加强对其用户发布的信息的管理，发现法律、行政法规禁止发布或者传输的信息的，应当立即停止传输该信息，采取消除等处置措施，防止信息扩散，保存有关记录，并向有关主管部门报告。"据此，网络平台应当负有审核监管的法律责任。除此之外，2023 年 7 月，中央网络安全和信息化委员会办公室发布了《关于加强"自媒体"管理的通知》，旨在压实网站平台信息内容管理主体责任，进一步强调网络平台对于内容真实性的管理责任。该通知第 4 条要求：网站平台应当要求"自媒体"对其发布转载的信息真实性负责，不得无中生有，不得断章取义、歪曲事实，不得以拼凑剪辑、合成伪造等方式，影响信息真实性。

若网络直播营销平台未尽到上述责任，导致谣言在其平台上广泛传播，造成严重社会影响或后果，网络平台可能面临相应的法律责任，包括行政责任、民事责任乃至刑事责任。

（三）MCN 机构责任分析

网络谣言的发展是伴随信息技术的快速发展而出现的，通过制造网络谣言吸引网友进行转发、评论，能够在短时间内迅速获取流量和曝光，甚至孵化出"大网红"，从而进行直播带货、承揽广告等营利活动。其中产生的巨大经济利益滋生出各种利用信息网络进行犯罪的行为，例如一些专门从事造谣、炒作、删帖等活动的"网络公关公司""网络推手"，违反国家规定，以营利为目的，虚构事实、制造网络谣言。

该案中，杭州公安的警情通报还提到了要针对某一杯团队所在的公司作出行政处罚，但未有公开信息披露具体的行政处罚内容。鉴于大多数网红都有签约 MCN 机构帮自己的账号进行推广、帮助制作短视频，某一杯团队所在的公司很有可能指的就是某一杯团队背后的 MCN 机构。在当今的社交媒体时代，MCN 机构已经成了一个备受关注的领域。其主要职责是帮助内容创作者扩大影响力、提高流量、增加收益，同时为广告主提供精准的营销服务。

从直接责任来看，如果 MCN 机构或其旗下账号直接编造、传播网络谣言，侵犯民事主体的名誉权或扰乱公共秩序，将依据《民法典》《治安管理处罚法》等法律法规承担民事责任和行政责任。该案中，MCN 机构不仅侵犯了"秦某"的个人隐私，还捏造事实、散布不实言论，诋毁"秦某"的形象，严重损害了他

第五章
网络直播领域经典案例解析

的名誉。受害者"秦某"有权依据《民法典》第 995 条①提起民事诉讼，要求 MCN 机构消除影响、恢复名誉、赔礼道歉。若 MCN 机构违法情节严重，还可能触犯《刑法》中的侮辱罪、诽谤罪或寻衅滋事罪等，面临刑事处罚。

从间接责任来看，MCN 机构作为内容创作者的管理者，有责任对其旗下账号发布的内容进行监管。根据《互联网信息服务管理办法》等规定，网络服务提供者应当建立健全信息内容审核管理制度，对发布的信息进行审查，防止传播违法信息。若 MCN 机构监管不力导致谣言传播，其也需承担一定的管理责任。如果 MCN 机构明知或应知旗下账号发布谣言而未采取必要措施予以制止或删除，还可能与其旗下账号共同承担连带责任。

三、案例启示

公安部于 2024 年 4 月 12 日公布的 10 起打击整治网络谣言违法犯罪典型案例中，位列第一的就是"寒假作业丢巴黎"摆拍引流案。中央网络安全和信息化委员会办公室出台的《关于加强"自媒体"管理的通知》对于当下存在的各类"自媒体"乱象具有很强的针对性，同时给出了具有较强实操性的管理方案。《网络信息内容生态治理规定》也对网络信息内容生产者及服务使用者的行为提出了具体的要求，并强调了网络服务平台的主体责任。

（一）主播责任与自律的强化

《关于加强网络直播规范管理工作的指导意见》明确指出自然人和组织机构利用网络直播平台开展直播活动，应当严格按照《互联网用户账号名称管理规定》等有关要求，落实网络实名制注册账号并规范使用账号名称。因此，在内容创作的实践中，各主播务必精准掌握合规性的边界。尽管通过构思并产出高质量的虚构性内容能够有效丰富社会公众的精神文化生活，然而，针对明确属于虚构范畴的创作内容，创作者需在显著位置附加明确标识，以此向广大受众发出警示，预防虚构性质的内容误导公众的认知与判断。

网络主播应依法依规开展网络直播活动，不得从事危害国家安全、破坏社会

---

① 《民法典》第 995 条规定："人格权受到侵害的，受害人有权依照本法和其他法律的规定请求行为人承担民事责任。受害人的停止侵害、排除妨碍、消除危险、消除影响、恢复名誉、赔礼道歉请求权，不适用诉讼时效的规定。"

稳定、扰乱社会秩序、侵犯他人合法权益、传播淫秽色情信息等法律法规禁止的活动；不得超过许可范围发布互联网新闻信息；不得接受未经其监护人同意的未成年人充值打赏；不得从事平台内或跨平台违法违规交易或其他违法行为。

此外，主播应遵守《互联网信息服务管理办法》《网络信息内容生态治理规定》等相关法律法规，明确自己在网络空间中的行为边界，提高对网络谣言的辨识能力，不制造、不传播未经证实的信息。一旦发现发布的信息有误或可能引发误解，应立即进行澄清，并向受众道歉，以减少谣言的传播范围和负面影响。

（二）直播营销平台监管与责任落实

1. 健全内容审核，完善谣言标签

《关于加强"自媒体"管理的通知》要求，网站平台应当要求"自媒体"对其发布转载的信息真实性负责。"自媒体"发布信息不得无中生有，不得断章取义、歪曲事实，不得以拼凑剪辑、合成伪造等方式，影响信息真实性。平台可以利用人工智能、大数据等技术手段，建立高效、精准的内容审核系统，及时发现并处理违法和不良信息；涉公共政策、社会民生、重大突发事件等领域的谣言，网站平台应当及时标记谣言标签，在特定谣言搜索呈现页面置顶辟谣信息，运用算法推荐方式提高辟谣信息触达率，提升辟谣效果。[1]

2. 加强账号管理，规范账号运营

网站平台应当强化注册、拟变更账号信息、动态核验环节账号信息审核，有效防止"自媒体"假冒仿冒行为；[2] 加强"自媒体"账号信息核验，防止被依法依约关闭的账号重新注册；要求"自媒体"依法依规开展账号运营活动，不得集纳负面信息、翻炒旧闻旧事、蹭炒社会热点事件、消费灾难事故，鼓励引导"自媒体"生产高质量信息内容。[3] 同时，平台还可以对主播账号进行实名认证和分级管理，提高账号的透明度和可信度，对违规账号进行及时处罚并公告，包括但不限于警告、限流、封禁等。

3. 加注虚构内容或争议信息标签

《关于加强"自媒体"管理的通知》第5条要求"'自媒体'发布含有虚构

---

[1] 《关于加强"自媒体"管理的通知》第6条。
[2] 《关于加强"自媒体"管理的通知》第1条。
[3] 《关于加强"自媒体"管理的通知》第7条。

第五章
网络直播领域经典案例解析

情节、剧情演绎的内容，网站平台应当要求其以显著方式标记虚构或演绎标签。鼓励网站平台对存在争议的信息标记争议标签，并对相关信息限流"。平台可以利用算法、人工智能等技术手段对视频内容进行智能识别和分析，及时发现并处理虚假剧本和虚假人设。同时为"自媒体"创作者提供明确的标注文案模板，如"虚构/演绎作品，仅供娱乐"，确保标注内容的一致性和易识别性；开发智能识别技术，自动识别含有虚构情节或剧情演绎的内容，并提示创作者进行标注，对于未标注或标注不符合规范的内容，平台应能自动拒绝发布或给予警告提示。对识别出的争议信息，平台应自动或人工审核后加注"争议"标签，并在推荐、搜索等关键位置进行限流处理，减少其传播范围。对未按规定标注虚构或演绎标签的"自媒体"账号，根据违规情节采取警告、限流、暂停营利权限、禁言乃至关闭账号等处罚措施。对多次违规或情节严重的账号，纳入平台黑名单，并上报网信部门。平台还可以定期对标注规范执行情况进行评估，收集用户反馈和数据分析结果，评估标注规范对提升内容质量和减少争议信息的实际效果。并根据评估结果和新的监管要求，及时调整标注规范、技术手段和违规处理措施，确保平台管理机制的持续优化和完善。

（三）MCN机构加强自主整治

2022年"清朗"系列专项行动中发布的《关于开展"清朗·整治网络直播、短视频领域乱象"专项行动的通知》就明确了要"严管MCN机构账号。从严整治MCN机构通过发布'打擦边球'、真假难辨等内容，恶意制造'网红账号'行为；整治MCN机构账号恶意'串联互动'博流量、恶意发布同质化文案炮制热点等行为"。MCN机构的营销活动应奠定在严格遵守法律法规的基础之上，其运营核心需围绕提供高质量内容、弘扬正面价值观展开，坚决摒弃"唯流量论"的短视经营理念。

1. 建立健全内部管理制度

首先，MCN机构应当制定详细的内部管理制度和操作流程，明确主播在直播、社交媒体发布、商业合作等方面的行为准则，包括但不限于内容真实性、合法性、道德性要求。其次，完善责任追究机制，禁止主播实施发布虚假信息、恶意攻击他人、侵犯他人隐私、诱导消费等违法违规行为。最后，定期对主播进行培训和考核，激励主播提升其法律素养和职业道德。

2. 加强内容监管与审核

MCN 机构应建立健全内容监管体系，以全面强化对所发布内容的审核与管理效能。在审核流程中，需整合先进技术手段与专业审核团队的力量，实施多层次、立体化的内容审查策略，确保所有内容均严格遵循法律法规及社会道德标准。同时，还应建立应急响应机制，一旦发现谣言等违法和不良信息，就立即启动应急预案，迅速对违规内容进行删除或封禁处理，防止其进一步传播和扩散。

3. 强化与直播平台的合作与沟通

《关于加强"自媒体"管理的通知》不但针对自媒体"网红"进行了规制和约束，对"自媒体"所属 MCN 机构的管理力度也同步加强，该通知第 11 条明确指出对于利用签约账号联动炒作、多次出现违规行为的 MCN 机构，直播平台应当采取暂停营利权限、限制提供服务、入驻清退等处置措施。MCN 机构应当强化与直播平台的合作与沟通，共同构建互利共赢的生态系统，严厉打击散布网络谣言等违法和不良行为。

四、结语

"秦某"丢失的作业本——"寒假作业丢巴黎"摆拍引流案再次重申了网络空间绝非法外之地，任何编造、传播谣言的行为都将受到法律的严厉制裁。通过对此案的剖析，我们深刻认识到加强网络法治建设的重要性，以及提升公众法律意识和媒介素养的紧迫性。我们期待未来社会各界能够共同努力，加大对网络谣言的打击力度，完善相关法律法规，提高法律制裁的威慑力，同时加强教育和引导，让每一个网络用户都能成为维护网络空间清朗秩序的积极参与者。

案例九

直播巨头三某羊公司因虚假宣传行政处罚案

2024 年 9 月 26 日，合肥市市场监督管理局通报，合肥三某羊网络科技有限

第五章
网络直播领域经典案例解析

公司（以下简称三某羊公司）直播带货的所谓中国香港美某月饼，以及受鲜某裕公司委托售卖的澳洲谷饲牛肉卷实为调制肉，其行为构成虚假宣传；综合其他违规违法行为，没收违法所得、罚款共计6894.91万元。

一、案例介绍

2024年9月，知名主播"疯狂小某哥"及"三某羊"旗下主播宣传售卖美某月饼，声称美某月饼是"香港高端品牌"，"在香港排队都要买，线下卖200多块"。然而据多名代理商和网友爆料，美某月饼在中国香港并未开设门店。而该月饼的产品包装信息也显示，品牌运营方为广州美某食品公司，生产方则分别是广州美某科技公司、佛山市美某食品有限公司。这一发现引起诸多消费者的质疑和不满。9月14日晚，"三某羊"旗下直播间停止销售美某月饼，主播临时关闭评论。

针对此事件，广州市花都区市场监督管理局、合肥市高新区市场监督管理局启动调查。9月18日，广东省广州市花都区市场监督管理局发布关于涉美某月饼的情况通报。涉及线索的核查情况显示，广州美某食品公司已取得营业执照和销售预包装食品备案，是一家食品贸易商；广州美某科技公司已取得营业执照和食品生产许可证，质量管理制度和生产流程环境符合要求，目前暂未发现存在违法行为。花都区市场监督管理局披露，在商标使用和委托加工情况方面：一是香港美某食品集团在香港注册有"美某""香港美某月饼""M*ISUN"等核准在月饼商品上的商标，其把商标授权给广州美某食品公司使用，广州美某食品公司能提供香港美某食品集团的登记资料和相关商标授权使用书等材料。二是广州美某食品公司委托广州美某科技公司加工"香港美某月饼"产品，有委托加工合同，产品包装材料均由广州美某食品公司提供，相关月饼产品外包装及文字宣传上均有使用"香港美某月饼"字样。

"一石激起千层浪"，美某月饼事件的不断发酵继而引发了对三某羊公司带货"澳洲谷饲牛肉卷""御徽缘梅菜扣肉""兔年生肖茅台酒"等事件的关注。9月19日，合肥市成立联合调查组，并于9月26日将相关情况进行通报。通报载明：三某羊公司受广州美某食品公司委托，直播推介"香港美某月饼"时称"香港美某是一家专门做高端月饼的大品牌，已经做了将近20年"，强调"美某的""香港的""高端的月饼"等卖点，构成虚假、引人误解的商业宣传行为。

此外，三某羊公司受鲜某裕公司委托，直播推介"澳洲谷饲牛肉卷"，鲜某裕公司提供的推介信息宣称该产品为原切肉。三某羊公司在未获取原切肉检测报告的情况下，仍根据鲜某裕公司提供的信息进行推介。鲜某裕公司实际发货的肉品为调制肉。上述行为构成虚假的商业宣传。官方通报的处理意见为：（1）依据《行政处罚法》《反不正当竞争法》等相关规定，拟决定对三某羊公司没收违法所得、罚款共计6894.91万元。（2）针对三某羊公司直播带货中存在的相关问题，责令其暂停经营、限期整改，并承担相关法律责任。（3）对在工作过程中失察失职的单位和相关人员，纪检监察部门将立案调查，依法依规严肃处理。

9月26日晚，三某羊公司官方公众号发布声明，就近期公司在直播中虚假宣传、误导消费者的问题致歉。公司将全面接受联合调查组的调查处理意见和处罚结果，并愿承担相关法律责任。同时将按照相关法律法规，全面开展公司内部整顿，依法经营，切实保护消费者合法权益。9月27日，就此前通报的月饼和牛肉卷现在如何处理的问题，三某羊公司客服表示，鲜某裕牛肉卷或美某月饼的订单登记核实无误后会为用户"退一赔三"。

二、法律分析

三某羊公司因虚假宣传被罚6000余万元的事件再次敲响了直播带货行业的警钟。随着电商时代的快速发展，直播带货已成为重要的销售渠道之一，随之而来的虚假宣传、产品质量等问题也日益凸显。

（一）直播带货中多方主体法律地位分析

在直播带货活动中，直播间运营者、主播介入网络交易活动的形式和身份多样。就直播带货的主播而言，大致上可以分为两类：一类是"自主带货"，即由网店店主或网店的员工进行直播，对自家商品进行介绍和推荐，消费者可直接在店铺中下单，相当于自产自销的经营模式；另一类是"委托带货"，即主播接受商家委托，利用自身影响力对商家的商品进行介绍和推销，消费者通过第三方商店的商品链接购买商品，主播通过"坑位费"固定金额或按销售比例收取佣金。

在主播"自主带货"模式下，主播同时拥有广告主和广告发布者两种身份，在带货过程中还涉及销售行为和交易行为，因此还应符合《消费者权益保护法》《产品质量法》《食品安全法》等法律中关于生产者、销售者的相关规定。主播

第五章
网络直播领域经典案例解析

通过电子商务平台销售商品或者提供服务，还属于平台内经营者。而在主播"委托带货"模式下，第三方主播所属的公司接受商家委托在直播间宣传该商品时，属于《广告法》中的广告发布者；主播以自己的名义及形象对商品作推荐、证明时，属于《广告法》中的广告代言人。

直播带货的播出平台，如快手、抖音等，作为信息服务提供者，应受《互联网广告管理办法》监管。同时，这些直播平台提供电子商务服务，符合《电子商务法》定义的电子商务平台经营者的，应被归类为电子商务平台经营者。

（二）直播带货中多方主体消费者权益保护责任划分问题

结合三某羊公司被罚案件以及此前辛某售卖假燕窝案件的相关事实以及实践中常见的业务模式，本部分的责任划分问题研究主要针对委托带货模式，且限于同一平台内第三方主播为卖家提供带货、营销服务的模式。相关法律法规的规定散见于《消费者权益保护法》《电子商务法》《民法典》《网络直播营销管理办法（试行）》《网络交易监督管理办法》等。鉴于直播间运营者和主播的法律关系往往为其内部关系，而且二者的身份时常同一，故本部分仅对直播营销活动中卖家、主播、平台的责任分配进行分析。

首先，卖家无疑是消费者权益保护当然的第一责任主体。无论是其对商品或者服务的进货查验、安全要求、提供发票/退换货等服务，还是向消费者提供经营地址/联系方式、积极解决与消费者的争议并依法进行赔偿等，都属于其直接责任。

其次，主播作为协助卖家进行商品与服务营销与推广的关键第三方，其角色承载着一系列相应的责任。具体而言，这些责任涵盖以下三个方面：（1）严格选品责任。主播在推广任何商品前，必须采取适当手段验证商品的法律合规性。一旦发现商品存在违法违规问题，主播就应立即停止为该商品进行任何形式的营销与推广活动。（2）真实宣传与广告责任。在直播过程中，主播的核心职责是代表卖家进行商品或服务的真实宣传与广告推广。因此，主播必须坚守诚信原则，杜绝虚假宣传与虚假广告。若其宣传内容构成商业广告，主播需依法履行广告发布者、广告经营者或广告代言人的相应责任，确保宣传信息的真实性与准确性。（3）卖家身份核验与展示责任。鉴于主播并非商品或服务的直接销售者或提供者，其首要任务是核验卖家的身份信息、经营地址、行政许可等关键合规要素。

在直播过程中，主播还需清晰、明确地展示这些信息，以增强消费者的信任度，避免产生误解或混淆。

与主播的上述法律义务相对应，在消费者权益保护方面，立法对其间接责任的规范也聚焦于此：（1）主播需在发生消费纠纷时积极协助消费者维权，向消费者、监管部门等提供卖家真实名称、地址和有效联系方式，否则将承担虚假广告赔偿责任。（2）在关系消费者生命健康的商品或者服务的直播营销活动中，主播的宣传或者广告行为被认定为虚假宣传，造成消费者损害的，其需与卖家承担连带责任。

最后，直播营销平台作为直播营销活动的非直接参与者，对其的归责应当严格依据法律规范。在消费者权益保护方面，直播平台的职责大多聚焦于维护市场秩序、提供维权协助以及参与监管协查等层面，间接责任的色彩较重。这从一定程度上也说明直播营销平台并非直播营销活动中消费者权益保护的主要责任主体，具体来说其责任主要包括以下两个方面：（1）直接责任主要包括消费者保护协议、规则等机制、措施建设；卖家信息发布监控与违规处置、公示；消费者评价权保障与规范；投诉举报机制建设与实施；消费者维权协助；商家身份、交易信息保存备查以及监管协查。（2）间接责任主要包括在消费纠纷中不能提供卖家真实名称、地址和有效联系方式的，承担赔偿责任；发现卖家或者主播侵害消费者合法权益，未采取必要措施的，与卖家或者主播承担连带责任；对于关系消费者生命健康的商品或者服务，对卖家未尽资质审核义务，或者对消费者未尽安全保障义务，造成消费者损害的，依法承担相应责任。

三、案例启示

网络直播带货遇假货、仿冒及无标识产品的问题，是直播带货行业长久以来的痛点。售假事件频发，不仅损害平台与主播信誉，也影响消费者信心。针对直播售假行为，《产品质量法》《消费者权益保护法》等法律对此进行了严格规制，《网络直播营销管理办法（试行）》也规定商品的销售方、服务提供者要对商品的质量承担法律责任。

在消费者权益保护中，卖家是首要责任主体。主播作为帮助卖家进行商品或者服务营销、推广的第三方主体，其在选品、宣传以及检验和展示卖家身份等方面负有与其角色相适应的义务与责任。直播营销平台作为直播营销活动的非直接

第五章
网络直播领域经典案例解析

参与者，对其的归责应当严格依据法定，主要聚焦于秩序维护、维权协助以及监管协查等。基于此，本文建议直播平台和主播应当注意以下合规管理工作。

1. 加强产品审核与质量控制

三某羊公司发布的调查通报中，详细描述了三某羊公司受湖北小某优选科技发展有限公司（以下简称小某优选）委托直播推介"御徽缘梅菜扣肉"的情况及其产品审核及质量控制措施，包括直播内容与推介信息一致，小某优选派员在东某公司驻场品控；三某羊公司通过查验资质、查看检测报告、试吃样品、现场检查等方式进行核验。三某羊公司的上述措施并未查明产品问题，最终产生了不利后果。因此，建议直播平台和主播设立专门的产品审核团队，对拟销售的商品进行严格的质量把关。审核内容包括但不限于产品来源、质量认证、成分含量等。主播和平台应要求供应商提供详细的产品说明书、质量检测报告等，确保产品信息的真实性和准确性。并建立定期抽检制度，对热销商品进行质量复查，确保商品质量持续符合标准。

2. 遵守法律法规，避免虚假宣传

直播内容应严格遵守《广告法》《反不正当竞争法》等法律法规，不得进行虚假或误导性宣传。例如，虚构直播宣传的产品成分、功能；夸大宣传商品的性能；直播时未说明真实依据的限制，如宣传"销量第一"，但是此"销量第一"系特定时间段和特定地区内的，却未在直播中明确说明该限制条件。

主播在介绍商品时应确保信息的真实性和准确性，不得夸大产品效果或隐瞒重要信息。在直播过程中，应清晰标注商品的属性、规格、成分等信息，避免消费者产生误解。对于特殊商品，如保健品、食品等，应明确标注其功效、适用人群及注意事项。为了防止直播中相关宣传涉嫌虚假广告，主播应对宣传的核心用语预先提交专业人员进行审核，确保直播宣传的内容可提供相应的证据进行支撑，宣传内容可被证实。

3. 建立健全售后服务体系

直播平台和主播应制定明确的退换货政策，保障消费者的合法权益。对于存在质量问题的商品，应无条件接受退换货申请。设立专门的消费者投诉处理部门或渠道，及时响应消费者的投诉和反馈，积极解决问题。

四、结语

　　随着互联网的飞速发展，直播带货作为一种新兴的商业模式迅速崛起，成为电商领域的重要力量。它不仅为消费者提供了更为便捷、直观的购物体验，也为商家开辟了新的销售渠道。然而，直播带货这一特殊的线上销售模式，由于其即时互动性和高度依赖主播个人魅力的特性，极易成为虚假宣传、以次充好等不法行为的温床。监管部门应加强对直播带货行业的监管力度，建立健全相关法律法规体系，切实维护消费者的合法权益。同时，直播带货企业应加强自律意识和社会责任感，诚信经营、守法经营，共同推动行业的健康发展。

第六章 欧美直播电商立法发展趋势与展望

直播电商立法涉及的法律关系领域众多，广泛涵盖公平竞争与消费者保护、数据与隐私保护、反垄断与侵权责任等方面。作为数字经济时代企业的重要营销方式之一，直播电商在大西洋两端最为重要的两个经济体的数字经济治理体系中占据重要地位。当前，美国和欧盟两个经济体结合自身数字经济发展情况对直播电商作出相关规制。在具体规制理念与实践上，美国与欧盟在诸多领域具有高度的相似性，当然也存在不同。

一方面，两者均重视对不公平竞争行为、数据与隐私保护等方面的保护。两者均是基于"公平竞争"与"消费者权益保护为核心"的理念，重点打击直播电商业态中所存在的虚假宣传、虚假广告、欺骗消费者等不公平或不正当竞争行为；两者均基于对个人及消费者权利保护精神，强调对数据及个人隐私的保护；两者均基于鼓励网络中介服务发展的初衷，对网络中介服务提供者责任承担提供了"安全港"。另一方面，美国与欧盟亦考虑到各自在数字经济特别是大型平台发展程度上存在差异，对数字平台反垄断这一问题持截然不同的态度。例如，欧盟已具体通过《数字市场法》对平台滥用竞争优势、"一家独大"等问题进行规制，而美国对此则尚处于立法提案阶段，是否以及如何对数字平台予以反垄断规制尚未尘埃落定。可以预见，在日后与直播电商相关的立法上，美国与欧盟仍然会继续基于国家利益、个人权利以及商业利益三者之平衡作出最有利于自身数字经济发展的规则体系选择。

网络直播营销法律监管与合规指南

第一节　美国直播电商立法趋势与展望

美国对直播电商的治理体系延续了其对数字经济的"轻触式"治理理念，以"强硬"的事后监管、"完善"的行业自律为主要特征。当前，美国尚未制定一部统一的对直播电商或电子商务进行调整的法律法规，涉及直播电商或电子商务的相应法律规则通常散见于消费者保护、隐私与数据治理、公民权利等主要领域之中。一如有观点所指出的："美国电商直播如今仍未形成规模性现象，相对应的法律规制也有所缺失，需要联邦以及各州有关于知识产权保护、反垄断、反不正当竞争、信用保护等方面的法律条款规制。美国电商直播行业即隶属于电子商务和社交电商的交汇点。"[1]

上述背景下，美国对直播电商主要通过联邦层面的《联邦贸易委员会法》《统一电子交易法》《邮购、网络、电话购物规制》《社交媒体影响者广告信息披露101规约》《广告荐证使用指南》《格雷姆－里奇－比利雷法》《健康保险流通和责任法》《公平信用报告法》《电子通信隐私法》《家庭教育权和隐私权法》《联邦证券法》《计算机欺诈和滥用法》《金融消费者保护法》《儿童网络隐私保护法》《通信规范法》，以及州层面的《加州商业与职业法典》《加州消费者隐私法》等法律法规从公平竞争与消费者权益保护、个人数据与隐私保护、平台反垄断以及责任等角度切入进行规制。[2]

一、以打击"不公平或欺骗行为"为重点构建直播电商消费者权益保护与公平竞争体系

直播电商对传统货物或服务的售卖业态作出了调整与改变，由于存在非线下

---

[1] Albakjaji M, Adams J & Almahoud H et al., *The Legal Dilemma in Governing the Privacy Right of E-commerce Users: Evidence from the U.S.A. Context*, International Journal of Service Science, Management, Engineering and Technology, 2020, 11 (4), p. 166-187. 转引自韩笑竹：《美国直播电商发展历程、特征及中美比较研究》，辽宁大学2023年博士学位论文。

[2] 美国联邦与州层面对直播电商的法律规制体系十分庞杂，下文内容主要从美国联邦层面对直播电商相关立法重要内容做分析与介绍。

第 六 章
欧美直播电商立法发展趋势与展望

物理空间的距离，广告欺诈、诱导销售、冲动消费以及货不对板等问题在直播电商业态中层出不穷并呈现出数字化转型下的新特点。为进一步保护消费者权益，构建以消费者保护为核心打击不公平商业实践的规制理念则应贯穿于直播电商业务流程包括购买前、购买中以及购买后的若干阶段。[①]

总体而言，不论是联邦层面还是州层面，美国所构建的适用于直播电商的消费者权益保护体系延续了线下对消费者权益保护的原则与理念，在包括交易双方权利保护、产品质量瑕疵担保等方面的重要法律规则与线下保护并无重大不同，具有相似性。[②] 其在重点针对"不公平及欺骗行为"进行规制的基础上，又针对直播电商与线下交易的不同，对特殊的制度性安排作了进一步明确。

第一，"公平竞争"与"消费者保护"是美国对包括直播电商在内的"不公平"及"欺骗性"行为的治理基础。以公平竞争、保护消费者为目的，就"不公平及欺骗行为"对包括直播电商等业态的商业行为进行规制是美国对直播电商规制最为重要的部分。在联邦层面，美国当前对此部分规制的实现主要是通过以联邦贸易委员会（Federal Trade Commission）为核心的机构制定、执行相关法律予以落实。[③] 而在州层面，则主要通过制定相关的竞争与反欺诈、消费者保护法律如《加州商业与职业法典》等法律法规予以落实。

以联邦规制为例，其构建以美国联邦贸易委员会为核心的公平竞争与消费者保护体系。根据《联邦贸易委员会法》的规定，除其他事项外，联邦贸易委员会被授予对妨碍公平竞争之做法作出规制的权力。具体包括：（1）防止不公平的竞争方法以及商业或影响商业的不公平或欺骗行为或做法；（2）为损害消费者的行为寻求金钱补偿和其他救济；（3）制定规则，具体界定不公平或欺骗性的行为或做法，并制定旨在防止此类行为或做法的要求；（4）收集和汇编与商业实体的组

[①] 对直播电商或电子商务三个阶段的划分，具体可参见 World Economic Forum, *The Global Governance of Online Consumer Protection and E-commerce*, White Paper, March, 2019。

[②] See Digital Business Laws and Regulations USA 2024, ICLG, https://iclg.com/practice-areas/digital-business-laws-and-regulations/usa.

[③] 联邦贸易委员会最初的监管权限仅限于不正当竞争，但1938年《联邦贸易委员会法》的《惠勒－利修正案》通过后，联邦贸易委员会的监管权限得到了扩张，被授权可处理所有不正当的或欺骗性的商业活动，不再限定于相关行为是否与竞争相关。作为联邦独立监管部门，联邦贸易委员会因拥有广泛的贸易监管权，广泛介入经济监管，而被称为"国家级保姆"。转引自周辉：《美国网络广告的法律治理》，载《环球法律评论》2017年第5期。

织、业务、实践和管理有关的信息并进行调查；（5）向国会和公众提出报告和立法建议。

其中，《联邦贸易委员会法》第5条是该机制之核心。《联邦贸易委员会法》第5条明确，"在商业中或影响商业而存在的不公平或欺骗性的行为或做法"为非法。① 具体就当中的"不公平"行为或做法而言，一种行为或做法只有在其"导致或有可能导致消费者遭受重大损害、而消费者自身无法合理避免且对消费者或竞争的抵消性利益不占优势"的情况下，方能被认定为是"不公平"。②而就当中的"欺骗性"行为或做法而言，虽然该法并未定义何为"欺骗性"，但联邦贸易委员会在其后续出台的指导意见中就"欺骗性"的内涵与外延做了澄清，即"如果一项行为或做法涉及重大陈述、遗漏或做法有可能误导处于合理情形下的消费者"③，则相关行为或实践应被视为具有欺骗性。④

至此，在联邦层面，以联邦贸易委员会及《联邦贸易委员会法》第5条为核心的法律治理机制得以形成。其对线上交易以及直播电商的相关行为，从公平竞争及消费者保护角度作出了原则性规定，为后续相关规制细则或具体针对直播电商或主播（影响者或意见领袖）通过网络平台施行的相关带货行为的规范奠定了原则性法律基础。

【相关案例】2024年10月8日，美国加利福尼亚州总检察长罗伯·邦塔对TikTok提起执法行动，指控TikTok违反了《加州消费者隐私法》《不正当竞争法》《虚假广告法》，并通过不同方式导致年轻用户过度成瘾，并违规收集其相关信息。

具体而言，加利福尼亚州对TikTok的指控主要从虚假或误导性陈述以及不公平及欺诈性商业行为或实践两方面展开。就前者而言，加利福尼亚州指控TikTok持续违反《加州商业与职业法典》第17500条及其后续条款，其违法行

---

① Federal Trade Commission, Privacy & Data Security, 2017, https://www.ftc.gov/system/files/documents/reports/privacy-data-security-update-2017-overview-commissions-enforcement-policy-initiatives-consumer/privacy_and_data_security_update_2017.pdf（noting that the FTC's "primary legal authority comes from Section 5 of the ［FTC］ Act"）.
② 15 U.S.C. § 45 (n).
③ 刘孔中：《〈美国联邦贸易委员会法〉第五条之研究》，载《人文及社会科学集刊》第1期。
④ See Federal Trade Commission, Policy Statement on Deception, https://www.ftc.gov/system/files/documents/public_statements/410531/831014deceptionstmt.pdf.

第六章
欧美直播电商立法发展趋势与展望

为是制作或传播,或导致制作或传播虚假或误导性陈述,意图诱导公众成员使用 TikTok 平台。根据加利福尼亚州的起诉状,TikTok 的虚假或误导性陈述具体包括但不限于以下内容:(1) TikTok 通过直接或间接、明示或暗示的方法表示,其提供了"安全功能"和其他类似的工具来实现各种保护年轻用户的功能,包括 60 分钟的时间限制、刷新和青少年限制模式功能,但事实上这些功能和工具并不像其在广告中宣传的那样有效,而且很容易被绕过从而无法发挥作用。(2) TikTok 通过直接或间接、明示或暗示的方法表示,其美颜滤镜和其他效果不会对年轻用户造成伤害,同时积极隐瞒美颜滤镜和效果可能对年轻用户造成的危险。(3) TikTok 通过直接或间接、明示或暗示的方法表示,其社区指导方针和内容审核政策在没有得到应用和执行的情况下得到应用和执行。(4) TikTok 通过直接或间接、明示或暗示的方法表示,其平台不会对青少年用户造成心理或生理性的伤害,其设计也不会诱导青少年用户强迫性地长时间使用 TikTok,而实际上 TikTok 采用的是上述设计,并事实上对青少年用户造成了伤害。(5) TikTok 通过直接或间接、明示或暗示的方法表示,其将年轻用户的健康和安全放在首位,而不是最大化延长年轻用户在平台上的使用时间从而牟取更高的利润。但事实上,TikTok 通过延长年轻用户在平台上的使用时间,实际将年轻用户的健康和安全置于其利润最大化的目标之下。(6) TikTok 通过直接或间接、明示或暗示的方法表示,其采取措施阻止 13 岁以下用户使用 TikTok 平台,而事实上其知道并且没有阻止 13 岁以下用户使用 TikTok 平台。

就后者而言,加利福尼亚州指出 TikTok 的做法违反了《加州商业与职业法典》第 17200 条及其后续条款。具体违法行为包括但不限于:(1) TikTok 策划了一项关于 TikTok 平台青少年安全的欺骗性公众叙述,包括直接或间接、明示或暗示地对 TikTok 平台作出具有欺骗性的陈述。(2) TikTok 将 TikTok 平台的目标用户定为年轻用户,同时设计该平台时包含了 TikTok 明知的对年轻用户具有独特心理和生理危害的功能——包括已知的会促进年轻用户强迫性、长时间、不健康的使用 TikTok。(3) TikTok 故意创建、设计、利用并继续在 TikTok 平台上创建、设计、利用和部署功能,这些功能独立于第三方用户的行为,对年轻用户造成不公平的伤害。这些功能包括无限滚动、短视频特性、自动播放、点赞数量显示、干扰性通知和提醒、诱发多巴胺的间歇性可变奖励系统,以及其他美颜滤镜和效果等。(4) TikTok 在未向父母或监护人提供充分通知或未获得足够的家长同意的情况下，故意收集、保存、使用或披露13岁以下用户的个人信息，从而未能履行《儿童网络隐私保护法》所规定的义务。①

第二，针对新媒体意见影响者出台《社交媒体影响者广告信息披露101规约》。②《联邦贸易委员会法》第5条禁止在任何媒介进行不公平或欺骗性广告。明确要求"禁止在任何媒体上发布的任何广告具有欺骗和不公平性，广告必须真实，不误导消费者"。鉴于网络直播、直播电商模式中网络意见影响者或主播的影响力日益强化，其对消费者购物或作出决定的意思表示影响日益深远。

2019年11月5日，美国联邦贸易委员会发布了一份针对社交媒体影响者的新指南 Disclosures 101 for Social Media Influencers（《社交媒体影响者广告信息披露101规约》），就社交媒体影响者何时以及如何向粉丝披露广告赞助信息列出了一系列规定，并给出了有效和无效披露的范例。③ 根据《社交媒体影响者广告信息披露101规约》的规定，社交媒体影响者需要在网络平台披露以下相关信息。

首先，就需要披露的信息而言，社交媒体影响者需要披露其与某个品牌之间的任何财务、雇佣、个人或家庭关系。上述要求披露的内容中，应特别注意以下几点：（1）财务关系并不限于金钱，即如果社交媒体影响者在提及某产品时得到了任何有价值的东西，则需要披露其与相关产品之间的关系。例如，在2020年美国联邦贸易委员会诉Teami有限责任公司案中，联邦贸易委员会就指出，该公司通过"社交媒体影响者"为其促销商品时并未清楚披露该公司与该"媒体影响者"之间的代言关系。④（2）如果一个品牌给予社交媒体影响者免费或打折的产品或其他好处，而后相关社交媒体影响者提到该产品，上述情况下，即使品牌方没有要求社交媒体影响者提及该产品，社交媒体影响者也要对此种关系进行披露。（3）社交媒体影响者不要假设追随者或粉丝已经知道其与品牌之间的关系。

---

① 资料来源：The People of the State of California v. TikTok TikTok Inc.；TikTok U. S. DATA Security Inc.；TikTok LLC；TikTok Pte. Ltd.；TikTok Ltd；Bytedance Inc.；Bytedance Ltd；and DOES 1 through 100，inclusive，Complaint for Injunctive and Other Relief，October 8，2024。
② https：//www.ftc.gov/business-guidance/resources/disclosures-101-social-media-influencers.
③ https：//www.ftc.gov/system/files/documents/plain-language/1001a-influencer-guide-508_1.pdf.
④ See Federal Trade Commission v. Teami, LLC, No. 20-cv-518, May 5, 2020, https：//www.ftc.gov/system/files/documents/cases/complaint_4.pdf.

第 六 章
欧美直播电商立法发展趋势与展望

（4）即使社交媒体影响者认为其相关评价是无偏见的，此种关系也要进行披露。①

其次，就披露的方式与方法而言，其核心原则是确保消费者会看到并理解披露的内容。具体而言，需要注意以下几点：将披露内容放置在人们难以错过的位置；使用简单而清晰的语言；披露的内容应与代言本身的语言相同；不要认为一个平台的披露工具就足够好，而是考虑在社交媒体影响者自己的、做的很好的披露之外再使用该平台的披露工具。②

第三，以"实质性关联"标准强化对"广告荐证"等现象的规制。 自广告产生以来，"广告荐证"已经成为广告宣传的一种重要方式。其是指可能使消费者认为反映了广告主以外的其他人的意见、信赖、发现或者亲身体验的任何广告信息，包括个人的口头陈述、示范、签名、签章、肖像以及其他能够识别的个人身份特征或者组织的名称、印章等。③ 相较于传统渠道，直播电商业态下的名人"广告荐证"对产品销量的贡献或作用大大增强。

上述背景下，2009 年，美国联邦贸易委员会对《广告荐证使用指南》进行了第二次修订，而后又于 2023 年对其做了第三次修订，相关修订纳入数字化转型时代以网络媒体业态形式出现的广告推荐及推广模式，对荐证人（直播带货人）的相关义务做出强化。具体而言，修订后的《广告荐证使用指南》规定广告荐证者应当如实荐证，即在广告中反映其对于广告商品或服务的真实意见、信赖、发现或者亲身体验，并且对荐证内容的真实性承担责任。同时，如果广告荐证明示或者暗示广告荐证者是产品的真实使用者，则该荐证者必须是产品的真实使用者，否则就应该在广告中清楚地标明。如果广告中明示或者暗示广告荐证者是其所荐证信息的专家，那么该荐证者必须符合专家的条件并拥有与广告荐证相关的专业知识。

另外值得注意的是，新修订的《广告荐证使用指南》包括了"实质性关联"

---

① https://www.ftc.gov/system/files/documents/plain-language/1001a-influencer-guide-508_1.pdf, p. 3.
② https://www.ftc.gov/system/files/documents/plain-language/1001a-influencer-guide-508_1.pdf, p. 4.
③ See Federal Trade Commission, Guides Concerning the Use of Endorsements and Testimonials in Advertising, 16 CFR Part 255.

条款,强化了荐证者与产品之间的实质性联系。"实质性关联"是美国联邦贸易委员会针对"网络名人营销"提出的概念,即当荐证人和广告产品的销售者之间存在可能对背书的重要性或可信度产生重大影响的联系,但该联系并非受众所合理期望时,该种联系必须清楚而显著地披露。就所要披露的关系而言,其可以包括物质关系。物质关系既可以包括商业、家庭或个人关系,也可以包括金钱支付或提供免费或打折的产品(包括与所代言的产品无关的产品)给代言人,而不管广告商是否要求将代言作为回报。物质关系还可以包括对代言人的其他好处,如提前获得产品或获得报酬的可能性,赢得奖品,出现在电视或其他媒体促销活动中。①

二、分散且不统一的数据与个人隐私保护体系

频发且高调的数据泄露事件以及其他关于第三方如何在数字时代保护个人隐私的担忧引发了美国对个人数据与隐私保护的担忧。因此,个人数据隐私、网络安全和保护已成为当前美国对数字经济特别是直播电商进行规制的一个重要问题。由于当前美国并未制定一部单一针对数据保护的立法,故美国对数据与个人隐私保护的规制体系逐步体现了一种分散且不统一的特点。

第一,以特定行业或主体为切入点对个人数据或隐私进行保护的联邦模式。受制于"事后监管"与"轻触式"监管的理念影响,联邦层面,美国主要以行业或特殊保护主体为标准,搭建相关领域的个人数据或隐私保护体系,并具体通过《格雷姆-里奇-比利雷法》、《健康保险流通和责任法》、《公平信用报告法》、《电子通信隐私法》、《家庭教育权和隐私权法》、《联邦证券法》、《计算机欺诈和滥用法》、《金融消费者保护法》、《儿童网络隐私保护法》(COPPA)②等法律,从金融、卫生、电信、证券等行业以及儿童等特殊群体角度对美国的数据保护问题做出了明确。

总体而言,上述相关法律法规主要从数据明确了在网络环境下个人所享有并受法律保护的以下几种权利:包括查看企业收集的关于个人的数据,以及查看相

---

① See Federal Trade Commission, Guides Concerning the Use of Endorsements and Testimonials in Advertising, 16 CFR Part 255, § 255.5.
② 15 U.S.C. § 6501-6506.

第六章
欧美直播电商立法发展趋势与展望

关数据与哪些第三方共享的数据访问权；可以要求更正任何不准确或过时的个人数据的数据更正权；可以要求删除其个人数据的数据删除权；可以限制企业处理其数据的方式的数据限制处理权；可以请求以常用格式获取其数据的数据可携权；可以选择防止其数据被出售给第三方的选择退出权等。

以《儿童网络隐私保护法》（COPPA)[1] 为例，其就从儿童作为特殊主体的角度，对儿童信息的收集、公开、保护以及删除等问题作出了相应规定。根据《儿童网络隐私保护法》的规定，其主要适用于任何"面向儿童"的网站或在线服务的"运营商"[2] 以及任何"实际知道正在从儿童那里收集个人信息"的运营商。[3] 针对上述适用对象，其具体禁止受监管运营商的以下行为，以达到保护儿童在线隐私的目的：首先，禁止受监管运营商在未事先获得家长同意的情况下，从13岁以下的儿童处收集或使用"个人信息"。其中的"个人信息"具体包括姓名；住所或其他实际地址，包括街道名称和城市或城镇名称；电子邮件地址；电话号码；社会安全号码；联邦贸易委员会认为允许与特定个人进行实际或在线联系的任何其他标识符等。[4] 其次，受监管运营商必须向家长直接通知其隐私政策，描述其数据收集和共享政策。[5]《儿童网络隐私保护法》要求，受监管运营商必须在网站首页以及网站收集儿童个人信息的每个区域，进一步发布一个"显著且清晰标记的链接"，指向其隐私政策的在线通知。[6] 最后，从相关儿童处收集信息的受监管运营商必须建立并维护"合理的程序"，以保护信息的"保密性、安全性和完整性"，包括确保信息仅提供给同样保护信息的第三方。[7] 受监管运营商还必须遵守某些数据保留和删除的要求。[8]

第二，较为完善且统一的数据与隐私保护的州立法模式。相较于联邦立法，美国州层面对个人数据以及隐私保护的立法相对系统与完整。当前，包括加利福尼亚州、科罗拉多州、康涅狄格州、犹他州以及弗吉尼亚州等美国若干州份已经

---

[1] 15 U.S.C. § 6501–6506.
[2] 16 C.F.R. § 312.2.
[3] 15 U.S.C. § 6502; 16 C.F.R. § 312.3.
[4] 15 U.S.C. § 6501 (8).
[5] 15 U.S.C. § 6502 (b) (1) (A) (i); 16 C.F.R. § 312.4 (a) (c).
[6] 16 C.F.R. § 312.4 (d).
[7] 16 C.F.R. § 312.8.
[8] 16 C.F.R. § 312.10.

颁布有专门针对隐私保护的相关立法,为美国制定一部非拼凑式的整体性隐私与数据保护立法奠定了基础。总体而言,当前相关州立法总体上一致明确了消费者或美国公民在网络环境下所享有的以下几种权利:包括查看企业收集的关于他们的数据,以及查看相关数据与哪些第三方共享的数据访问权;可以要求更正任何不准确或过时的个人数据的数据更正权;可以要求删除其个人数据的数据删除权;可以限制企业处理其数据的方式的数据限制处理权;可以请求以常用格式获取其数据的数据可携权;可以选择防止其数据被出售给第三方的选择退出权。

以《加州消费者隐私法》为例,该法适用于任何收集加州居民个人信息、以营利为目的、在加州开展业务,并满足一系列基本门槛的实体。《加州消费者隐私法》为消费者提供了三项主要的"权利"。首先,"知情权",即消费者有权知道企业收集或出售的关于他们的信息。这一权利要求企业在收集信息之前,必须提前"通过邮件或电子方式"告知消费者将要收集的个人信息类别以及这些信息将被用于何种目的。其次,选择权。《加州消费者隐私法》为消费者提供了"选择退出"的权利,即消费者有权选择不让他们的个人信息被出售。根据《加州消费者隐私法》,企业必须告知消费者这一权利。如果消费者明确选择退出,则企业不能再次出售消费者的信息,除非消费者随后向企业明确授权。最后,删除权。《加州消费者隐私法》赋予消费者在某些情况下要求企业删除收集到的消费者信息的权利。根据该法,收到此类请求的企业必须删除收集到的信息,并指示其"服务提供商"必须根据法律承担删除义务。[1]

三、争议之下的平台反垄断与公平竞争法律体系构建尝试

数字经济的高速发展现已成为数字平台滥用市场地位的巨大助推力。"一家独大""赢者通吃"在直播电商所依托的平台上也似乎屡屡存在。当前,美国等经济体已注意到平台发展以及平台垄断对电子商务以及直播电商行业带来的负面影响,更意识到传统的反垄断理论与实践体系需要进一步更新以更好适应数字化场景下对平台的新要求。

但由于美国数字经济以及数字平台发展具有领先优势,就美国是否应该以及

---

[1] California Civil Code, § 1798.

第六章
欧美直播电商立法发展趋势与展望

如何对数字平台反垄断问题在美国学术界以及实务界均引起了激烈的论争。[①] 例如，由于"为市场而竞争"的特性和市场壁垒的强化，数字市场中垄断行为的竞争损害更为广泛、持续和不可逆，实施救济措施的难度更大，反垄断规制无论是在制度建构上，还是在方法与观念上都更具挑战性。[②] 现实是，针对规范数字市场垄断行为的难题，2021年，美国国会众议院在联邦层面集中推出四大反垄断法案，从数字平台可能凸显的数据滥用、自我优待、市场壁垒以及扼杀式收购等方面对当前平台垄断问题提出相应规制，旨在通过识别并认定数字市场中的支配性平台，进而在行为规制上对这类特殊主体施加更严格的约束，以期改造数字市场中的反垄断规制格局。

首先，关于对平台自我优待行为的规制。美国《选择和在线创新法案》[③] 旨在对平台的自我优待行为作出相关规制，即解决平台在自营与非自营产品、服务之间的自我优待以及在非自营产品或服务之间的差别待遇。其明确了任何受监管平台的经营者从事的与平台运营活动相关的以下行为为非法行为：①给予受监管平台经营者自身的产品、服务或业务优于其他经营者产品、服务或业务的待遇；②排斥或使与受监管平台经营者自身产品、服务或业务相关的其他经营者的产品、服务或业务处于不利地位；③对于条件相似的商业用户实施差别待遇。除此以外，美国《选择和在线创新法案》还规定了数字平台若干其他歧视性行为，包括在平台接入或互操作性上、运用非公共数据和平台用户界面搜索或功能排名等方面实施自我优待，就平台接入等设置附加条件，限制或妨碍数据可携带性、卸载或改变应用软件的默认设置、通过受监管平台向用户发送信息或超链接以及进行互操作、互联等，以及干涉或限制商业用户的定价权等。

其次，关于对平台服务的兼容性与市场进入壁垒行为的规制。《通过允许服务转换增强兼容性和竞争法案》[④] 旨在应对受监管平台依托网络效应与锁定效应形成的市场进入壁垒，避免其运用市场力量锁定平台内经营者和消费者，预防、制止和延迟其向有竞争力的其他平台进行迁移。具体而言，该法案扩展了《联邦

---

① 参见江山：《美国数字市场反垄断监管的方法与观念反思》，载《国际经济评论》2021年第6期。
② 参见江山：《美国数字市场反垄断监管的方法与观念反思》，载《国际经济评论》2021年第6期。
③ U. S. Congress, American Choice and Innovation Online Act, June 11, 2021.
④ U. S. Congress, Augmenting Compatibility and Competition by Enabling Service Switching Act of 2021, June 11, 2021.

贸易委员会法》第5条规定中"不公平竞争方法"的内涵：一是规定了数据可携带性，即受规制的平台必须维持一组透明的、第三方可接入的界面（包括API），以确保向用户进行安全可靠的数据传输，或者基于用户的同意和指令以结构性、通用和机器可阅读的格式向商业用户进行安全可靠的传输；二是规定了互操作性，即受规制的平台必须维持一组透明的、第三方可接入的界面（包括API），以促进和维持竞争者或潜在竞争者之间的互操作性。

再次，关于对平台之间的扼杀式收购竞争问题的规制。《平台竞争和机会法案》[1]旨在应对受监管平台开展横向合并的潜在反竞争问题，特别是扼杀式收购的问题。其解决方案为将受监管平台开展的横向合并推定为违法，而合并是否影响效率的证明责任则由并购企业承担，以对数字市场的支配性平台施加更严格的约束。《平台竞争和机会法案》规定，受监管平台运营商不得直接或间接收购其他从事商业活动或者从事影响商业的活动的人的全部或部分股份或资产，除非该平台运营商有清晰和令人信服的证据证明以下情形：拟收购对象并不与受监管平台竞争，或者与受监管平台经营者在产品、服务的销售和提供上竞争；拟收购对象并不构成对受监管平台或受监管平台运营商在产品、服务的销售和提供上的新兴或潜在竞争；在受监管平台的产品、服务的销售和提供，或者与其直接相关的服务提供上，拟收购对象不会提升或增强受监管平台或受监管平台运营商的市场地位或维持其市场地位的能力。

最后，关于对受监管平台差别对待与其利益相关的纵向企业和其他相邻企业而排除、限制竞争问题的规制。《终止平台垄断法案》[2]规定受监管平台运营商不得在受监管平台业务范围之外拥有、控制下列业务或者在其中拥有权益：运用受监管平台销售产品或提供服务；提供受监管平台要求商业用户购买或使用的产品或服务，并将其作为接入受监管平台或商业用户的产品或服务在受监管平台上获得优先地位的条件；产生利益冲突的业务，即受监管平台拥有或控制平台之外的业务线而产生动机和能力来优待平台运营商自身的产品、服务或业务线，或使竞争者、新兴和潜在竞争者提供的产品、服务或业务线处于不利地位。[3]

---

[1] U. S. Congress, Platform Competition and Opportunities Act, June 11, 2021.
[2] U. S. Congress, Ending Platform Monopolies Act, June 11, 2021.
[3] 参见江山：《美国数字市场反垄断监管的方法与观念反思》，载《国际经济评论》2021年第6期。

第六章
欧美直播电商立法发展趋势与展望

四、以《通信规范法》第 230 条为核心的网络平台免责体系

直播电商（直播营销、直播带货）业态下，平台作为中介服务提供者是否对包括主播等第三方主体所发布的言论或者内容承担法律责任，或在什么情况下中介服务提供者负有尽责义务以监控在该服务平台上的不当言论或非法内容，始终是一个影响或制约直播电商乃至电子商务产业发展的重要命题。虽如前文所述，美国并无一部专门的针对直播电商以及数字平台或数字内容治理的法律，但基于美国"言论自由"以及对数字经济"轻触式监管"的监管理念，美国总体上对中介服务提供商对第三方主体发布的言论或内容承担责任持否定性态度，以利于数字经济特别是数字中介服务商的发展壮大，而《通信规范法》第 230 条则是这一治理理念或原则的核心。

其实在"轻触式监管"的理念之下，早于克林顿政府期间，美国国会已通过了一系列支持数字科技和电子商务领域自由竞争、减轻数字科技企业责任的法案，包括 1996 年《电讯法》、《通讯规范法》第 230 条、《数字千年版权法案》、《互联网免税法案》等。尤其是《通讯规范法》第 230 条赋予互联网公司极大的"豁免权"——免于对第三方在其平台上发布的内容承担责任，被视为美国保护网络言论自由的支柱，也被誉为使美国互联网繁荣发展的关键性条款。在这些法律的影响之下，21 世纪前十多年的历任美国政府基本都遵循了这种监管模式。当前，美国对于网络平台责任的认定，依然主要遵循《通信规范法》第 230 条所确立的相关原则。

作为《电讯法》第五部分的《通信规范法》于 1996 年在国会通过后生效，其原意是为了限制未成年人通过远程电子通信道路接触淫秽或不雅材料。虽然在《通信规范法》的发展过程中，该法部分条款因为对言论内容限制过严而被美国最高法院判定为违宪，但对网络中介者作出了免责规定的第 230 条却始终得以保留。具体而言，《通信规范法》第 230 条旨在鼓励网络平台在不侵犯用户言论自由的前提下，为用户创造一个安全的网络环境。其中第 230 条 c 款第 1 项以及第 230 条 c 款第 2 项是当中明确平台责任的根本性条款。就第 230 条 c 款第 1 项而言，其明确了交互式计算机服务的提供者或使用者不可被视作其他信息内容提供者所提供信息的制作者或发布者。[①] 这一规定意味着在线服务商不对其

---

① 47 U. S. C. § 230（c）（1）.

用户发布的诽谤性或其他非法内容负责。同时,《通信规范法》第230条c款第2项规定,在线服务商对"出于善意且自愿对访问或获得令人反感的内容的行为采取的所有限制措施"不承担责任。该条款使在线服务商能够参与内容审核并实施其标准。

《通信规范法》第230条所明确的上述责任模式也在美国的司法实践中得到认可。1997年由美国联邦第四巡回上诉法院做出判决的齐伦诉美国在线公司案[①]是适用《通信规范法》第230条明确上述条款原则的第一个案件。[②]通过该案,法院对《通信规范法》第230条进行了扩张性解释。法院判决认为,《通信规范法》第230条可以为美国在线的互联网服务提供商提供广泛的保护,包括对第三方内容以及此类内容的出版、编辑和删除决策的责任。该案也成为美国法院后续处理类似案件的先例。在后续司法实践中,大多数美国法院均遵循了美国联邦第四巡回上诉法院的判决先例,将《通信规范法》第230条解释为互联网服务提供商的广泛责任避风港。

【相关案例】齐伦诉美国在线公司案

1996年,俄克拉何马城爆炸案发生后,美国在线公司一匿名用户假借肯尼思齐伦的名义,在电子布告栏中张贴信息。该消息兜售的T恤和其他商品带有取笑爆炸的攻击性口号,并附有齐伦的名字和家庭电话。在信息发出后的5天内,该用户继续发布类似的商品推销广告,鼓励人们给齐伦打电话。结果,齐伦收到了大量的愤怒电话,甚至死亡威胁。由于发布虚假广告的用户是匿名的,美国在线公司未及时确定发布人及删除消息,且拒绝发布撤回声明,所以齐伦以消息删除延误,拒绝发布撤回声明,以及未对相似信息进行筛选而对美国在线公司提起诉讼。

原告齐伦主张,尽管《通信规范法》第230条禁止将互联网服务提供商作为第三方内容的发布者予以对待,但只要美国在线公司意识到该信息的存在,该公司就应该为没有及时删除相关虚假信息或采取防御措施而承担责任。美国在线公司则引据《通信规范法》第230条,向法院主张免责。在弗吉尼亚州东区联邦地区法院驳回齐伦的诉求后,该案件被提交至美国联邦第四巡回上诉法院。

---

① Zeran v. Am. Online, Inc., 129 F. 3d 327, 4th Cir. 1997.
② Zeran v. Am. Online, Inc., 129 F. 3d 327, 4th Cir. 1997.

第六章
欧美直播电商立法发展趋势与展望

经审理，联邦第四巡回上诉法院以原告齐伦的上述主张违反《通信规范法》第230条立法精神为由，维持原审判决。法院认为"散布者责任只是发布者责任中的一类或一种"，认定"传递第三人信息的网络中介者可同时豁免于发布者责任与散布者责任，而即使该网络中介知道第三人藉由其服务发表诽谤信息"[1]。

但需要指出的是，虽然平台责任与第三方内容无关已经成为美国法针对平台治理的一个基本原则或"避风港"，但这并不意味着平台在任何情况下均不需要对第三方内容承担责任。《通信规范法》第230条d款对该条款适用的豁免情况作了规定，明确了4种不适用《通信规范法》第230条的例外情况，即相关行为触犯联邦刑事法律、知识产权法律、州法律、1986年《电子通信隐私法》。例如关于触犯联邦刑法的相关行为，任何在联邦刑事指控中的被告均不能以《通信规范法》第230条作为其责任的豁免。[2] 又如《通信规范法》第230条并不能就在互联网中传播淫秽内容的刑事指控做出豁免，[3] 再如《通信规范法》第230条也不能就互联网平台与他人合谋实施诈骗对其责任予以豁免。

第二节 欧盟直播电商立法趋势与展望

直播电商（直播营销、直播带货）作为在线直播与网络购物相结合的一种新型在线购物形式，虽然在信息交互、购物体验等方面实现了对传统网购的拓展，但本质上仍是传统网购模式在电子商务领域的延续。[4] 与美国法律体系相似，欧

---

[1] Zeran v. Am. Online, Inc., 129 F. 3d 327, 4th Cir. 1997.
[2] 47 U. S. C. § 230（e）（1）.
[3] 例如18 U. S. C. § 1462规定，"故意通过交互式计算机服务，在州际或国外贸易运输：（a）任何淫秽的、猥亵的、淫荡的或肮脏的……电影，……不雅的文字、印刷品或其他不雅的东西；（b）任何淫秽的、猥亵的、淫荡的或污秽的……电子转录，或其他能发出声音的物品或东西……为犯罪"。
[4] 参见丁国峰：《协同共治视角下网络直播带货法律治理体系的构建》，载《学术论坛》2024年第2期。

盟也缺乏系统且直接对直播电商（直播营销、直播带货）进行规制的法律或法律机制，涉及直播电商的相关法律规则分散在与电子商务、数字平台治理、消费者权益保护、数据安全与隐私保护等有关的法律法规之中。

目前，欧盟已构建起以《就单一市场下信息社会服务特别是电子商务的特定法律方面的指令》①（以下简称《电子商务指令》）、《消费者权利保护指令》②、《不公平商业实践指令》③、《通用数据保护条例》④、《数字市场法》⑤、《数字服务法》⑥等法律法规为核心的调整直播电商相关法律关系的法律体系，旨在构建一个网络市场环境干净、竞争条件公平、个人权利与数据保护到位的直播电商经营环境。

一、以消费者保护为核心的打击不公平商业实践体系

直播电商对传统货物或服务的售卖业态作出了调整与改变，由于存在非线下物理空间的距离，广告欺诈、诱导销售、冲动消费以及货不对板等问题在直播电

---

① Directive on Electronic Commerce, Directive 2000/31/EC of the European Parliament and of the Council of 8 June 2000 on Certain Legal Aspects of Information Society Services, in particular Electronic Commerce, in the Internal Market, Official Journal of the European Union, L 178/1, July 27, 2000.

② Directive 2011/83/EU of the European Parliament and of the Council of 25 October 2011 on Consumer Rights, amending Council Directive 93/13/EEC and Directive 1999/44/EC of the European Parliament and of the Council and Repealing Council Directive 85/577/EEC and Directive 97/7EC of the European Parliament and of the Council, Official Journal of the European Union, L 304/64, November 22, 2011.

③ Unfair Commercial Practices Directive, Directive 2005/29/EC of the European Parliament and of the Council of 11 May 2005 Concerning Unfair Business-to-Consumer Practices in the Internal Market and amending Council Directive 84/450/EEC, Directive 97/7/EC, 98/27/EC and 2002/65/EC of the European Parliament and of the Council and Regulation (EC) No 2006/2004 of the European Parliament and of the Council, Official Journal of the European Union, L 149/22, November 6, 2005.

④ General Data Protection Regulation, Regulation (EU) 2016/679 of the European Parliament and of the Council of 27 April 2016, on the Protection of Natural Persons with regard to the Processing of Personal Data and on the Free Movement of Such Data, and repealing Directive 95/46/EC, Official Journal of the European Union, L 119/1, May 4, 2005.

⑤ Digital Markets Act, Regulation (EU) 2022/1925 of the European Parliament and of the Council of 14 September 2022 on Contestable and Fair Markets in the Digital Sector and amending Directives (EU) 2019/1937 and (EU) 2020/1828, Official Journal of the European Union, L 265/1, October 12, 2022.

⑥ Digital Services Act, Regulation (EU) 2022/2065 of the European Parliament and of the Council of 19 October 2022 on a Single Market for Digital Services and amending Directive 2000/31/EC, Official Journal of the European Union, L 227/1, October 27, 2022.

第六章
欧美直播电商立法发展趋势与展望

商业态中层出不穷。为此,进一步保护消费者权益,构建以消费者保护为核心的打击不公平商业实践的规制理念贯穿于直播电商业务流程包括购买前、购买中以及购买后的若干阶段。[1]

在当前法律体制下,欧盟已通过《电子商务指令》《消费者权利保护指令》《不公平商业实践指令》对直播电商(直播营销、直播带货)等业态形式进行规制,构建起一套以消费者保护为核心的打击不公平商业实践的法律体系。相较于线下销售,欧盟依托传统电子商务基础而开展的对直播电商模式的相关立法规制主要呈现出以下两个方面的特点。

第一,强调对不公平商业实践的规制。以虚假广告、虚假宣传、信息不实以及其他欺瞒消费者的方式等为表现形式的不公平商业实践已经对直播电商的发展构成极大的挑战,[2]对上述不公平商业实践的规制亦是直播电商法律规制的一个重点,并呈现出较线下规制更为严苛的义务性要求。以当中的信息披露制度为例,其是信息社会服务提供者对消费者以及信息接收者所负有的第一层次或者说是首要义务。在不同阶段,基于信息披露要求而构建的透明电子商务环境更是消费者、信息接收者与信息服务提供者之间开展网上业务往来的必要基础。为此,就相关服务提供者的设立以及信息要求而言,《电子商务指令》第5条就规定了相关服务提供者在设立时需要提供的信息范围,包括服务提供者名称;服务提供者设立所注册的物理地缘地址;服务提供者的详细信息,具体包括电子邮件或其他能及时且有效取得联系的联系方式;甚至是服务提供者的增值税编号等。[3]而在相关服务提供者与消费者或信息接收者进行商业性沟通阶段,《电子商务指令》第6条又明确指出:应清楚地识别代表其就所述信息进行内部市场商业沟通的自然人或法人;在设立服务提供商的成员国允许的情况下,促销优惠,如折扣、赠品和礼品,应清楚地标注出来;为获得这些资格而必须满足的条件应易于

---

[1] 对直播电商或电子商务三个阶段的划分,具体可参见 World Economic Forum, *The Global Governance of Online Consumer Protection and E-commerce*, White Paper, March, 2019。

[2] See World Economic Forum, *The Global Governance of Online Consumer Protection and E-commerce*, White Paper, March, 2019, p. 8.

[3] Article 5, Directive on Electronic Commerce, Directive 2000/31/EC of the European Parliament and of the Council of 8 June 2000 on Certain Legal Aspects of Information Society Services, in particular Electronic Commerce, in the Internal Market, Official Journal of the European Union, L 178/1, July 27, 2000.

获得，并应清楚和毫不含糊地提出。[1]

第二，基于直播电商或电子商务的业态特点，强化对消费者权利的保障。在直播电商或电子商务展业形态下，由于主播、厂商等与消费者之间均在非面对面沟通或交易的客观情况，如何进一步强化消费者在此种展业形态中的权利成为欧盟相关法律法规的规制重点。例如，直播电商中，欧盟构建了对远程或非现场合同的冷静期制度。对远程或非现场签订合同给予一定的冷静期，是包括欧盟在内的众多经济体在数字经济发展背景下保护消费者、防止冲动消费的一种普遍性做法。欧盟《消费者权利保护指令》第9条题为"撤销权"，明确消费者可在14天内退出远程或非现场合同，无须说明任何理由，也无须承担除第13条第2款和第14条规定的费用以外的任何费用。如果商家事前没有明确告知期限，则相关撤销权的行使期限甚至可以延长到1年。同时，根据《消费者权利保护指令》第13条的规定，相应的贸易方（在直播电商中就是相应的主播、机构或者产品方）应偿还从消费者处收到的所有款项，包括交货费用，不得无故拖延。又如，在消费者与厂商或直播机构合同签订阶段，欧盟《消费者合同中的不公平条款指令》强调"诚信"概念，要求起草合同条款用通俗易懂的语言和声明，对模棱两可之处的解释应有利于消费者，[2] 防止消费者和贸易商的权利和义务出现重大失衡。再如，在后续产品发货过程中，《消费者权利保护指令》进一步强化了贸易商对产品质量的保证义务，要求从发货到消费者收到货物，贸易商对货物的任何损坏负责。

二、以《通用数据保护条例》为核心的数据保护与个人隐私保护体系

直播电商作为一种以网络媒介为手段的电子商务新业态，不可避免会在直播

---

[1] Article 6, Directive on Electronic Commerce, Directive 2000/31/EC of the European Parliament and of the Council of 8 June 2000 on Certain Legal Aspects of Information Society Services, in particular Electronic Commerce, in the Internal Market, Official Journal of the European Union, L 178/1, July 27, 2000.

[2] Unfair Commercial Practices Directives, Directive 2005/29/EC of the European Parliament and of the Council of 11 May 2005 Concerning Unfair Business – to – Consumer Practices in the Internal Market and amending Council Directive 84/450/EEC, Directive 97/7/EC, and 2002/65/EC of the European Parliament and of the Council and Regulation (EC) No 2006/2004 of the European Parliament and of the Council, Official Journal of the European Union, L 149/22, June 11, 2005.

第 六 章
欧美直播电商立法发展趋势与展望

过程中涉及几方主体之间的数据流动以及数据保护问题。如何保障在数字化时代个人数据或隐私不被不正当使用或传输，是进入 21 世纪后欧盟推进"数字化"转型过程中所面临的一个重要问题。

其实，为促进人权保护和统一欧洲数据保护法，早于 1995 年，欧盟就已对数据保护作出相关立法尝试，通过了影响深远的《数据保护指令》。《数据保护指令》采用统一立法模式，规定建立独立的数据保护机构，虽在数据主体的权利保护方面有较大优势，但也在一定程度上有损数据流通的效率。随着数字经济爆炸式增长以及解决相关数字化转型对网络空间治理带来的挑战，欧盟委员会在 2012 年 1 月提出了欧盟数据保护改革，启动了对《数据保护指令》的修订工作。在历经 4 年多的立法协商之后，2016 年，欧盟推出了《通用数据保护条例》，取代已经沿用 20 多年的《数据保护指令》。《通用数据保护条例》立法体现了欧盟一贯以来重视个人权利保护的理念，力求实现发展数字经济与保护个人权利理想动态平衡的目标，相关立法重点具体彰显出以下三个特点。

第一，将规制范围严格限定于"个人数据"处理者及控制者，体现个人权利保护与数字经济发展之间的利益平衡。欧盟《通用数据保护条例》有严格的适用对象与调整范围，其并不适用于匿名数据，也不对除数据控制者及处理者以外的其他数据相关者苛以法律义务。一方面，《通用数据保护条例》仅适用于"个人数据"，即指与已识别或可识别的自然人（"数据主体"）有关的任何信息。当中的"可识别的自然人"（"数据主体"）则是指可以直接或间接识别的人，特别是通过参考诸如姓名，识别号，位置数据，在线标识符或自然人在物理、生理、遗传、心理、经济、文化或社会认同方面的一个或多个特定因素识别的人。另一方面，《通用数据保护条例》适用于在欧盟境内运营的组织或欧盟以外为欧盟中的个人提供商品或服务的组织对数据的控制或处理，并因此适用于上述对数据进行控制或处理的数据控制人或数据处理人。其中，上述范围中的"控制人"是指自然人或法人、公共权力机构、代理机构或其他机构，其单独或与他人共同确定处理个人数据的目的和方式。而就处理人而言，则是指代表控制人处理个人数据的自然人或法人、公共机构、代理机构或其他机构。严格的适用对象及范围界定，一定程度上也体现出欧盟在个人权利保护与数字经济发展两者利益之间的一种平衡与取舍。

第二，贯彻欧盟《基本权利宪章》对个人权利保护的基本精神，以七大原则

与八大权利为体系构建对个人数据权利保护的立体保护体系。欧盟《基本权利宪章》第8条"保护个人权利"条款明确,"每个人均有权获得有关其个人资料的保护;上述资料必须为特定目的,并在有关人士的同意或法律规定的其他合法基础上,公平地处理。同时,每个人均有权查阅收集到的有关他或她的数据,并有权对其进行纠正;对这些规则的遵守应由独立的机构加以控制"①。体现在数字化转型背景下个人数据保护问题上:一方面,《通用数据保护条例》要求数据控制者以及数据处理者在处理个人数据时,以合法性、公平性和透明、目的限制、数据精简、准确性、存储限制、诚信和机密性以及责任性等原则为行为圭臬,贯彻一般数据保护制度精神,做到数据处理既能满足业务发展要求,也尊重及照顾数据所有者以及其他利益相关者的利益。另一方面,《通用数据保护条例》对数据处理者和数据控制者处理相关个人数据,具体根据上述七大原则发展出相应的注意义务。具体而言,《通用数据保护条例》明确了8种个人数据方面的权利,包括知情权②、访问权③、修改权④、

---

① Article 8, Chapter of Fundamental Rights of the European Union, Official Journal of the European Union, C 326/391, October 26, 2012.
② 《通用数据保护条例》第13条和第14条规定了个人有权被告知的内容,也被称为"隐私信息"。其要求数据控制人应在具体合理时间内,向个人提供包括机构的名字和联系方式、控制人代表的名字和联系方式、数据处理专员的联系方式、数据处理的目的、数据处理的合法依据、数据处理的合法权益、所获的个人数据类型、个人数据获得者或获得者类别、个人数据保存期限、个人在数据处理过程中所享有的权利、个人撤回同意数据处理的权利、个人数据来源等信息,以合理满足数据所有人对自身数据的相关了解。
③ 《通用数据保护条例》第12条和第15条对个人访问其数据的权利作出了明确。相关条款赋予了个人取得其个人数据副本及其他补充资料的权利。该权利有助于数据当事人理解控制人如何和为什么使用他们的数据,并核实处理的合法性。根据上述条款的规定,个人有权利获得包括确认其个人数据正在被处理、个人资料的副本以及其他补充信息的数据。
④ 个人数据的修改权主要通过《通用数据保护条例》第16条予以落实。根据《通用数据保护条例》第16条的规定,个人有权对不准确的个人资料进行更正。同时,根据处理的目的,个人有权完成不完备的个人资料。这可能包括对不完整的数据提供补充说明。显然,个人数据的这项权利与《通用数据保护条例》的准确性原则密切相关。尽管控制人在获得个人资料时,就应该已经采取了适当的措施,以确保个人数据的准确性,但此权利界定了一项特定的义务,即根据要求重新考虑数据的准确性。当控制人收到更正要求,就应采取合理的措施,以确保数据准确无误,并在需要的时候进行修改。数据当事人提供的论据和证据应充分考虑。步骤的合理性主要取决于个人数据的性质及其用途。个人数据的准确性越重要,就越应努力检查其准确性,并在有需要时采取措施加以改正。例如,如果控制人使用不准确的个人数据来作出影响个人或他人的重大决定,而非微不足道的决定,那么就应该纠正个人数据中的错误之处。除此以外,在数据当事人提出质疑之前,控制人还可以考虑为了验证数据的准确性而采取的任何措施。

第六章
欧美直播电商立法发展趋势与展望

删除权①、限制处理权②、数据携带权③、反对权④以及与自动化个人决策和侧写相关的权利。当中所明确的有关个人数据权利的相关规定以及数据传输需要注意的要求与开展直播电商业务高度相关。直播电商业态发展的各个阶段，包括主

---

① 《通用数据保护条例》第17条是有关删除权的规定。其明个人有权删除个人数据，为此该权利也被称为"被遗忘的权利"。但需要注意的是，个人所享有的删除权并非绝对，相关权利只在以下特定情况下可以被行使：(1) 个人数据已不再为原本收集或处理该等资料的目的所需要；(2) 控制人依赖"同意"作为持有该等资料的合法依据，而个人撤回了他们的同意；(3) 控制人依赖于合法权益作为处理数据的依据，个体反对对其数据进行处理，并且也不存在能够压倒一切的继续此处理的合法权益；(4) 控制人为直接促销目的而处理个人数据，以及该等处理的个别对象；(5) 控制人已非法处理个人数据（违反第一原则合法性）；(6) 为了遵守法律义务而必须这么做；(7) 已经处理了个人数据，为儿童提供信息社会服务。另就删除权而言，还需要特别注意的是，《通用数据保护条例》特别强调对于儿童信息的保护。如果删除个人数据的请求涉及从儿童处所收集的数据，则相关删除权的行使更有合法性依据。因此，对于从儿童处收集到的数据处理，尤其是在互联网上处理儿童数据，如果数据的处理依据是获得儿童的同意，那么控制人就应该对这些儿童的删除请求予以特别的重视。当数据主体不再是孩子时控制人仍然应该如此对待，因为儿童在同意数据处理时可能并未完全意识到其中所涉及的风险。

② 《通用数据保护条例》第18条赋予了个人在特定情况下限制处理个人数据的权利。这意味着个人可以限制机构使用其数据的方式。这个权利给与了数据主体删除权之外的另一个选择。在有特定理由的情况下，个人有权要求限制对其个人数据的处理。这可能是因为对控制人持有的信息内容或控制人如何处理他们的数据有问题。在大多数情况下，控制人不会被无限期地要求限制一个人的个人数据，可能会在一段时间内实施限制。具体而言，根据《通用数据保护条例》第18条第1款的规定，个人有权在以下4种情况下要求限制其个人数据的处理：(1) 个人对其个人数据的准确性提出质疑，而控制人正在核实该数据的准确性；(2) 该等资料已被非法处理（违反《通用数据保护条例》的第一原则合法性），而个人反对删除并提出了限制处理的要求；(3) 控制人不再需要个人数据，但数据当事人需要其保存该等数据，以设立、行使或申辩法律申索；(4) 根据《通用数据保护条例》第21条第1款的规定，个人反对控制人处理其数据，控制人正在考虑其合法依据是否凌驾于个人的合法理由之上。虽然这不同于修改权和反对权，但这些权利与限制处理权之间有着密切的联系。若个别人士质疑其数据的准确性，并要求控制人进行修改（第16条），他们也有权要求控制人在考虑其更正要求时限制处理。同时，若个别人士根据第21条第1款行使其反对权利，他们也有权要求控制人在考虑他们的反对要求时限制处理。因此，在实际操作中，控制人应该在考虑处理有关个人数据的准确性或合理理由时，自动限制处理。

③ 数据携性权赋予了个人有权以结构化的、常用的和机器可读的格式接收他们提供给控制人的个人数据。同时，个人还有权对控制人提出将其数据直接传输给另一个控制人的请求。根据《通用数据保护条例》第20条第1款的规定，数据可携的权利只适用于下列情况：(1) 处理这些信息的合法依据是同意或履行合同；(2) 数据控制人通过自主的方式进行处理的（不包括纸质文件）。

④ 《通用数据保护条例》第21条赋予个人反对处理个人数据的权利，个人有权要求控制人停止处理他们的个人数据。但需要注意的是，根据《通用数据保护条例》第21条的规定，反对权只适用于以下情况：为了直接销售目的，个人有绝对的权利反对处理其个人资料；为了公众利益而进行的工作（反对权利并非绝对）；行使所赋予的官方权力（反对权利并非绝对）；或控制人的合法权益（或第三方权益）（反对权利并非绝对）以及为了科学或历史研究，或统计目的而处理数据（反对权利将更为有限）。

播、平台、厂商以及前7种对个人权利保护的原则与当前直播电商新业态模式高度相关。在直播电商业态体系中的各个环节中，只要满足成为数据处理者或数据控制者之要求，便应对之予以高度重视。

  第三，对跨境数据传输做出明确的限制性要求。除在数据处理阶段数据控制者及数据处理者应对上述个人所拥有的八项权利予以尊重外，《通用数据保护条例》的另一核心内容是对数据控制者对数据的传输作明确规定。《通用数据保护条例》第44条明确，《通用数据保护条例》限制将个人数据传输至欧盟经济区（EEA）以外的国家或国际组织。[1] 为此，若直播电商涉及欧盟个人数据（包括在欧盟经济区外处理有关欧盟经济区内个人的数据以及在欧盟经济区处理个人数据等情况），且可能将相关数据传输至欧盟经济区以外的国家或者国际组织，就需要重点考察以下相关数据传输是否满足相应的限制性原则或符合例外性要求。

  首先，数据传输者需要明确欧盟委员会是否已经对数据传输目的国或国际组织作出了"充分性决定"。如果欧盟与数据传输之间存在限制性传输情形，则数据控制人必须清楚相关数据传输目的国或国际组织是否包含在欧盟委员会的"充分性决定"中，即在该地建立的法律框架为个人数据的权利和自由提供了"充分"的保护。其次，受限制的数据传输是否有适当的保障措施。如果根据第一点明确数据传输目的国或国际组织未得到欧盟委员会的"充分性决定"，则应该具体考察要传输的相关数据是否可以根据《通用数据保护条例》中列出的"适当的保障措施"进行传输。这些适当的保障措施确保了控制人和数据的接收者在法律上受到约束，以保护个人数据的权利和自由。如果有适当的保障措施，则可以进行限制传输。最后，考察受限的数据传输是否属于《通用数据保护条例》第49条所规定的例外情况。

三、以《数字市场法》为核心的平台反垄断与公平竞争法律体系

  数字服务平台，特别是在线平台，在经济中发挥着越来越重要的作用。尤其是在欧盟内部市场，通过使企业能够接触到整个欧盟的用户，通过促进跨境贸

---

[1] Article 44, General Data Protection Regulation, Regulation (EU) 2016/679 of the European Parliament and of the Council of 27 April 2016, on the Protection of Natural Persons with regard to the Processing of Personal Data and on the Free Movement of Such Data, and repealing Directive 95/46/EC, Official Journal of the European Union, L 119/1, May 4, 2005.

第六章
欧美直播电商立法发展趋势与展望

易,以及通过向欧盟中的大量公司开辟全新的商业机会,可以使欧盟中的消费者受益。就直播电商中的数字平台而言,相关平台可能会基于其在市场中所形成的优势地位或凭借相关优势,对主播以及主播所在企业、商家等形成系列歧视性做法。

欧盟早已注意到数字在线平台的上述发展趋势。2020 年,欧盟委员会起草了欧盟层面首个规制数字在线平台规则——《数字市场法》,该法于 2022 年 11 月生效。欧盟《数字市场法》在充分考虑数字在线服务平台上述优势的情况下,要求相关数字服务平台符合欧盟在《数字市场法》下的若干义务性规定。

第一,通过精准界定"守门人"范畴,为更为健康且具活力的数字市场释放空间与潜力。作为针对数字领域反垄断,维护公平竞争市场环境的法律,如何界定清楚其适用的对象范围以达到在平台经济发展与平台反垄断之间维持一个良好的平衡始终是欧盟起草《数字市场法》的一个重要考量。基于对当前数字平台发展现状的考虑,具体在该法中,数字在线平台将被视为是"守门人"从而成为《数字市场法》的调整对象。《数字市场法》适用于"守门人"向欧盟境内设立的商家或位于欧盟境内的终端用户提供的核心平台服务,而不论"守门人"的设立地位于何处,亦不论其提供服务是否适用其他法律。根据《数字市场法》第 3 条的规定,所谓的"守门人"需符合三大标准:对欧盟内部市场有重大影响;提供的核心平台服务是连接企业用户与终端用户的重要渠道;在运营中享有稳固而持久的地位,或者可以预见,它将在不久的将来享有这一地位。

就当中的"对欧盟内部市场有重大影响"标准而言,根据《数字市场法》的规定,其主要是指数字平台在过去的 3 个财政年度中,每年在欧盟内的年营业额不低于 75 亿欧元,或在过去的 1 个财政年度中,平均市值不低于 750 亿元,且向至少 3 个成员国提供相同的核心平台服务。而就"提供的核心平台服务是连接企业用户与终端用户的重要渠道"标准而言,具体是指数字平台提供的核心平台服务在上一财政年有着超过 4500 万的、建立在欧盟或位于欧盟的每月活跃终端用户,或有着至少 10,000 个建立在欧盟的年度活跃企业用户。最后就"在运营中享有稳固而持久的地位,或者可以预见,它将在不久的将来享有这一地位"标准而言,具体是指在过去的 3 个财政年度中,数字平台每一年均达到上述第二个标准中的相关数量阈值。总之,严格界定与划分适用对象,充分体现了欧盟对数字平台治理"防范"与"促进"并举的思路与理念,即以防范大型特别是超大型平台在数字领域形成的非公平竞争优势地位为抓手促进欧盟整体数字经济向前发展。

第二，遵循"公平交易""权利保障""共治共享"理念对数字平台进行治理。明确相关规制对象后，《数字市场法》在充分考虑当前数字平台发展趋势的前提下，以"公平交易""权利保障""共治共享"三原则对数字平台提出了治理要求。例如，根据《数字市场法》，数字平台在"公平交易"原则下承担数据使用限制、交易限制以及具有互操作性的义务，在"权利保障"原则下要求平台尊重终端用户的"选择权"、"可携带权"以及"公平交易权"，并在"共治共享"原则下对平台数据以及广告数据做出共享。如就当中的"数据使用限制"义务而言，《数字市场法》具体要求：（1）"守门人"不得与企业用户竞争使用这些企业用户在使用相关核心平台服务，或与相关核心平台一起提供或支持相关核心平台的服务时生成或提供的任何非公开数据，包括由这些企业用户的客户生成或提供的数据；（2）"守门人"不得将来自相关核心平台服务的个人数据与来自任何其他核心平台服务或来自"守门人"提供的任何其他服务的个人信息或来自第三方服务的个人数据相融合；（3）"守门人"不能因为第三方服务使用了其核心平台服务，就基于提供网络广告服务的目的，处理使用第三方服务的终端用户的个人数据。又如就"交易限制"义务而言，《数字市场法》具体要求：（1）"守门人"应允许商家用户免费向通过其核心平台服务或其他渠道获得的终端用户传达和推广报价，并与这些终端用户签订合同，无论他们是否为此目的使用"守门人"的核心平台服务；（2）"守门人"应允许商家通过第三方网络中间服务或其自己直接的网络销售渠道，以与"守门人"的网络中间服务不同的价格或条件向终端用户提供相同的产品或服务；（3）"守门人"不能强制用户使用"守门人"的认证服务、网页浏览器以及支付服务。再如就"互操作性"义务而言，《数字市场法》要求"守门人"应允许用户安装和使用第三方应用或应用商店，且该等第三方应用和应用商店能和"守门人"的操作系统相互兼容。

四、以《数字服务法》为核心的数字网络内容与生态治理体系

数字服务，即欧盟所指的信息社会服务，尤其是中介服务，已成为欧盟经济和欧盟公民日常生活的重要组成部分。上述服务的数字化转型和更频繁的使用也给个人用户和整个社会带来了新的风险和挑战。为此，如何保证中介服务内部市

第六章
欧美直播电商立法发展趋势与展望

场的正常运作,为安全、可预测和可信赖的在线环境制定统一的规则,以促进创新,并有效保护宪章中规定的基本权利,包括消费者保护的原则,是欧盟对网络环境、网络内容进行系统治理的重要初衷。

2022年10月,欧洲议会通过《数字服务法》,并于2024年2月17日对全平台生效。该法在维持欧盟《电子商务指令》相关调整原则的基础上,通过统一立法规制数字服务提供者、保护在线环境中的基本权利、内容审核及线上非法内容的处理,并呼吁加强消费者保护、公共监督和跨境执法合作等。

第一,以"渠道"、"缓存"和"托管"服务提供者为规制对象,"阶梯式"对信息社会服务中介苛以相应义务。《数字服务法》明确,其适用对象为互联网中介服务,尤其是由被称为"渠道"、"缓存"和"托管"的服务所组成的中介服务的提供者,原因在于对这些服务的使用呈指数性的增长,且虽然相应的使用主要是针对各种合法和对社会有益的目的,但也增加了这些服务在非法和其他有害信息和活动的中介和传播中的作用。

对上述规制对象,《数字服务法》设置了"阶梯式"的分级监管模式——从对所有信息社会中介机构的基本义务,到对托管服务提供者的特殊规则,再到线上平台的补充性规定,最后到针对超大型平台的最严格措施。[①] 一方面,《数字服务法》针对包括"渠道""缓存""托管"等所有中介服务提供者规定了普遍适用的尽职义务,义务内容广泛涵盖内容审查、透明度、公平营销、消费者保护以及特殊群体保护等方面。另一方面,《数字服务法》对托管服务提供者、在线平台以及超大型平台苛以额外的法律义务,体现了对超大型平台以及超大型搜索引擎予以"超强监管"的规制理念。具体表现为《数字市场法》针对超大型平台以及超大型搜索引擎在数字网络中所发挥的重大作用,要求涉及风险评估、风险减轻和管理、独立审计、透明度、内部机构设置等方面的额外义务。

以当中的透明度义务为例,《数字服务法》对一般的信息服务提供者主要做出了两层义务要求:其一,内容审核规则的公开义务。根据《数字服务法》第14条的规定,中介服务提供者应在其用户协议中说明其对使用其服务的接收者提供的信息所施加的任何限制。相应信息应包括关于为内容审核目的而使用的任

[①] 参见王天凡:《数字平台的"阶梯式"监管模式:以欧盟〈数字服务法〉为鉴》,载《欧洲研究》2023年第2期。

何政策、程序、措施和工具的信息，包括算法决策和人工审查及其内部投诉处理系统的程序规则。这些信息应以清晰、明了、易懂、方便用户和不含糊的语言列出，并应以易于获取和机器可读的格式公开提供。另外，在相关协议条件和条款发生重大变更时，应告知服务接收者，并应根据服务接收者是否为未成年人而做出相应的告知方式便利化义务。① 其二，内容审核年度报告公开义务，即根据《数字服务法》第15条的要求"中介服务提供者应至少每年一次以机器可读的格式和容易获取的方式公开提供清晰、易懂的报告，说明其在相关时期实施的任何内容审核"②。而对于超大型数字平台以及搜索引擎，《数字服务法》则要求其在遵循对一般中介服务提供者透明度义务的基础上，在数据访问与审查、在线广告等方面做出进一步的透明度设计。以数据访问与审查为例，《数字服务法》要求超大型平台服务提供者应依设立地数字服务协调机构或欧盟委员会的合理要求，于合理期限内，向其提供必要数据的访问权限，以监测和评估对《数字服务法》的遵守。同时，超大型平台服务提供者应依要求解释其算法系统，包括其推荐系统的设计、逻辑、运作和测试。③

【相关案例】欧盟委员会根据《数字服务法》调查 TikTok Lite 奖励计划案

2024年4月17日，欧盟委员会向 TikTok 发出了信息请求（Request For Information，RFI），要求 TikTok 在4月18日之前提供 TikTok Lite 的风险评估报告，并报备关于该平台为减轻相关新功能的潜在系统性风险而采取的措施。根据欧盟公开文件，欧盟此次调查重点关注《数字服务法》对所有平台生效后，TikTok 的如下合规问题：第一，TikTok 是否遵循了《数字服务法》之要求，在部署可能对系统性风险产生重大影响的功能（如"任务与奖励 Lite"程序）前对这些风险进行评估，特别是对心理健康（包括未成年人的心理健康）的潜在负

---

① Article 14, Digital Services Act, Regulation (EU) 2022/2065 of the European Parliament and of the Council of 19 October 2022 on a Single Market for Digital Services and amending Directive 2000/31/EC, Official Journal of the European Union, L 227/1, October 27, 2022.
② Article 15, Digital Services Act, Regulation (EU) 2022/2065 of the European Parliament and of the Council of 19 October 2022 on a Single Market for Digital Services and amending Directive 2000/31/EC, Official Journal of the European Union, L 227/1, October 27, 2022.
③ Article 40, Digital Services Act, Regulation (EU) 2022/2065 of the European Parliament and of the Council of 19 October 2022 on a Single Market for Digital Services and amending Directive 2000/31/EC, Official Journal of the European Union, L 227/1, October 27, 2022.

第六章
欧美直播电商立法发展趋势与展望

面影响的风险评估，以及新功能引发成瘾行为的可能性的风险评估，并提交风险评估报告。第二，TikTok为降低这些风险所采取的具体措施。

2024年4月22日，由于TikTok未按要求在4月18日之前提供TikTok Lite的风险评估报告，也未报备关于该平台为减轻相关新功能的潜在系统性风险而采取的措施，欧盟委员会决定启动正式调查程序，公开表示希望TikTok中止奖励计划，并要求TikTok在4月23日前提交风险评估报告。

2024年4月24日，TikTok宣布暂停实施TikTok Lite奖励计划。欧盟委员会指出，TikTok在推出TikTok Lite奖励计划之前，没有认真评估其带来的风险，特别是奖励计划的成瘾风险，也没有采取有效的风险缓解措施。奖励计划可能会刺激成瘾行为，对用户的身心健康造成负面影响。这一点对未成年人隐忧更甚，因为他们可能更容易受到成瘾效应的影响。

2024年8月5日，TikTok作出如下具有约束力的承诺：第一，永久在欧盟范围内撤销TikTok Lite奖励计划；第二，承诺不会再发起其他可能规避该等撤销行为的计划。欧盟委员会将认真监督TikTok对该具有约束力的承诺的遵守情况，以及履行《数字服务法》规定的其他义务的情况。据此，欧盟委员会在2024年4月22日所启动的正式调查程序正式结案。[1]

第二，基于对中介服务供应商技术中性的规制理念，贯彻中介服务供应商不对第三方内容负责的规制理念，但有所发展。就相关中介服务商，特别是平台及超大型平台与第三方内容之间的关系问题，《数字服务法》延续了欧盟在《电子商务指令》以及《关于解决在线传播恐怖主义内容条例》中介服务供应商不对第三方内容负责的"避风港"原则，例如《数字服务法》第8条规定"不应使中介服务提供者承担监测中介服务提供者传输或存储的信息的一般性义务，也不应使中介服务提供者承担积极地寻求表明非法活动的事实或情况的义务"[2]。

但值得指出的是，对上述理念或原则，《数字服务法》以平台自有内容与第

---

[1] 参见方建伟、陈霖：《欧盟数字服务法案调查程序评析——从欧盟首例结案的DSA调查案件谈起》，载微信公众号"跨境争议与监管法律观察"2024年9月4日，https://mp.weixin.qq.com/s/frEICgj_74QNIQUdB_NtoQ。

[2] Article 8, Digital Services Act, Regulation（EU）2022/2065 of the European Parliament and of the Council of 19 October 2022 on a Single Market for Digital Services and amending Directive 2000/31/EC, Official Journal of the European Union, L 227/1, October 27, 2022.

三方内容之间的责任问题以及处理非法内容问题为切口，从特别法益优于普遍法益、特殊法优于一般法的角度做了适度的发展或调整。一方面，就平台自有内容与第三方内容之间的责任问题，《数字服务法》第6条第3款明确"如果第三方所提供的作为交易对象的信息、商品和服务足以使一般消费者误认为是平台运营商自己提供或由其授权或由其控制者所提供，则在线平台应根据消费者保护法承担责任"①。也就是说，如果中介作为服务提供者的角色并非不知，也并非处于控制所存储信息的纯技术、自动且被动的地位，则中介服务提供商将有可能承担对第三方内容的责任。另一方面，就非法内容处理问题，《数字服务法》则明确，中介服务提供者对第三方内容的免责原则并不豁免中介服务平台对"非法内容"处理的若干积极配合或修正义务。例如《数字服务法》第9条规定："在收到有关成员国的司法或行政当局根据适用的欧盟法律或符合欧盟法律的成员国法律发出的、对一项或多项非法内容采取行动的命令后，中介服务提供者应当在没有无故拖延的情况下向发令当局或命令中指定的任何其他当局通知相应命令的执行情况，不得无故拖延，并说明相应命令是否得到执行和何时得到执行。"② 又如《数字服务法》第4条、第5条以及第6条均分别对纯粹渠道、缓存以及托管方式的中介服务提供商做出了对非法内容或在明知所传输的最初来源的信息已从网络中删除，或对其的访问已被禁止，或司法或行政当局已下令删除或禁止访问时，迅速采取行动删除或禁止访问其储存的信息等类似规定。③

---

① Article 6 (3), Digital Services Act, Regulation (EU) 2022/2065 of the European Parliament and of the Council of 19 October 2022 on a Single Market for Digital Services and amending Directive 2000/31/EC, Official Journal of the European Union, L 227/1, October 27, 2022.
② Article 9, Digital Services Act, Regulation (EU) 2022/2065 of the European Parliament and of the Council of 19 October 2022 on a Single Market for Digital Services and amending Directive 2000/31/EC, Official Journal of the European Union, L 227/1, October 27, 2022.
③ Article 4, Article 5, Article 6, Digital Services Act, Regulation (EU) 2022/2065 of the European Parliament and of the Council of 19 October 2022 on a Single Market for Digital Services and amending Directive 2000/31/EC, Official Journal of the European Union, L 227/1, October 27, 2022.

附录 1　网络直播营销涉及重要法律、法规、规章等目录

【法律】

《中华人民共和国民法典》

《中华人民共和国电子商务法》

《中华人民共和国未成年人保护法》（2024 修正）

《中华人民共和国反电信网络诈骗法》

《中华人民共和国广告法》（2021 修正）

《中华人民共和国消费者权益保护法》（2013 修正）

《中华人民共和国反不正当竞争法》（2019 修正）

《中华人民共和国劳动合同法》（2012 修正）

《中华人民共和国产品质量法》（2018 修正）

《中华人民共和国食品安全法》（2021 修正）

【司法解释及司法文件】

《最高人民法院关于为促进消费提供司法服务和保障的意见》

《最高人民法院关于审理网络消费纠纷案件适用法律若干问题的规定（一）》

《最高人民法院关于适用〈中华人民共和国反不正当竞争法〉若干问题的解释》

《最高人民法院关于审理侵害知识产权民事案件适用惩罚性赔偿的解释》

《最高人民法院关于审理食品安全民事纠纷案件适用法律若干问题的解释（一）》

《最高人民法院关于审理食品药品惩罚性赔偿纠纷案件适用法律若干问题的解释》

《最高人民法院、最高人民检察院、公安部关于依法惩治网络暴力违法犯罪的指导意见》

【行政法规、部门规章等】

《未成年人节目管理规定》（2021 修订）

《网络直播营销管理办法（试行）》

《网络信息内容生态治理规定》

《网络交易监督管理办法》

《互联网直播服务管理规定》

《互联网视听节目服务业务分类目录（试行）》（2017）

《网络主播行为规范》

《关于加强网络视听节目平台游戏直播管理的通知》

《关于开展"清朗·整治网络直播、短视频领域乱象"专项行动的通知》

《关于进一步规范网络直播营利行为促进行业健康发展的意见》

《市场监管总局关于加强网络直播营销活动监管的指导意见》

《关于加强网络直播服务管理工作的通知》

《国家广播电视总局关于加强网络秀场直播和电商直播管理的通知》

《营业性演出管理条例》（2020 修订）

《消费者权益保护法实施条例》

《未成年人网络保护条例》

《互联网广告管理办法》

《人力资源社会保障部办公厅关于推进直播带岗在就业公共服务领域应用的通知》

《关于进一步规范网络直播营利行为促进行业健康发展的意见》

《关于加强网络直播规范管理工作的指导意见》

《数字商务三年行动计划（2024—2026 年）》

《网络暴力信息治理规定》

网络直播营销涉及重要法律、法规、规章等摘录

附录 2

《中华人民共和国民法典》（2020）

第五百六十三条 有下列情形之一的，当事人可以解除合同：

（一）因不可抗力致使不能实现合同目的；

（二）在履行期限届满前，当事人一方明确表示或者以自己的行为表明不履行主要债务；

（三）当事人一方迟延履行主要债务，经催告后在合理期限内仍未履行；

（四）当事人一方迟延履行债务或者有其他违约行为致使不能实现合同目的；

（五）法律规定的其他情形。

以持续履行的债务为内容的不定期合同，当事人可以随时解除合同，但是应当在合理期限之前通知对方。

第五百六十六条 合同解除后，尚未履行的，终止履行；已经履行的，根据履行情况和合同性质，当事人可以请求恢复原状或者采取其他补救措施，并有权请求赔偿损失。

合同因违约解除的，解除权人可以请求违约方承担违约责任，但是当事人另有约定的除外。

主合同解除后，担保人对债务人应当承担的民事责任仍应当承担担保责任，但是担保合同另有约定的除外。

第五百七十七条 当事人一方不履行合同义务或者履行合同义务不符合约定的,应当承担继续履行、采取补救措施或者赔偿损失等违约责任。

第五百八十四条 当事人一方不履行合同义务或者履行合同义务不符合约定,造成对方损失的,损失赔偿额应当相当于因违约所造成的损失,包括合同履行后可以获得的利益;但是,不得超过违约一方订立合同时预见到或者应当预见到的因违约可能造成的损失。

第五百八十五条 当事人可以约定一方违约时应当根据违约情况向对方支付一定数额的违约金,也可以约定因违约产生的损失赔偿额的计算方法。

约定的违约金低于造成的损失的,人民法院或者仲裁机构可以根据当事人的请求予以增加;约定的违约金过分高于造成的损失的,人民法院或者仲裁机构可以根据当事人的请求予以适当减少。

当事人就迟延履行约定违约金的,违约方支付违约金后,还应当履行债务。

第九百二十五条 受托人以自己的名义,在委托人的授权范围内与第三人订立的合同,第三人在订立合同时知道受托人与委托人之间的代理关系的,该合同直接约束委托人和第三人;但是,有确切证据证明该合同只约束受托人和第三人的除外。

第九百三十三条 委托人或者受托人可以随时解除委托合同。因解除合同造成对方损失的,除不可归责于该当事人的事由外,无偿委托合同的解除方应当赔偿因解除时间不当造成的直接损失,有偿委托合同的解除方应当赔偿对方的直接损失和合同履行后可以获得的利益。

第一千一百九十五条 网络用户利用网络服务实施侵权行为的,权利人有权通知网络服务提供者采取删除、屏蔽、断开链接等必要措施。通知应当包括构成侵权的初步证据及权利人的真实身份信息。

网络服务提供者接到通知后,应当及时将该通知转送相关网络用户,并根据构成侵权的初步证据和服务类型采取必要措施;未及时采取必要措施的,对损害的扩大部分与该网络用户承担连带责任。

权利人因错误通知造成网络用户或者网络服务提供者损害的,应当承担侵权责任。法律另有规定的,依照其规定。

第一千一百九十七条 网络服务提供者知道或者应当知道网络用户利用其网络服务侵害他人民事权益,未采取必要措施的,与该网络用户承担连带责任。

附录 2
网络直播营销涉及重要法律、法规、规章等摘录

《中华人民共和国电子商务法》（2018）

第九条 本法所称电子商务经营者，是指通过互联网等信息网络从事销售商品或者提供服务的经营活动的自然人、法人和非法人组织，包括电子商务平台经营者、平台内经营者以及通过自建网站、其他网络服务销售商品或者提供服务的电子商务经营者。

本法所称电子商务平台经营者，是指在电子商务中为交易双方或者多方提供网络经营场所、交易撮合、信息发布等服务，供交易双方或者多方独立开展交易活动的法人或者非法人组织。

本法所称平台内经营者，是指通过电子商务平台销售商品或者提供服务的电子商务经营者。

第三十七条 电子商务平台经营者在其平台上开展自营业务的，应当以显著方式区分标记自营业务和平台内经营者开展的业务，不得误导消费者。

电子商务平台经营者对其标记为自营的业务依法承担商品销售者或者服务提供者的民事责任。

第三十八条 电子商务平台经营者知道或者应当知道平台内经营者销售的商品或者提供的服务不符合保障人身、财产安全的要求，或者有其他侵害消费者合法权益行为，未采取必要措施的，依法与该平台内经营者承担连带责任。

对关系消费者生命健康的商品或者服务，电子商务平台经营者对平台内经营者的资质资格未尽到审核义务，或者对消费者未尽到安全保障义务，造成消费者损害的，依法承担相应的责任。

第四十二条 知识产权权利人认为其知识产权受到侵害的，有权通知电子商务平台经营者采取删除、屏蔽、断开链接、终止交易和服务等必要措施。通知应当包括构成侵权的初步证据。

电子商务平台经营者接到通知后，应当及时采取必要措施，并将该通知转送平台内经营者；未及时采取必要措施的，对损害的扩大部分与平台内经营者承担连带责任。

因通知错误造成平台内经营者损害的，依法承担民事责任。恶意发出错误通知，造成平台内经营者损失的，加倍承担赔偿责任。

第四十三条 平台内经营者接到转送的通知后，可以向电子商务平台经营者

提交不存在侵权行为的声明。声明应当包括不存在侵权行为的初步证据。

电子商务平台经营者接到声明后,应当将该声明转送发出通知的知识产权权利人,并告知其可以向有关主管部门投诉或者向人民法院起诉。电子商务平台经营者在转送声明到达知识产权权利人后十五日内,未收到权利人已经投诉或者起诉通知的,应当及时终止所采取的措施。

《中华人民共和国反不正当竞争法》（2019 修正）

第二条 经营者在生产经营活动中,应当遵循自愿、平等、公平、诚信的原则,遵守法律和商业道德。

本法所称的不正当竞争行为,是指经营者在生产经营活动中,违反本法规定,扰乱市场竞争秩序,损害其他经营者或者消费者的合法权益的行为。

本法所称的经营者,是指从事商品生产、经营或者提供服务（以下所称商品包括服务）的自然人、法人和非法人组织。

第六条 经营者不得实施下列混淆行为,引人误认为是他人商品或者与他人存在特定联系：

（一）擅自使用与他人有一定影响的商品名称、包装、装潢等相同或者近似的标识；

（二）擅自使用他人有一定影响的企业名称（包括简称、字号等）、社会组织名称（包括简称等）、姓名（包括笔名、艺名、译名等）；

（三）擅自使用他人有一定影响的域名主体部分、网站名称、网页等；

（四）其他足以引人误认为是他人商品或者与他人存在特定联系的混淆行为。

第七条 经营者不得采用财物或者其他手段贿赂下列单位或者个人,以谋取交易机会或者竞争优势：

（一）交易相对方的工作人员；

（二）受交易相对方委托办理相关事务的单位或者个人；

（三）利用职权或者影响力影响交易的单位或者个人。

经营者在交易活动中,可以以明示方式向交易相对方支付折扣,或者向中间人支付佣金。经营者向交易相对方支付折扣、向中间人支付佣金的,应当如实入账。接受折扣、佣金的经营者也应当如实入账。

经营者的工作人员进行贿赂的,应当认定为经营者的行为；但是,经营者有

附录 2
网络直播营销涉及重要法律、法规、规章等摘录

证据证明该工作人员的行为与为经营者谋取交易机会或者竞争优势无关的除外。

第八条 经营者不得对其商品的性能、功能、质量、销售状况、用户评价、曾获荣誉等作虚假或者引人误解的商业宣传，欺骗、误导消费者。

经营者不得通过组织虚假交易等方式，帮助其他经营者进行虚假或者引人误解的商业宣传。

第九条 经营者不得实施下列侵犯商业秘密的行为：

（一）以盗窃、贿赂、欺诈、胁迫、电子侵入或者其他不正当手段获取权利人的商业秘密；

（二）披露、使用或者允许他人使用以前项手段获取的权利人的商业秘密；

（三）违反保密义务或者违反权利人有关保守商业秘密的要求，披露、使用或者允许他人使用其所掌握的商业秘密；

（四）教唆、引诱、帮助他人违反保密义务或者违反权利人有关保守商业秘密的要求，获取、披露、使用或者允许他人使用权利人的商业秘密。

经营者以外的其他自然人、法人和非法人组织实施前款所列违法行为的，视为侵犯商业秘密。

第三人明知或者应知商业秘密权利人的员工、前员工或者其他单位、个人实施本条第一款所列违法行为，仍获取、披露、使用或者允许他人使用该商业秘密的，视为侵犯商业秘密。

本法所称的商业秘密，是指不为公众所知悉、具有商业价值并经权利人采取相应保密措施的技术信息、经营信息等商业信息。

第十一条 经营者不得编造、传播虚假信息或者误导性信息，损害竞争对手的商业信誉、商品声誉。

《中华人民共和国广告法》（2021 修正）

第二条 在中华人民共和国境内，商品经营者或者服务提供者通过一定媒介和形式直接或者间接地介绍自己所推销的商品或者服务的商业广告活动，适用本法。

本法所称广告主，是指为推销商品或者服务，自行或者委托他人设计、制作、发布广告的自然人、法人或者其他组织。

本法所称广告经营者，是指接受委托提供广告设计、制作、代理服务的自然人、法人或者其他组织。

本法所称广告发布者，是指为广告主或者广告主委托的广告经营者发布广告的自然人、法人或者其他组织。

本法所称广告代言人，是指广告主以外的，在广告中以自己的名义或者形象对商品、服务作推荐、证明的自然人、法人或者其他组织。

第五十六条　违反本法规定，发布虚假广告，欺骗、误导消费者，使购买商品或者接受服务的消费者的合法权益受到损害的，由广告主依法承担民事责任。广告经营者、广告发布者不能提供广告主的真实名称、地址和有效联系方式的，消费者可以要求广告经营者、广告发布者先行赔偿。

关系消费者生命健康的商品或者服务的虚假广告，造成消费者损害的，其广告经营者、广告发布者、广告代言人应当与广告主承担连带责任。

前款规定以外的商品或者服务的虚假广告，造成消费者损害的，其广告经营者、广告发布者、广告代言人，明知或者应知广告虚假仍设计、制作、代理、发布或者作推荐、证明的，应当与广告主承担连带责任。

《中华人民共和国消费者权益保护法》（2013 修正）

第四十条　消费者在购买、使用商品时，其合法权益受到损害的，可以向销售者要求赔偿。销售者赔偿后，属于生产者的责任或者属于向销售者提供商品的其他销售者的责任的，销售者有权向生产者或者其他销售者追偿。

消费者或者其他受害人因商品缺陷造成人身、财产损害的，可以向销售者要求赔偿，也可以向生产者要求赔偿。属于生产者责任的，销售者赔偿后，有权向生产者追偿。属于销售者责任的，生产者赔偿后，有权向销售者追偿。

消费者在接受服务时，其合法权益受到损害的，可以向服务者要求赔偿。

第四十四条　消费者通过网络交易平台购买商品或者接受服务，其合法权益受到损害的，可以向销售者或者服务者要求赔偿。网络交易平台提供者不能提供销售者或者服务者的真实名称、地址和有效联系方式的，消费者也可以向网络交易平台提供者要求赔偿；网络交易平台提供者作出更有利于消费者的承诺的，应当履行承诺。网络交易平台提供者赔偿后，有权向销售者或者服务者追偿。

网络交易平台提供者明知或者应知销售者或者服务者利用其平台侵害消费者合法权益，未采取必要措施的，依法与该销售者或者服务者承担连带责任。

第四十五条 消费者因经营者利用虚假广告或者其他虚假宣传方式提供商品或者服务，其合法权益受到损害的，可以向经营者要求赔偿。广告经营者、发布者发布虚假广告的，消费者可以请求行政主管部门予以惩处。广告经营者、发布者不能提供经营者的真实名称、地址和有效联系方式的，应当承担赔偿责任。

广告经营者、发布者设计、制作、发布关系消费者生命健康商品或者服务的虚假广告，造成消费者损害的，应当与提供该商品或者服务的经营者承担连带责任。

社会团体或者其他组织、个人在关系消费者生命健康商品或者服务的虚假广告或者其他虚假宣传中向消费者推荐商品或者服务，造成消费者损害的，应当与提供该商品或者服务的经营者承担连带责任。

第五十五条 经营者提供商品或者服务有欺诈行为的，应当按照消费者的要求增加赔偿其受到的损失，增加赔偿的金额为消费者购买商品的价款或者接受服务的费用的三倍；增加赔偿的金额不足五百元的，为五百元。法律另有规定的，依照其规定。

经营者明知商品或者服务存在缺陷，仍然向消费者提供，造成消费者或者其他受害人死亡或者健康严重损害的，受害人有权要求经营者依照本法第四十九条、第五十一条等法律规定赔偿损失，并有权要求所受损失二倍以下的惩罚性赔偿。

《中华人民共和国消费者权益保护法实施条例》（2024）

第七条第二款 经营者向消费者提供商品或者服务（包括以奖励、赠送、试用等形式向消费者免费提供商品或者服务），应当保证商品或者服务符合保障人身、财产安全的要求。免费提供的商品或者服务存在瑕疵但不违反法律强制性规定且不影响正常使用性能的，经营者应当在提供商品或者服务前如实告知消费者。

第九条 经营者应当采用通俗易懂的方式，真实、全面地向消费者提供商品或者服务相关信息，不得通过虚构经营者资质、资格或者所获荣誉，虚构商品或者服务交易信息、经营数据、篡改、编造、隐匿用户评价等方式，进行虚假或者引人误解的宣传，欺骗、误导消费者。

经营者不得在消费者不知情的情况下，对同一商品或者服务在同等交易条件下设置不同的价格或者收费标准。

第十三条 经营者应当在其经营场所的显著位置标明其真实名称和标记。

经营者通过网络、电视、电话、邮购等方式提供商品或者服务的，应当在其首页、视频画面、语音、商品目录等处以显著方式标明或者说明其真实名称和标记。由其他经营者实际提供商品或者服务的，还应当向消费者提供该经营者的名称、经营地址、联系方式等信息。

经营者租赁他人柜台或者场地提供商品或者服务，或者通过宣讲、抽奖、集中式体验等方式提供商品或者服务的，应当以显著方式标明其真实名称和标记。柜台、场地的出租者应当建立场内经营管理制度，核验、更新、公示经营者的相关信息，供消费者查询。

第十四条 经营者通过网络直播等方式提供商品或者服务的，应当依法履行消费者权益保护相关义务。

直播营销平台经营者应当建立健全消费者权益保护制度，明确消费争议解决机制。发生消费争议的，直播营销平台经营者应当根据消费者的要求提供直播间运营者、直播营销人员相关信息以及相关经营活动记录等必要信息。

直播间运营者、直播营销人员发布的直播内容构成商业广告的，应当依照《中华人民共和国广告法》的有关规定履行广告发布者、广告经营者或者广告代言人的义务。

第十九条 经营者通过网络、电视、电话、邮购等方式销售商品的，应当遵守消费者权益保护法第二十五条规定，不得擅自扩大不适用无理由退货的商品范围。

经营者应当以显著方式对不适用无理由退货的商品进行标注，提示消费者在购买时进行确认，不得将不适用无理由退货作为消费者默认同意的选项。未经消费者确认，经营者不得拒绝无理由退货。

消费者退货的商品应当完好。消费者基于查验需要打开商品包装，或者为确认商品的品质和功能进行合理调试而不影响商品原有品质、功能和外观的，经营者应当予以退货。

消费者无理由退货应当遵循诚实信用原则，不得利用无理由退货规则损害经营者和其他消费者的合法权益。

第二十二条 经营者以收取预付款方式提供商品或者服务的，应当与消费者订立书面合同，约定商品或者服务的具体内容、价款或者费用、预付款退还方式、违约责任等事项。

经营者收取预付款后，应当按照与消费者的约定提供商品或者服务，不得降低商品或者服务质量，不得任意加价。经营者未按照约定提供商品或者服务的，应当按照消费者的要求履行约定或者退还预付款。

经营者出现重大经营风险，有可能影响经营者按照合同约定或者交易习惯正常提供商品或者服务的，应当停止收取预付款。经营者决定停业或者迁移服务场所的，应当提前告知消费者，并履行本条例第二十一条规定的义务。消费者依照国家有关规定或者合同约定，有权要求经营者继续履行提供商品或者服务的义务，或者要求退还未消费的预付款余额。

第二十三条　经营者应当依法保护消费者的个人信息。经营者在提供商品或者服务时，不得过度收集消费者个人信息，不得采用一次概括授权、默认授权等方式，强制或者变相强制消费者同意收集、使用与经营活动无直接关系的个人信息。

经营者处理包含消费者的生物识别、宗教信仰、特定身份、医疗健康、金融账户、行踪轨迹等信息以及不满十四周岁未成年人的个人信息等敏感个人信息的，应当符合有关法律、行政法规的规定。

第二十四条　未经消费者同意，经营者不得向消费者发送商业性信息或者拨打商业性电话。消费者同意接收商业性信息或者商业性电话的，经营者应当提供明确、便捷的取消方式。消费者选择取消的，经营者应当立即停止发送商业性信息或者拨打商业性电话。

《中华人民共和国劳动合同法》（2012修正）

第二十二条　用人单位为劳动者提供专项培训费用，对其进行专业技术培训的，可以与该劳动者订立协议，约定服务期。

劳动者违反服务期约定的，应当按照约定向用人单位支付违约金。违约金的数额不得超过用人单位提供的培训费用。用人单位要求劳动者支付的违约金不得超过服务期尚未履行部分所应分摊的培训费用。

用人单位与劳动者约定服务期的，不影响按照正常的工资调整机制提高劳动者在服务期期间的劳动报酬。

第二十三条　用人单位与劳动者可以在劳动合同中约定保守用人单位的商业秘密和与知识产权相关的保密事项。

对负有保密义务的劳动者，用人单位可以在劳动合同或者保密协议中与劳动者约定竞业限制条款，并约定在解除或者终止劳动合同后，在竞业限制期限内按月给予劳动者经济补偿。劳动者违反竞业限制约定的，应当按照约定向用人单位支付违约金。

《互联网广告管理办法》（2023）

第十三条　广告主应当对互联网广告内容的真实性负责。

广告主发布互联网广告的，主体资格、行政许可、引证内容等应当符合法律法规的要求，相关证明文件应当真实、合法、有效。

广告主可以通过自建网站，以及自有的客户端、互联网应用程序、公众号、网络店铺页面等互联网媒介自行发布广告，也可以委托广告经营者、广告发布者发布广告。

广告主自行发布互联网广告的，广告发布行为应当符合法律法规的要求，建立广告档案并及时更新。相关档案保存时间自广告发布行为终了之日起不少于三年。

广告主委托发布互联网广告，修改广告内容时应当以书面形式或者其他可以被确认的方式，及时通知为其提供服务的广告经营者、广告发布者。

第十四条　广告经营者、广告发布者应当按照下列规定，建立、健全和实施互联网广告业务的承接登记、审核、档案管理制度：

（一）查验并登记广告主的真实身份、地址和有效联系方式等信息，建立广告档案并定期查验更新，记录、保存广告活动的有关电子数据；相关档案保存时间自广告发布行为终了之日起不少于三年；

（二）查验有关证明文件，核对广告内容，对内容不符或者证明文件不全的广告，广告经营者不得提供设计、制作、代理服务，广告发布者不得发布；

（三）配备熟悉广告法律法规的广告审核人员或者设立广告审核机构。

本办法所称身份信息包括名称（姓名）、统一社会信用代码（身份证件号码）等。

广告经营者、广告发布者应当依法配合市场监督管理部门开展的互联网广告

附录 2
网络直播营销涉及重要法律、法规、规章等摘录

行业调查，及时提供真实、准确、完整的资料。

第十六条 互联网平台经营者在提供互联网信息服务过程中应当采取措施防范、制止违法广告，并遵守下列规定：

（一）记录、保存利用其信息服务发布广告的用户真实身份信息，信息记录保存时间自信息服务提供行为终了之日起不少于三年；

（二）对利用其信息服务发布的广告内容进行监测、排查，发现违法广告的，应当采取通知改正、删除、屏蔽、断开发布链接等必要措施予以制止，并保留相关记录；

（三）建立有效的投诉、举报受理和处置机制，设置便捷的投诉举报入口或者公布投诉举报方式，及时受理和处理投诉举报；

（四）不得以技术手段或者其他手段阻挠、妨碍市场监督管理部门开展广告监测；

（五）配合市场监督管理部门调查互联网广告违法行为，并根据市场监督管理部门的要求，及时采取技术手段保存涉嫌违法广告的证据材料，如实提供相关广告发布者的真实身份信息、广告修改记录以及相关商品或者服务的交易信息等；

（六）依据服务协议和平台规则对利用其信息服务发布违法广告的用户采取警示、暂停或者终止服务等措施。

第十九条 商品销售者或者服务提供者通过互联网直播方式推销商品或者服务，构成商业广告的，应当依法承担广告主的责任和义务。

直播间运营者接受委托提供广告设计、制作、代理、发布服务的，应当依法承担广告经营者、广告发布者的责任和义务。

直播营销人员接受委托提供广告设计、制作、代理、发布服务的，应当依法承担广告经营者、广告发布者的责任和义务。

直播营销人员以自己的名义或者形象对商品、服务作推荐、证明，构成广告代言的，应当依法承担广告代言人的责任和义务。

《最高人民法院关于审理网络消费纠纷案件适用法律若干问题的规定（一）》（2022）

第一条 电子商务经营者提供的格式条款有以下内容的，人民法院应当依法

认定无效：

（一）收货人签收商品即视为认可商品质量符合约定；

（二）电子商务平台经营者依法应承担的责任一概由平台内经营者承担；

（三）电子商务经营者享有单方解释权或者最终解释权；

（四）排除或者限制消费者依法投诉、举报、请求调解、申请仲裁、提起诉讼的权利；

（五）其他排除或者限制消费者权利、减轻或者免除电子商务经营者责任、加重消费者责任等对消费者不公平、不合理的内容。

第十一条　平台内经营者开设网络直播间销售商品，其工作人员在网络直播中因虚假宣传等给消费者造成损害，消费者主张平台内经营者承担赔偿责任的，人民法院应予支持。

第十二条　消费者因在网络直播间点击购买商品合法权益受到损害，直播间运营者不能证明已经以足以使消费者辨别的方式标明其并非销售者并标明实际销售者的，消费者主张直播间运营者承担商品销售者责任的，人民法院应予支持。

直播间运营者能够证明已经尽到前款所列标明义务的，人民法院应当综合交易外观、直播间运营者与经营者的约定、与经营者的合作模式、交易过程以及消费者认知等因素予以认定。

第十三条　网络直播营销平台经营者通过网络直播方式开展自营业务销售商品，消费者主张其承担商品销售者责任的，人民法院应予支持。

第十四条　网络直播间销售商品损害消费者合法权益，网络直播营销平台经营者不能提供直播间运营者的真实姓名、名称、地址和有效联系方式的，消费者依据消费者权益保护法第四十四条规定向网络直播营销平台经营者请求赔偿的，人民法院应予支持。网络直播营销平台经营者承担责任后，向直播间运营者追偿的，人民法院应予支持。

第十五条　网络直播营销平台经营者对依法需取得食品经营许可的网络直播间的食品经营资质未尽到法定审核义务，使消费者的合法权益受到损害，消费者依据食品安全法第一百三十一条等规定主张网络直播营销平台经营者与直播间运营者承担连带责任的，人民法院应予支持。

第十六条　网络直播营销平台经营者知道或者应当知道网络直播间销售的商品不符合保障人身、财产安全的要求，或者有其他侵害消费者合法权益行为，未

附录 2
网络直播营销涉及重要法律、法规、规章等摘录

采取必要措施，消费者依据电子商务法第三十八条等规定主张网络直播营销平台经营者与直播间运营者承担连带责任的，人民法院应予支持。

第十七条 直播间运营者知道或者应当知道经营者提供的商品不符合保障人身、财产安全的要求，或者有其他侵害消费者合法权益行为，仍为其推广，给消费者造成损害，消费者依据民法典第一千一百六十八条等规定主张直播间运营者与提供该商品的经营者承担连带责任的，人民法院应予支持。

《最高人民法院关于适用〈中华人民共和国反不正当竞争法〉若干问题的解释》（2022）

第二条 与经营者在生产经营活动中存在可能的争夺交易机会、损害竞争优势等关系的市场主体，人民法院可以认定为反不正当竞争法第二条规定的"其他经营者"。

第三条 特定商业领域普遍遵循和认可的行为规范，人民法院可以认定为反不正当竞争法第二条规定的"商业道德"。

人民法院应当结合案件具体情况，综合考虑行业规则或者商业惯例、经营者的主观状态、交易相对人的选择意愿、对消费者权益、市场竞争秩序、社会公共利益的影响等因素，依法判断经营者是否违反商业道德。

人民法院认定经营者是否违反商业道德时，可以参考行业主管部门、行业协会或者自律组织制定的从业规范、技术规范、自律公约等。

第七条 反不正当竞争法第六条规定的标识或者其显著识别部分属于商标法第十条第一款规定的不得作为商标使用的标志，当事人请求依据反不正当竞争法第六条规定予以保护的，人民法院不予支持。

第十三条 经营者实施下列混淆行为之一，足以引人误认为是他人商品或者与他人存在特定联系的，人民法院可以依照反不正当竞争法第六条第四项予以认定：

（一）擅自使用反不正当竞争法第六条第一项、第二项、第三项规定以外"有一定影响的"标识；

（二）将他人注册商标、未注册的驰名商标作为企业名称中的字号使用，误导公众。

第十六条 经营者在商业宣传过程中，提供不真实的商品相关信息，欺骗、

误导相关公众的，人民法院应当认定为反不正当竞争法第八条第一款规定的虚假的商业宣传。

第十七条　经营者具有下列行为之一，欺骗、误导相关公众的，人民法院可以认定为反不正当竞争法第八条第一款规定的"引人误解的商业宣传"：

（一）对商品作片面的宣传或者对比；

（二）将科学上未定论的观点、现象等当作定论的事实用于商品宣传；

（三）使用歧义性语言进行商业宣传；

（四）其他足以引人误解的商业宣传行为。

人民法院应当根据日常生活经验、相关公众一般注意力、发生误解的事实和被宣传对象的实际情况等因素，对引人误解的商业宣传行为进行认定。

第十八条　当事人主张经营者违反反不正当竞争法第八条第一款的规定并请求赔偿损失的，应当举证证明其因虚假或者引人误解的商业宣传行为受到损失。

第十九条　当事人主张经营者实施了反不正当竞争法第十一条规定的商业诋毁行为的，应当举证证明其为该商业诋毁行为的特定损害对象。

第二十一条　未经其他经营者和用户同意而直接发生的目标跳转，人民法院应当认定为反不正当竞争法第十二条第二款第一项规定的"强制进行目标跳转"。

仅插入链接，目标跳转由用户触发的，人民法院应当综合考虑插入链接的具体方式、是否具有合理理由以及对用户利益和其他经营者利益的影响等因素，认定该行为是否违反反不正当竞争法第十二条第二款第一项的规定。

第二十二条　经营者事前未明确提示并经用户同意，以误导、欺骗、强迫用户修改、关闭、卸载等方式，恶意干扰或者破坏其他经营者合法提供的网络产品或者服务，人民法院应当依照反不正当竞争法第十二条第二款第二项予以认定。

《最高人民法院关于审理侵害知识产权民事案件适用惩罚性赔偿的解释》（2021）

第三条　对于侵害知识产权的故意的认定，人民法院应当综合考虑被侵害知识产权客体类型、权利状态和相关产品知名度、被告与原告或者利害关系人之间的关系等因素。

对于下列情形，人民法院可以初步认定被告具有侵害知识产权的故意：

（一）被告经原告或者利害关系人通知、警告后，仍继续实施侵权行为的；

附录 2
网络直播营销涉及重要法律、法规、规章等摘录

（二）被告或其法定代表人、管理人是原告或者利害关系人的法定代表人、管理人、实际控制人的；

（三）被告与原告或者利害关系人之间存在劳动、劳务、合作、许可、经销、代理、代表等关系，且接触过被侵害的知识产权的；

（四）被告与原告或者利害关系人之间有业务往来或者为达成合同等进行过磋商，且接触过被侵害的知识产权的；

（五）被告实施盗版、假冒注册商标行为的；

（六）其他可以认定为故意的情形。

第四条 对于侵害知识产权情节严重的认定，人民法院应当综合考虑侵权手段、次数，侵权行为的持续时间、地域范围、规模、后果，侵权人在诉讼中的行为等因素。

被告有下列情形的，人民法院可以认定为情节严重：

（一）因侵权被行政处罚或者法院裁判承担责任后，再次实施相同或者类似侵权行为；

（二）以侵害知识产权为业；

（三）伪造、毁坏或者隐匿侵权证据；

（四）拒不履行保全裁定；

（五）侵权获利或者权利人受损巨大；

（六）侵权行为可能危害国家安全、公共利益或者人身健康；

（七）其他可以认定为情节严重的情形。

第五条 人民法院确定惩罚性赔偿数额时，应当分别依照相关法律，以原告实际损失数额、被告违法所得数额或者因侵权所获得的利益作为计算基数。该基数不包括原告为制止侵权所支付的合理开支；法律另有规定的，依照其规定。

前款所称实际损失数额、违法所得数额、因侵权所获得的利益均难以计算的，人民法院依法参照该权利许可使用费的倍数合理确定，并以此作为惩罚性赔偿数额的计算基数。

人民法院依法责令被告提供其掌握的与侵权行为相关的账簿、资料，被告无正当理由拒不提供或者提供虚假账簿、资料的，人民法院可以参考原告的主张和证据确定惩罚性赔偿数额的计算基数。构成民事诉讼法第一百一十一条规定情形的，依法追究法律责任。

第六条 人民法院依法确定惩罚性赔偿的倍数时，应当综合考虑被告主观过错程度、侵权行为的情节严重程度等因素。

因同一侵权行为已经被处以行政罚款或者刑事罚金且执行完毕，被告主张减免惩罚性赔偿责任的，人民法院不予支持，但在确定前款所称倍数时可以综合考虑。

《网络直播营销管理办法（试行）》（2021）

第十八条 直播间运营者、直播营销人员从事网络直播营销活动，应当遵守法律法规和国家有关规定，遵循社会公序良俗，真实、准确、全面地发布商品或服务信息，不得有下列行为：

（一）违反《网络信息内容生态治理规定》第六条、第七条规定的；

（二）发布虚假或者引人误解的信息，欺骗、误导用户；

（三）营销假冒伪劣、侵犯知识产权或不符合保障人身、财产安全要求的商品；

（四）虚构或者篡改交易、关注度、浏览量、点赞量等数据流量造假；

（五）知道或应当知道他人存在违法违规或高风险行为，仍为其推广、引流；

（六）骚扰、诋毁、谩骂及恐吓他人，侵害他人合法权益；

（七）传销、诈骗、赌博、贩卖违禁品及管制物品等；

（八）其他违反国家法律法规和有关规定的行为。

第二十条 直播营销人员不得在涉及国家安全、公共安全、影响他人及社会正常生产生活秩序的场所从事网络直播营销活动。

直播间运营者、直播营销人员应当加强直播间管理，在下列重点环节的设置应当符合法律法规和国家有关规定，不得含有违法和不良信息，不得以暗示等方式误导用户：

（一）直播间运营者账号名称、头像、简介；

（二）直播间标题、封面；

（三）直播间布景、道具、商品展示；

（四）直播营销人员着装、形象；

（五）其他易引起用户关注的重点环节。

附录 2
网络直播营销涉及重要法律、法规、规章等摘录

《市场监管总局关于加强网络直播营销活动监管的指导意见》（2020）

第七条 依法查处电子商务违法行为。针对网络直播营销中平台责任落实不到位等问题，依据《电子商务法》，重点查处擅自删除消费者评价、对平台内经营者侵害消费者合法权益行为未采取必要措施、未尽到资质资格审核义务、对消费者未尽到安全保障义务等违法行为。

第八条 依法查处侵犯消费者合法权益违法行为。针对网络直播营销中售后服务保障不力等问题，依据《消费者权益保护法》，重点查处对消费者依法提出的修理、重作、更换、退货、补足商品数量、退还货款和服务费用或者赔偿损失的要求，故意拖延或者无理拒绝等违法行为。

第九条 依法查处不正当竞争违法行为。针对网络直播营销中虚构交易或评价、网络直播者欺骗和误导消费者等不正当竞争问题，依据《反不正当竞争法》，重点查处实施虚假或者引人误解的商业宣传、帮助其他经营者进行虚假或者引人误解的商业宣传、仿冒混淆、商业诋毁和违法有奖销售等违法行为。

第十条 依法查处产品质量违法行为。针对网络直播营销中售卖假冒伪劣产品等问题，依据《产品质量法》，重点查处在产品中掺杂掺假、以假充真、以次充好、以不合格产品冒充合格产品、伪造产品的产地和伪造或冒用他人厂名厂址等违法行为。

第十一条 依法查处侵犯知识产权违法行为。针对网络直播营销中售卖侵犯知识产权产品等问题，依据《商标法》、《专利法》，重点查处侵犯注册商标专用权、假冒专利等违法行为。

第十二条 依法查处食品安全违法行为。针对网络直播营销中的食品安全问题，依据《食品安全法》，重点查处无经营资质销售食品、销售不符合食品安全标准的食品、销售标注虚假生产日期或超过保质期的食品等违法行为。

第十三条 依法查处广告违法行为。针对网络直播营销中发布虚假违法广告问题，依据《广告法》，重点查处发布虚假广告、发布违背社会良好风尚的违法广告和违规广告代言等违法行为。

第十四条 依法查处价格违法行为。针对网络直播营销中价格违法问题，依据《价格法》，重点查处哄抬价格、利用虚假的或者使人误解的价格手段诱骗消费者进行交易等违法行为。

《网络直播营销行为规范》（2020）

第二十七条　主播在网络直播营销活动中不得损害商家、网络直播营销平台合法利益，不得以任何形式导流用户私下交易，或者从事其他谋取非法利益的行为。

第三十三条　网络直播营销平台经营者应当在以下方面建立、健全和执行平台规则：

（一）建立入驻主体服务协议与规则，明确网络直播营销行为规范、消费者权益保护、知识产权保护等方面的权利和义务；

（二）制定在本平台内禁止推销的商品或服务目录及相应规则；

（三）建立商家、主播信用评价奖惩等信用管理体系，强化商家、主播的合规守信意识；

（四）完善商品和服务交易信息保存制度，依法保存网络直播营销交易相关内容；

（五）完善平台间的争议处理衔接机制，依法为消费者做好信息支持，积极协助消费者维护合法权益；

（六）建立健全知识产权保护规则，完善知识产权投诉处理机制；

（七）建立便捷的投诉、举报机制，公开投诉、举报方式等信息，及时处理投诉、举报；

（八）有利于网络直播营销活动健康发展的其他规则。

第三十四条　网络直播营销平台经营者应当在以下方面加强服务规范，努力提高服务水平，促进行业健康发展：

（一）遵守法律法规，坚持正确导向；

（二）建立和执行各类平台规则；

（三）加强本平台直播营销内容生态审核和内容安全治理；

（四）规范主播准入和营销行为，加强对主播的教育培训及管理；

（五）明确本平台禁止的营销行为，及对违法、不良等营销信息的处置机制；

（六）依法配合有关部门的监督检查，提供必要的资料和数据。

各省市直播营销相关规范性文件（部分）

附录 3

序号	名称	制定机关	公布时间
1	《网络直播营销行为规范》	中国广告协会	2020.06
2	《网络直播营销选品规范》	中国广告协会	2021.03.18
3	《网络电商直播常见法律纠纷处理指引》	广州市律师协会等	2021.03.26
4	《温州市直播营销合规经营指南》	温州市市场监督管理局	2021.09.15
5	《网络交易平台经营者落实法定责任行为规范》	重庆市市场监督管理局	2021.09.30
6	《直播电商知识产权保护工作指引》	广东省知识产权局	2021.10.27
7	《网络直播营销活动规范经营指引清单》《网络直播营销活动常见违法行为查处工作指引清单》	沈阳市市场监督管理局	2022.03.21
8	《网络直播营销活动合规指南》	义乌市市场监督管理局	2022.05.11
9	《网络直播营销活动负面清单》	湖州市市场监督管理局	2022.05.12
10	《滨江区直播电商营销行为合规指引》	杭州高新技术产业开发区（滨江）市场监督管理局	2022.05.19

续表

序号	名称	制定机关	公布时间
11	《萧山区网络直播营销活动合规指南》《萧山区网络直播营销行为负面清单》	杭州市萧山区市场监督管理局	2022.05.20
12	《象山县网络直播营销行为合规指引》	象山县市场监督管理局	2022.05.24
13	《宁海县网络直播营销行为合规指引》	宁海县市场监督管理局	2022.05.24
14	《网络直播营销主体行政合规指导清单》	杭州市市场监督管理局	2022.05.25
15	《网络直播营销合规指南》	建德市市场监督管理局	2022.06.01
16	《跨境电商知识产权合规指南》	中国（深圳）知识产权保护中心	2022.06.02
17	《广州市跨境电商行业合规指引（试行）》	广州市人民检察院等	2022.07.15
18	《成都市市场监督管理局网络直播和短视频营销规范指引》	成都市市场监督管理局	2022.09.01
19	《直播电商知识产权保护工作指引》	山东省市场监督管理局	2022.09.07
20	《宁波市鄞州区专业市场网络直播营销行为规范性指引》	宁波市鄞州区市场监督管理局	2022.09.23
21	《医疗美容网络直播领域行政合规指导清单》	杭州市市场监督管理局	2022.10.24
22	《四川省医疗美容网络直播领域行政合规指导清单》	四川省市场监督管理局	2022.12.21
23	《温州市网络直播营销合规经营指南（试行）》	温州市市场监督管理局	2023.02.24

附录3
各省市直播营销相关规范性文件（部分）

续表

序号	名称	制定机关	公布时间
24	《石家庄市网络直播营销活动合规指引》	石家庄市市场监督管理局	2023.03.15
25	《泰州市直播带货经营行为规范》	泰州市市场监督管理局	2023.05.25
26	《网络直播营销合规手册》	云南省互联网信息办公室等	2023.06
27	《医疗美容网络直播行政执法指导意见（试行）》	杭州市市场监督管理局	2023.06.09
28	《张掖市市场监督管理局网络直播和短视频营销活动合规指引》	张掖市市场监督管理局	2023.08.29
29	《常熟市电商直播行业行政合规指导清单》	常熟市司法局	2023.10
30	《上海市网络直播营销活动合规指引》（2023年修订版）	上海市市场监督管理局	2023.11.03
31	《上海市网络零售平台合规指引》	上海市市场监督管理局等	2023.11.10
32	《上海市网络餐饮服务平台合规指引》	上海市市场监督管理局	2023.11.20
33	《拱墅区网络直播营销活动合规指引》	杭州市拱墅区市场监督管理局	2023.11.28
34	《宁夏回族自治区网络社区团购网络直播营销经营行为合规指引（试行）》	宁夏回族自治区市场监督管理厅	2023.10.31
35	《深圳市网络直播营销中广告活动合规指引》	深圳市市场监督管理局	2023.12.15
36	《肥城市网络直播营销合规经营指南》	肥城市市场监督管理局	2023.12.25

续表

序号	名称	制定机关	公布时间
37	《上海市化妆品行业广告宣传合规指引》	上海市市场监督管理局等	2024.02.28
38	《杭州市直播电商产业合规指引》	杭州市司法局等	2023.12.29
39	《兰溪市网络电商合规指引》	兰溪市市场监督管理局	2024.02.28
40	《直播行业法律风险防范指引》	苏州互联网法庭等	2024.03
41	《烟台市网络直播带货活动合规指引和事项清单》	烟台市市场监督管理局	2024.03.01
42	《烟台市网络直播带货活动合规指引》	烟台市市场监督管理局	2024.03.01
43	《运城市网络直播营销活动合规指引》	运城市市场监督管理局	2024.03.11
44	《电商企业数据合规业务处理指引》	广州市律师协会	2024.04.01
45	《网络直播活动广告发布合规指引》	海南省市场监督管理局	2024.05.06
46	《成都市网络直播和短视频营销领域广告活动合规指引》	成都市市场监督管理局	2024.05.13
47	《丽水市网络直播活动广告发布合规指引》	丽水市市场监督管理局	2024.06.03
48	《江都区网络直播营销活动合规指引》	江都区市场监督管理局	2024.06.14
49	《关于网络直播营销活动合规工作指引（试行）》	中老铁路沿线昆明市、玉溪市、普洱市、西双版纳傣族自治州市场监督管理局	2024.06.18
50	《福建省网络直播营销活动合规指引》	福建省市场监督管理局	2024.06.28

附录 3
各省市直播营销相关规范性文件（部分）

续表

序号	名称	制定机关	公布时间
51	《缙云县网络直播营销活动合规指引指南》	缙云县市场监督管理局	2024.07.09
52	《北京市直播带货合规指引》	北京市市场监督管理局	2024.08.08
53	《网络直播营销行为法律风险防范指引》	杭州互联网法院	2024.08.21
54	《网络直播行业知识产权保护法律风险防范指引》	杭州互联网法院	2024.08.21
55	《苏州市网络直播营销活动合规指引》	苏州市市场监督管理局	2024.08.22
56	《水晶网络直播营销活动合规指引》	连云港市市场监督管理局	2024.09.05
57	《海鲜网络直播营销活动合规指引》	连云港市市场监督管理局	2024.09.06
58	《市场监管领域电商直播营销活动合规指引（阳澄湖大闸蟹）》	苏州市市场监督管理局	2024.09.09
59	《网络直播广告合规提示》	锡林郭勒盟市场监督管理局	2024.09.11
60	《山西省直播电商合规指引（征求意见稿）》	山西省市场监督管理局	2024.09.20
61	《浙江省网络直播营销行为规范指引》	浙江省市场监督管理局	2024.09.24
62	《铜仁市网络直播营销活动合规指引（试行）》	铜仁市市场监督管理局	2024.09.30
63	《广州市直播电商规范经营指引清单》	广州市市场监督管理局	2024.10.14
64	《广东省网络交易经营者反不正当竞争合规指引》	广东省市场监督管理局	2024.10.26

后 记

网络直播作为近年来盛行的营销模式，改变了信息传播的方式，提升了信息传播效率，一度让中国的数字经济空前繁荣。网络直播成功与各行各业结合，人工智能与大数据技术与直播营销行为融合，"直播带货"更是与民生息息相关，很快就成为一种新型的经济业态，并向产业化方向发展。但直播营销的产业链条长、参与主体多、红利空间大，在市场利益驱动下引发了行业的无序扩张，加之法律规定的滞后性，让这一新经济业态充斥着规范与发展的张力，似乎偏离了直播电商助力实体经济高质量发展的初衷。

本书作者在互联网企业与快速消费品行业从事法律实践多年，服务于业界知名电商平台、专业数据公司、零售巨头等，为其提供网络安全及数据保护、数字化转型等方面的法律咨询与合规体系建设服务。对于网络直播行业兴盛的经济动因、乱象根源以及由此带来的法律适用难题，作者在不断地进行思考。为此，作者在本书中用一定篇幅解析了"虚假宣传适用反不正当竞争法还是广告法？""直播带货到底是否属于广告行为？""主播是否是广告代言人？"等直播行业从业者面临的基本法律问题。

此外，作者也认识到，网络直播作为技术进步与商业融合的最新产物，超越了现实的法律规则。法律具有一定的滞后性，两者的差距恰恰就是给网络直播产业预留的发展空间。从应对新业态、新模式、新技术挑战中产生的《电子商务法》到《反不正当竞争法》的"互联网专条"、《网络反不正当竞争暂行规定》的"网络直播专条"，法律是在"打补丁"中追赶技术的发展步伐，法律规则也是在融合技术规则、商业规则中实现自身的价值。在技术发展的浪潮之下，法律

后 记

从业者需要与企业家为伍，与时俱进，拥抱AI时代、拥抱技术创新，不排斥技术带来的变革、不惧怕时代带来的挑战，在给产业预留的发展空间中协助企业家把握商业发展的机遇。同时，法律从业者需要具备学者型的严谨态度、专家型的服务水平，能够站在专业的高度、行业的深度去审视行业的发展趋势，让法律规则、技术规则与商业规则相协调，让法律服务与时代合拍。

本书还通过对网络直播营销领域的法律规范与司法实践进行研究，配合案例进行解读，试图去总结直播营销领域法律发展脉络与企业直播营销的合规要点，并对近年来行业发生的典型案例（事件）进行了梳理和研究。本书也尝试梳理网络直播营销参与主体之间模糊的法律关系和纠纷类型，合理界定直播营销模式下的平台责任，以及如何对主播、MCN机构进行合规管理。此外，由于我国对网络直播的立法态度与监管思路仍在不断调整和完善，网络直播营销领域还没有单独立法，需要比较各国和地区对网络直播营销的立法与规制路径，进而完善我国的网络直播法律体系。

本书从2024年春天开始构思并形成内容框架，历经10个月的撰写，终于成稿。来自上海WTO咨询研究中心的伍穗龙博士、微盟集团的贾晟先生、锦天城（合肥）律师事务所的吴乙婕律师在本书的写作过程中给予了很多指点和帮助，每一次和他们交流都会产生思想的火花，让本书的内容增添了很多实务思考和国际视野。其中，吴乙婕律师还为第五章（案例部分）撰写了初稿。作者所在的数字科技与人工智能行业委员会、消费与零售行业委员会、跨境投资专业委员会也给予了很大的支持和鼓励，在此鸣谢！同时，也要感谢我的家人，你们的默默支持是我完成本书的最大动力。

王 良

2024年11月29日于上海陆家嘴